über den Tellerrand geguckt

www.caffeizzo.it www.caffeizzo.it
CAFFE'
IZZO
100% Arabica Gold
roasted coffee beans
gruppo izzo
Peso netto Kg 1
ATTENZIONE: DA APRIRE 24 ORE

Irene Schülert

# über den Tellerrand geguckt

*Biografische Skizzen aus der internationalen Küche Hamburgs*

Mit Fotografien von Helmut Hassenrück

Herausgegeben von der Galerie Morgenland / Geschichtswerkstatt Eimsbüttel

Dölling und Galitz Verlag

Die Veröffentlichung dieses Buches wurde von der
Kulturbehörde der Freien und Hansestadt Hamburg und
dem Bezirksamt Eimsbüttel gefördert.

Bibliografische Information Der Deutschen Nationalbibliothek
Die Deutsche Nationalbibliothek verzeichnet diese Publikation in der
Deutschen Nationalbibliografie; detaillierte bibliografische Daten
sind im Internet über http://dnb.d-nb.de abrufbar.

**Impressum**

E-Mail: dugverlag@mac.com
www.dugverlag.de
Schwanthalerstraße 79, 80336 München, Tel. 089/23230966
Friedensallee 26, 22765 Hamburg, Tel. 040/3893515
Gestaltung: Gesine Krüger, Hamburg
Satz: Ursula Richenberger, Hamburg
Fotos: Helmut Hassenrück, Hamburg; Gesine Krüger, Hamburg (S. 128, 214);
Sabine Niemann, Hamburg (S. 46, 64, 86, 149, 180)
Druck: Beltz Bad Langensalza GmbH, Bad Langensalza
ISBN 978-3-86218-014-1
1. Auflage 2011

# Inhalt

Im *Restaurant Delhi*
in Eimsbüttel

# Einleitung

Annähernd 30 Jahre hat die »Galerie Morgenland/Geschichtswerkstatt Eimsbüttel« ihren Platz in der Sillemstraße 79. Seit Ende der 1980er Jahre nahmen von hier etliche lokalhistorische Arbeiten ihren Ausgang. Nachdem Irene Schülert mit ihrem Buch »›Man nimmt sich mit, wohin man geht.‹ Lebensgeschichten von Migranten in Hamburg« 2006 erstmals Migration zum Untersuchungsgegenstand gemacht und Anna Menny 2010 die Ergebnisse ihres Interviewprojekts zu spanischer Migration »Von Spanien nach Eimsbüttel« veröffentlicht hat,[1] geht es in »Über den Tellerrand geguckt. Biografische Skizzen aus der internationalen Küche Hamburgs« um eine spezielle Facette des Themas: um ausländische Gastronomie in Eimsbüttel und Umgebung, um die Internationalisierung der Küche infolge migrantischer Unternehmensgründungen sowie um deren Einfluss auf die Essgewohnheiten der Bevölkerung.

In der Arbeit Hamburger Geschichtswerkstätten spielte das Thema bislang noch keine Rolle. Aber auch die historische Wissenschaft hat den Zusammenhang von Migration und Gastronomie erst in letzter Zeit für sich entdeckt und erforscht.[2]

Um den Fokus auf Eimsbüttel und im weiteren Sinne auf Hamburg zu lenken, hier zunächst einige Zahlen und Fakten, die das lokalgeschichtliche Terrain abstecken. Der Stadtteil beherbergt mit 54.077 Einwohnern[3] ungefähr ein Fünftel der Bevölkerung des Bezirks Eimsbüttel. Elf Prozent von ihnen sind Ausländer, 21 Prozent haben einen Migrationshintergrund; beides Werte, die leicht unter dem statistischen Durchschnitt für ganz Hamburg liegen. Da im Stadtteil kaum Ein- oder Zweifamilienhäuser vorhanden sind, wohnt der »typische Eimsbüttler« in vergleichsweise kleinen Zwei- bis Dreizimmerwohnungen (mit durchschnittlich 62,8 qm Wohnfläche) zur Miete, wobei auch hier eine Tendenz zur Umwandlung von Miet- in Eigentumswohnungen unübersehbar ist. Eimsbüttel bietet vor allem Wohnraum für Menschen mit mittleren Einkommen. 65,5 Prozent der Wohnungen sind inzwischen Einpersonenhaushalte. Mit knapp 29.000 Euro (Angabe von 2004) lagen (und liegen wohl weiterhin) die Jahreseinkünfte der Steuerpflichtigen unter dem Hamburger Mittelwert (32.505 Euro). Arbeitslose und Leistungsempfänger nach SGB II (Hartz IV) sind in Eimsbüttel statistisch seltener als in armen Stadtteilen wie Allermöhe, Billstedt, Dulsberg, Jenfeld, Steilshoop, Veddel oder Wilhelmsburg. Seit Eimsbüttel am 1. Juli 1894 offiziell zum Hamburger Stadtteil wurde, galt es, von wenigen Straßen abgesehen, als Wohnquartier der »kleinen Leute«, wobei man für die letzten Jahrzehnte wohl treffender von einem kleinbürgerlich geprägten Viertel spricht, das in den meisten statistischen Bereichen lediglich graduelle Unterschiede zum Hamburger Durchschnitt aufweist.

Rückt man die »Galerie Morgenland« ins Zentrum, so zeigt sich, dass auch das kulinarische Angebot im Umkreis von ca. einem Kilometer um die Sillemstraße ziemlich durchschnittlich ist. An Restaurants finden sich dort sechs Griechen, vier Italiener, vier Asiaten (Chinesen, Koreaner, Thais, Vietnamesen), drei Restaurants mit »internationaler Küche«, zwei Inder, ein Spanier, ein Mexikaner sowie ein Restaurant für »südländische Spezialitäten«, wobei die mediterrane Küche im Mittelpunkt steht. Lediglich zwei Restaurants, ein Italiener und das einzige Restaurant mit gehobener internationaler Küche, fallen in Angebot und Preis aus diesem Rahmen. Sie wenden sich an Gäste, denen ein Restaurantbesuch deutlich mehr wert ist als ca. 25 Euro pro Person. Auffällig ist, dass die vier größten Ausländergruppen an der Elbe (Türken, Polen, ehemalige Jugoslawen[4], Afghanen) in Eimsbüttel wie in der Hamburger Gastronomie insgesamt entweder eine marginale Rolle spielen oder sich – wie die zahlreichen türkischen Döner-Lokale[5] – auf den Imbiss-Bereich konzentrieren. Unberücksichtigt bleiben in dieser Aufzählung die vielen Bars, Cafés, Taparias und Imbisse ebenso wie die Raucher- und Bierkneipen, die mit Namen wie »Bavaria-Insel«, »Zille's Eck«, »Wassermann«, »Panorama«, »Urknall« oder »Crazy Angels« auf weitgehend deutsche Betreiber und Besucher verweisen.

Ist man geneigt, nicht allein Currywurst und Frikadellen für den Inbegriff deutscher Kochkunst zu halten, so fällt auf, dass in einem innerstädtischen Wohnquartier wie Eimsbüttel ein Restauranttyp mittlerweile nahezu völlig verschwunden ist, der noch bis in die 1970er Jahre hinein das gastronomische Feld dominierte: die sogenannte gutbürgerliche Küche, deren Hauptaugenmerk der Zubereitung traditioneller deutscher Gerichte galt. Restaurants, bei denen Rinder- oder Kohlrouladen, Hackbraten, Königsberger Klopse, Jägerschnitzel, Gulasch, Kasseler, Eisbein, Sauerfleisch, gebratene Leber, Schweine- oder Sauerbraten, Wildgerichte etc. auf der Speisekarte stehen, findet man heute eher als Ausflugslokale oder Landgasthöfe im Grünen, in Kleinstädten oder an der großstädtischen Peripherie.

Bezogen auf die oben erwähnten statistischen Daten mag der Befund, dass die Gastronomie in einem Stadtteil wie Eimsbüttel seit Jahrzehnten weitgehend von ausländischen Restaurants geprägt ist, auf den ersten Blick verwundern. Auch wenn nicht zu bestreiten ist, dass sich unter den Gästen griechischer oder italienischer Restaurants auch der eine oder andere Grieche oder Italiener findet, so erschiene die Annahme, die jeweilige Bevölkerungsgruppe koche bevorzugt für die eigenen Landsleute, heute ziemlich abwegig. Ihre ursprüngliche Funktion, die seit Mitte der 1950er Jahre zunächst vorwiegend italienischen »Gastarbeiter« mit den ihnen vertrauten Nahrungsmitteln und Speisen zu versorgen, haben italienische Restaurants mittlerweile ebenso verloren wie ihre portugiesische, spanische oder chinesische Konkurrenz, die längst auch nicht mehr primär für ihre im Hafen arbeitenden Landsleute kocht. Warteten Zeitschriften in den 1970er Jahren bei der Präsentation ausländischer Rezepte noch mit treuherzigen Titeln wie »Giovanni will es wie zu Hause« auf, so wirken solche Annäherungen an die internationale Küche heute bestenfalls unfreiwillig komisch.

Zudem stützt die Statistik eher gegenteilige Vermutungen. Mit weniger als jeweils 7.000 Personen stellen Griechen und Italiener in Hamburg eine derart kleine Gruppe, dass sich ihre Beköstigung allein für kaum ein Restaurant lohnen würde. Noch trauriger sähe es bei Chinesen, Spaniern oder Indern aus, die an Elbe und Alster nicht mehr als gut 3.000 bzw. 2.000 Personen zählen.

Mochten die Ursprünge mancher Restaurants in den 1970er Jahren mitunter tatsächlich auf das Bedürfnis ausländischer Arbeitskräfte nach ihrer aus der Heimat gewohnten Küche zurückgehen, so waren es umgekehrt vor allem die deutlich veränderten Ess- und Konsumgewohnheiten der Deutschen, die zu einem Strukturwandel in der bundesrepublikanischen Gastronomie beitrugen. Mit den Essgewohnheiten wandelten sich auch die Orte des Essens. Noch zu Beginn der 1950er Jahre hatte in bundesdeutschen Haushalten ein Ritual seinen festen Platz: Die Hausfrau bereitete für alle Familienmitglieder das Frühstück, das aber in der Regel nicht gemeinsam eingenommen wurde.

Dafür traf man sich mittags zu Hause zur warmen Mahlzeit. Mit steigendem Einkommen und wachsender Entfernung zwischen Wohnung und Arbeitsplatz wurde das gemeinsame Mittagessen immer seltener. Auch die an den Arbeitsplatz mitgenommenen Mittagsbrote traten in den 1960er Jahren zunehmend in den Hintergrund und wurden durch preiswerte warme Mahlzeiten in der Kantine abgelöst.

Allerdings gingen deutsche Kleinbürger und Arbeiter – abgesehen vom Kantinenbesuch – in den 1950er und 1960er Jahren nur aus besonderem Anlass zum Essen ins Restaurant, etwa zu Familienfeiern oder im Urlaub, der für die Mehrheit der Bevölkerung aber auch noch keineswegs selbstverständlich war.[6] Erst 1958 nahmen Statistiker die Position »Fertige Mahlzeiten (Verbrauch in Gaststätten)« in ihren Preisindex für Lebenshaltung auf, wo sie mit bescheidenen neun Promille zu Buche schlug. Vier Jahre später wandte ein vierköpfiger Arbeitnehmerhaushalt statistisch bereits 3,8 Prozent seines Einkommens für Gaststättenbesuche auf.[7] Selbst in Großstädten wie Hamburg gab es noch 1970 lediglich eine sehr geringe Anzahl ausländischer Restaurants, in denen man abends ohne Reservierung einen Platz bekam. Erst nach und nach wurde der »exotische« Geschmack demokratisiert und bezog immer mehr nationale Küchen aller Kontinente in den bundesdeutschen Genussalltag ein. Die sogenannte »Fresswelle«, in deren Verlauf während der 1950er Jahre nicht nur der deutsche Fleischkonsum deutlich anstieg, sondern sich die Essgewohnheiten insgesamt signifikant veränderten,[8] fand in der Bundesrepublik vor allem in den eigenen vier Wänden statt, d.h., im Kreise der Familie beim Sonntagsbraten. Zwar genoss manche ausländische Küche, nicht zuletzt infolge positiver Erinnerungen an den (ersten) Urlaub in Italien (später auch in Jugoslawien, Griechenland, Spanien oder der Türkei) einen guten Ruf, hatte aber bis in die 1970er Jahre hinein noch immer den Hauch des Außergewöhnlichen.

Die Tatsache, dass sich die ausländische Gastronomie in der Bundesrepublik scheinbar wie selbstverständlich durchsetzen konnte, hatte auf Seiten der deutschen Bevölkerung seit den 1970er Jahren auch etwas mit deutlich gewandelter Häuslichkeit zu tun: Galt das gemeinsame Essen im Familienkreis in den Nachkriegsjahrzehnten zunächst als Indiz für wachsenden Wohlstand und wiedergewonnene Stabilität und Sicherheit, so geriet es besonders unter Jugendlichen (Studenten, Schülern, Lehrlingen) zum Inbegriff spießiger Öde.

In den Augen etlicher Angehöriger der Nachkriegsgeneration, die noch bei den Eltern wohnten oder diese am Wochenende zumindest für einige Stunden besuchten, ging es am sonntäglich gedeckten Tisch weniger ums Essen und schon gar nicht um ein ungezwungenes Beisammensein, sondern eher um sinnentleerte Rituale guter Tischmanieren. Während an den Mittagstischen in deutschen Esszimmern die Gegensätze gewandelter Konsum- und Freizeitbedürfnisse aufeinanderprallten, um insbesondere von den Jüngeren meist wortkarg ertragen zu werden, umgab Ausflüge in die weite kulinarische Welt – nicht nur innerhalb der linken Subkultur in der Folge der »Studentenbewegung« – unverhofft eine Aura persönlicher Befreiung. Ein Restaurantbesuch, bei dem in selbst gewählter Runde nicht nur ebenso rustikal wie (meist) spartanisch gegessen, sondern auch gelacht, diskutiert und gestritten wurde, bildete einen kulinarischen Gegenentwurf zum sonntäglichen Mittagstisch. Die Pizza beim Italiener oder Souvláki und Tsatsiki beim Griechen umgab gleichsam ein »politisches« Flair des Privaten, in dem nicht zuletzt ein gewandeltes Lebensgefühl zum Ausdruck kam.

Andererseits standen etliche »Gastarbeiter«, infolge der Wirtschaftsrezession in Westdeutschland nach 1973 als meist un- bzw. angelernte ArbeiterInnen in der Industrie oder auf dem Bau häufig als Erste gekündigt, vor der Alternative, vorzeitig und ohne die erhofften Ersparnisse in ihre Heimat zurückzukehren oder sich in einer Bundesrepublik ohne »Wirtschaftswunder« nach einem Tätigkeitsfeld umzusehen, in dem sich auch mit relativ geringem Eigenkapital und ohne besondere Qualifikation eine neue Erwerbsquelle erschließen ließ. Insbesondere sanierungsbedürftige Innenstadtquartiere, die deutschen Restaurantbesitzern damals wenig attraktiv erschienen, boten ausländischen Gastronomen ökonomische Nischen, die von einem meist jüngeren Publikum, das sich seinerseits auf der Suche nach gesellschaftlichen Freiräumen befand, dankbar aufgegriffen wurden.

Was in den 1980er und 1990er Jahren in der Gastronomie bundesrepublikanischer Großstädte stattfand, war weniger ein offener Verdrängungsprozess als vielmehr eine schleichende Verlagerung von Marktanteilen, wobei sich der ökonomische Erfolg ausländischer Gastronomie nicht zuletzt dem Umstand verdankte, dass es sich bei diesen Restaurants in der Regel um Betriebe handelte, in die sämtliche Familienmitglieder eingebunden waren. Stießen deutsche Restaurantbetreiber in dieser Zeit meist auf ein verhaltenes Echo, wenn sie den eigenen Nachwuchs überreden wollten, in ihre Fußstapfen zu treten und die Gaststätte zu übernehmen, so stellte (und stellt) ein solches Angebot für Kinder ausländischer Gastronomen ein durchaus attraktives Angebot dar. Zwar hält die Gastronomie lange Arbeitszeiten bis spät in die Nacht, jede Menge Selbstausbeutung und wenig Freizeit bereit, bietet aber – vorausgesetzt, man betreibt ein florierendes Restaurant in eigener Regie – auch ein geregeltes und, gemessen an vergleichbaren Tätigkeiten, komfortables Einkommen.

Dass die ausländische Küche die Ess- und Freizeitgewohnheiten der deutschen Bevölkerung nachhaltig verändert hat, würde heute wohl kaum jemand bestreiten. Aber auch wenn ein Besuch »beim Italiener«, »beim Chinesen« oder »beim Griechen« mittlerweile selbstverständlich erscheint, bleiben diejenigen, deren kulinarische Angebote gern in Anspruch genommen werden, den Gästen doch nicht selten fremd. Ob in der Küche eines Chinarestaurants ein chinesischer Koch arbeitet oder in der Pizzeria nicht nur Italienisch gesprochen, sondern auch gekocht wird, ist ungewiss und den Gästen auch nicht immer wichtig. So vertraut ausländische Restaurants in Deutschland mittlerweile als Orte der Begegnung sind, so unbekannt sind die dort stattfindenden Verständigungsprozesse. Außer der Tatsache, dass die Angebote ausländischer Restaurants nicht nur den Geschmack der eigenen Community, sondern auch der deutschen Bevölkerung treffen und etlichen Ausländern, die häufig längst die deutsche Staatsbürgerschaft besitzen, den Lebensunterhalt sichern, bleibt vieles unklar. Den Siegeszug der internationalen Küche in der Bundesrepublik für ein untrügliches Zeichen der Akzeptanz oder eines gelungenen Miteinanders der Kulturen zu halten, erscheint jedenfalls zu optimistisch, zumindest aber verfrüht.

Naturgemäß sind Restaurantbesucher in Eimsbüttel und vergleichbaren Hamburger Stadtteilen[9] mehr an der Speisekarte eines ausländischen Lokals als an den Lebensgeschichten seiner Betreiber interessiert. Da zudem die Gastronomie eine primär an den Alltagsabläufen orientierte Branche ist, in der – abgesehen von Eintragungen ins Firmenregister, Einkaufslisten, Reservierungen, Kontoauszügen oder Presseartikeln – schriftliche Überlieferungen selten zur Verfügung stehen, können lebensgeschichtliche Interviews eine wichtige Funktion übernehmen, indem sie – neben willkommenen Sachinformationen und familiengeschichtlichen Zusammenhängen – auch Auskünfte über Selbstbilder und Selbstinszenierungen liefern.

Irene Schülert beim Interview

Auf der Grundlage von 13 mehrstündigen Interviews[10] zeichnet Irene Schülert sieben biografische Skizzen, die die Gastronomen nicht erst nach ihrer Ankunft in Hamburg in den Blick nehmen, sondern die Familiengeschichte bzw. Erfahrungen in den jeweiligen Herkunftsländern einbeziehen. Nur vier der Interviewten wurden in Westdeutschland geboren. Die meisten kamen als Kinder zusammen mit den Eltern oder als Studenten oder Arbeitsmigranten hierher. In der Elterngeneration verfügte keiner der Interviewten über irgendwelche Berufserfahrungen in der Gastronomie; sie entdeckten die Branche für sich erst vor Ort als Marktlücke, in die sie – häufig erst auf Umwegen – hineinschlüpften. Arbeitsbiografische Kontinuitäten entwickeln sich erst in der zweiten Generation, wenn es den Restaurantgründern gelingt, zumindest eines ihrer Kinder für die Fortführung des eigenen Lebenswerkes zu erwärmen. So entstammen immerhin fünf der jüngeren Interviewten einem gastronomischen Umfeld, das sie in Hamburg durch die Eltern, den Onkel oder befreundete Landsleute kennengelernt haben.

Was bringt einen hoch qualifizierten, in Thailand ausgebildeten Banker nach Abschluss eines zusätzlichen Studiums an der Universität Hannover dazu, eine leitende Stellung bei einer Bank in Hamburg aufzugeben, um in die Gastronomie einzusteigen? Warum eröffnet ein indischer Student ein Restaurant in Eimsbüttel, nachdem er in Indien bereits ein Lehrerstudium absolviert hat und ursprünglich allein in der Absicht nach Deutschland kam, seine Ausbildung zu vervollkommnen? Warum bleibt ein chinesisches Mädchen, das mit seinen Eltern in den 1970er Jahren aus Hongkong nach Hamburg reiste und hier im elterlichen Restaurant aufwuchs, der Gastronomie treu, obwohl es die Schattenseiten des zeitraubenden und kräftezehrenden Familienbetriebs aus eigener Erfahrung kennt? Was veranlasst die Tochter eines spanisch-deutschen Paares dazu, das von den Eltern eröffnete Restaurant weiterzuführen, in dem nun auch die Enkelin eine Lehre absolviert? Was reizt junge Griechen, in Hamburg aufgewachsen und das Abitur in der Tasche, daran, schon während der Schulzeit in griechischen Restaurants zu arbeiten, um später aus dem Job einen Beruf zu machen?

Indem Irene Schülert in ihren Geschichten solchen und anderen Fragen nachgeht, entstehen Konturen von Personen und Familien, die sich evident von Vorstellungen und Zuschreibungen unterscheiden, die in der Mehrheitsgesellschaft über Ausländer, Zuwanderer etc. kursieren. Immerhin bemerkenswert, dass dabei ein Begriff erneut zu Ehren kommt, den der Historiker Alf Lüdtke schon 1989 in die Diskussion über Alltagsgeschichte eingeführt hat, der »Eigen-Sinn«.[11] In den biografischen Skizzen zeigt sich nämlich, dass die »soziale Praxis« der Interviewten weniger durch die in Hamburg vorgefundenen Bedingungen und schon gar nicht durch etwaige Integrationserwartungen deutscher Behörden konturiert wurde als vielmehr durch individuelle Fähigkeiten und Bedürfnisse des bzw. der Einzelnen, die sich häufig erst in Hamburg entwickelten, indem sich hiesige Gegebenheiten mit Werten, Normen und Mentalitäten aus dem jeweiligen Herkunftsland verknüpften.

»Zu zeigen ist, wie gesellschaftliche Zumutungen oder Anreize als Interessen und Bedürfnisse, aber auch als Ängste und Hoffnungen wahrgenommen, bearbeitet – dabei zugleich hervorgebracht werden. Anders: Im Mittelpunkt stehen die *Formen*, in denen die Menschen sich ›ihre‹ Welt ›*angeeignet*‹ – und dabei stets auch verändert haben.«[12]

Es stellt sich heraus, dass die meisten der interviewten ausländischen Restaurantbetreiber mit deutschen (Ehe-)Partnern liiert sind oder waren, dass sie das Kennenlernen verschiedener Kulturen, zwischen denen sie bewusst hin und her pendeln, weniger als »Entweder-Oder«, sondern als »Sowohl-als-Auch« begreifen, aus dem – zumindest in der zweiten Generation – Möglichkeiten einer transnationalen Selbstverortung erwachsen. Um nur einige Beispiele zu nennen: Da ist ein in Hamburg als Sohn eines Restaurantbetreiber-Ehepaares aufgewachsener Chinese mit deutscher Staatsbürgerschaft, verheiratet mit einer Deutschen und – nach erfolgreichem Studium – heute als Architekt tätig; ein aus dem agrarisch geprägten Süditalien stammender junger Mann, den kulturellen und sprachlichen Horizont durch Besuche bei Verwandten in Kanada und Deutschland geweitet, in Hamburg verheiratet mit der Tochter eines Dachdeckermeisters, der dem jungen Paar bei der Existenzgründung als Restaurantbesitzer materiell unter die Arme griff; ein Lehrer aus der indischen Mittelschicht, dem sein Beruf in Indien weder Auskommen noch Perspektive bot und der aus dem Zufall, dass er in Hamburg als Student in der Wohngemeinschaft häufig indisch kochte, eine neue Profession machte. Seit Langem mit einer gebürtigen Inderin verheiratet, die sich in Hamburg gut eingelebt hat, werden er und seine Familie irgendwann darüber beraten, wo sie ihren Lebensabend verbringen wollen. Die beiden Söhne, in Hamburg geboren, häufig bei Verwandten in Indien zu Besuch und ihrerseits in absehbarer Zeit vor der Berufswahl stehend, könnten sich ein Leben in Indien ebenso vorstellen wie an der Elbe. Mit dem 18. Lebensjahr werden sie sich zwischen der deutschen und der indischen Staatsbürgerschaft entscheiden müssen. Nach ihrer Meinung sind sie weder Deutsche noch Inder, eher schon indische Hamburger.

Auf solche »gemischten Identitäten« laufen – zumindest in der zweiten Generation – etliche Selbstbilder der Interviewten hinaus. Und auch die Gastronomie entwickelt sich dabei weiter, mit überraschenden Resultaten: So empfindet beispielsweise die Tochter eines chinesischen Gastronomenehepaars, die heute in St. Pauli ein Restaurant in eigener Regie betreibt, die traditionelle chinesische Küche als eher langweilig und experimentiert ihrerseits mit deutscher Hausmannskost und mit Schweinebraten, nun allerdings verfeinert mit einer Honig-Chili-Sauce und mit Szechuan-Pfeffer.

*Joachim Szodrzynski*
Galerie Morgenland/Geschichtswerkstatt Eimsbüttel

1 Auch in der Arbeit anderer Hamburger Geschichtswerkstätten (Ottensen, St. Georg, Wilhelmsburg) findet das Thema »Migration« immer wieder Beachtung, bisher allerdings eher als Nebenaspekt in Studien mit anderer Schwerpunktsetzung. Vgl. etwa Lokalgeschichte Ottensen: Geschichte und Geschichten von Restaurants und Kneipen, Tanzhäusern und Cafés, hrsg. vom Stadtteilarchiv Ottensen, Hamburg 2005; Mehr als ein Ballhaus. Von Stübens Etablissement zum Marmara Dügün Salonu, hrsg. von der Geschichtswerkstatt Wilhelmsburg, Hamburg 2001.

2 Vgl. Maren Möhring, Die ausländische Gastronomie in der Bundesrepublik. Migrantische Unternehmensgründungen, neue Konsumorte und die Internationalisierung der Ernährung, Köln 2010. Eine Veröffentlichung der Ergebnisse dieser Habilitationsschrift steht noch aus.

3 Diese und die folgenden Zahlenangaben stammen vom Statistischen Amt für Hamburg und Schleswig-Holstein, vgl. Hamburger Stadtteil-Profile 2010.

4 In einem Interview mit der Journalistin Ingeborg Breuer wies Maren Möhring darauf hin, dass die Balkangastronomie in der Bundesrepublik bis in die 1980er Jahre durchaus erfolgreich war. Ihren frühen Erfolg wie auch ihre nachlassende Attraktivität führte sie auf den Umstand zurück, dass sie der deutschen oder österreichischen Küche relativ ähnlich sei, sodass ihre Gerichte gleichzeitig exotisch und irgendwie vertraut anmuten konnten. Das sei zunächst von Vorteil gewesen, habe sich jedoch, als sich die Küche in Westdeutschland mehr und mehr internationalisierte (Thailand, Japan etc.) nachteilig ausgewirkt, weil die Balkangastronomie (Kroatien, Serbien, Ungarn) nun im Vergleich als zu wenig exotisch wahrgenommen wurde. Vgl. Ingeborg Breuer, Fremde Töpfe, in: Deutschlandfunk, Studiozeit. Aus Kultur- und Sozialwissenschaften, 12.8.2010.

5 Vgl. Eberhard Seidel-Pielen, Aufgespießt. Wie der Döner über die Deutschen kam, Hamburg 1996.

6 Axel Schildt, »Die kostbarsten Wochen des Jahres«. Urlaubstourismus der Westdeutschen (1945–1970), in: ders., Annäherungen an die Westdeutschen. Sozial- und kulturgeschichtliche Perspektiven auf die Bundesrepublik, Göttingen 2011, S. 179-196.

7 Arne Andersen, Der Traum vom guten Leben. Alltags- und Konsumgeschichte vom Wirtschaftswunder bis heute, Frankfurt a.M./New York 1997, S. 44.

8 Anders als die Einflüsse ausländischer Gastronomie, gelten die Ernährungslage und Essgewohnheiten in den Besatzungszonen und während des ersten Jahrzehnts der Bundesrepublik als hinreichend erforscht. Vgl. Gabriele Stüber, Der Kampf gegen den Hunger 1945–1950. Die Ernährungslage in der britischen Zone Deutschlands, insbesondere in Schleswig-Holstein und Hamburg, Neumünster 1984; Günter J. Trittel, Hunger und Politik. Die Ernährungskrise in der Bizone (1945–1949), Frankfurt a.M. / New York 1990; Rainer Gries, Die Rationen-Gesellschaft. Versorgungskampf und Vergleichsmentalität: Leipzig, München und Köln nach dem Kriege, Münster 1991; Michael Wildt, Am Beginn der »Konsumgesellschaft«. Mangelerfahrung, Lebenshaltung, Wohlstandshoffnung in Westdeutschland in den fünfziger Jahren, Hamburg 1994; Arne Andersen, Der Traum vom guten Leben (wie Anm. 7).

9 Zwar steht Eimsbüttel mit drei biografischen Skizzen im Zentrum des Buches, aber natürlich wäre es eine ziemlich

künstliche Einschränkung, die Untersuchung an der Stadtteilgrenze enden zu lassen. So befinden sich denn auch die übrigen vier Restaurants in der Neustadt, in Ottensen und St. Pauli und auf der Uhlenhorst.

10 Die Herkunftsländer der Interviewten sind China, Griechenland, Indien, Italien, Spanien, Thailand und die Türkei.

11 Vgl. Alf Lüdtke, Einleitung: Was ist und wer treibt Alltagsgeschichte?, in: ders. (Hrsg.), Alltagsgeschichte. Zur Rekonstruktion historischer Erfahrungen und Lebensweisen, Frankfurt a.M. 1989, S. 9-47; Belinda Davis, Thomas Lindenberger, Michael Wildt (Hrsg.), Alltag, Erfahrung, Eigensinn. Historisch-anthropologische Erkundungen, Frankfurt a.M. 2008.

12 Alf Lüdtke, Einleitung, S. 12.

## Due Baristi

Langenfelder Damm 2–4, Hamburg-Eimsbüttel

## Sener Sönmez und Eckart Meyer

Izzo

Sener Sönmez und
Eckart Meyer

## »Ich bin immer auf der Suche nach dem ultimativen Geschmack«

Es war wie Liebe auf den ersten Blick: die Begegnung zwischen Eckart Meyer und Sener Sönmez, den beiden Betreibern des »Due Baristi« am Langenfelder Damm in Eimsbüttel. Sie lernten sich 2006 bei der norddeutschen Barista-Meisterschaft in der Hamburger Speicherstadt kennen. Eckart Meyer, der zurückhaltende, besonnene Hamburger, bei dem Entscheidungen reifen müssen, mit einem Faible für Italien sowie begeisterter Espresso-Genießer und Sener Sönmez, der offensive, zupackende Wahlhamburger, seit einigen Jahren deutscher Staatsbürger, geboren in der Türkei, ebenfalls mit einer Leidenschaft für ausgezeichneten Kaffee. Sener Sönmez nahm an der Barista-Meisterschaft aktiv teil, Eckart Meyer war als Zuschauer gekommen. Er sei nicht der Typ für die Bühne, wo er erzählen, sich produzieren und die Jury davon überzeugen müsse, dass er einen ganz besonderen Espresso kreiert habe. Das widerstrebe ihm, aber er wollte daran teilnehmen, sehen, was dort lief. Auf dem Podium stand eine Maschine, und innerhalb von 15 Minuten sollten der Jury zeitgleich vier Espressi, vier Cappuccini und vier Eigenkreationen serviert werden. Bei den Eigenkreationen der Espressi kam es darauf an, ihnen durch Aufschäumung oder Geschmacksnote einen besonderen Kick zu verleihen. Im Nachhinein erschienen Eckart Meyer die meisten Baristi dort als eher durchschnittlich, bis auf einen, der ihm sofort auffiel: Sener Sönmez, der einen ziemlich ambitionierten Einfall hatte. Eckart Meyer:

**»Er hatte etwas ganz Abgefahrenes gemacht, ich glaube mit karamellisierten Rosmarinzweigen. Man muss schon eine Spur verrückt sein, um so etwas bei einer Meisterschaft vorzuführen.«**

Zwar verwendete Sönmez noch keinen sehr ausgewählten Kaffee, wie Eckart Meyer kritisch anmerkte – das kam erst später, als sich beide zusammen Gedanken machten, welcher Kaffee im »Due Baristi« auszuschenken sei – aber Meyer registrierte, dass Sönmez mit Liebe, Sorgfalt und Präzision arbeitete. Das gefiel ihm, denn er experimentierte selbst mit Kaffee, den er von kleinen Röstereien aus Süditalien importierte, verkaufte und ausschenkte.

Und obwohl Eckart Meyer eher nicht auf Menschen zugeht, suchte er nach der Veranstaltung beherzt den Kontakt. Sener Sönmez ist aufgeschlossen, ein Gespräch kam schnell in Gang. Sie sprachen nur kurz miteinander, auf der Ebene von: Was machst du und wo lebst du, und nach wenigen Minuten, halb im Ernst, halb im Scherz, fiel der Satz:

»Lass uns mal zusammen eine Bar aufmachen.«

In seiner Erinnerung an die erste Begegnung mit Eckart Meyer offenbarte Sener Sönmez seine Affinität zum Buddhismus:

**»Wir mussten uns treffen. Vielleicht war es vorbestimmt aufgrund unserer Seelenverwandtschaft. Ich bin Treibgut in einem Fluss und komme dorthin, wohin ich will und muss.«**

Zwei höchst unterschiedliche Menschen, vereint durch ihre Leidenschaft zum Kaffee, begegnen sich zur richtigen Zeit am selben Ort und machen einen Plan. Eine hübsche Geschichte, die man so kaum erfinden kann, von beiden mit Leichtigkeit und Vergnügen erzählt. Dennoch war es bis zur Eröffnung der erfolgreichen Espressobar »Due Baristi« ein langer und steiniger Weg.

Meine erste Begegnung mit Sener Sönmez im März 2010 war überschattet von schlechten Nachrichten aus der Türkei. In der Nähe seines Geburtsortes Pülümür, in der ostanatolischen Provinz Elaziğ rund 550 km östlich von Ankara, hatte es ein Erdbeben gegeben, das viele Tote forderte. Gebäude stürzten ein, die Bewohner wurden im Schlaf überrascht. Kein seltenes Ereignis, da die ganze Türkei erdbebengefährdet ist, weil hier die Kontinentalplatten Afrikas und Eurasiens kollidieren. Auch Pülümür, Landkreis und Stadt der Provinz Tunceli mit etwa 3.500 Einwohnern, wurde schon mehrfach von Erdbeben heimgesucht. Erst 2003 wurden mehrere Häuser in verschiedenen Dörfern zerstört. Das Zentrum des Bebens lag in Pülümür, wo bereits 1967 bei einem Erdbeben etwa 100 Menschen ums Leben gekommen waren. Der deutsche Förderverein Pülümür unterstützte dort kulturelle und soziale Projekte. Mit finanzieller Hilfe von Staat und Gemeinden, in Deutschland lebenden Aleviten sowie der besonderen Unterstützung des Münchner Oberbürgermeisters, Christian Ude, der der Stadt seit Jahrzehnten freundschaftlich verbunden ist, konnten im ersten Jahrzehnt des 21. Jahrhunderts der Wiederaufbau und die Fertigstellung einer Kulturhalle vorangetrieben werden. Sener Sönmez hatte gerade mit seinem dort lebenden Onkel telefoniert, den er besonders gern hat. Er blieb vom Erdbeben unversehrt. Sener Sönmez' Eltern, die in Deutschland leben, hielten sich gerade in Istanbul auf. Deshalb war Sener sehr in Sorge, ob und wie sich die Beben in den nächsten Tagen weiterentwickeln würden. Er erinnerte sich, wie er in Pülümür die erste Klasse besuchte und manchmal mit seinen Klassenkameraden wegen der Erdbeben in den Innenhof laufen musste. Unter dem Eindruck dieses Ereignisses äußerte ich mein Gefühl, mir scheine, die Erde bebe global, sei vielleicht aus den Fugen geraten. Schließlich fiel die Begegnung gerade in die Zeit allgemeiner Verunsicherung nach der ersten Welle der Finanzkrise, in der eine gewisse Desorientierung und Ratlosigkeit die Menschen umtrieb. Eine Stimmung, die auch Sener Sönmez bei vielen seiner Gäste nicht entgangen war.

Sener Sönmez wurde am 9. April 1971 in Pülümür, in einem Dorf, geboren, ebenso wie bereits seine Eltern, wenngleich sie aus unterschiedlichen Dörfern stammen, die zu Pülümür gehören. Die Ehe wurde traditionell geschlossen, aber die Eheleute kannten sich schon vorher, sie wurden einander nicht aufgezwungen. Sener Sönmez hat drei jüngere Geschwister, einen Bruder und zwei Schwestern. Das Dorf, in dem er in einem ehemaligen Ziegenstall auf die Welt kam, liegt in einem Bergtal, etwa 25 km von der Stadt Pülümür entfernt, in die die Familie sechs Jahre später aus politischen und wirtschaftlichen Gründen zog. Das alte Haus ist mittlerweile zusammengefallen. Wie die meisten Bauern ernährten sich auch seine Eltern von Viehzucht, vor allem von Schafen und Ziegen, da die Gegend für Landwirtschaft zu gebirgig und karg ist. Alles, was die Tiere hergaben, wurde verarbeitet. Sener Sönmez hatte einen Hund und erinnerte sich an Bilder von sich, auf einem Pferd sitzend. Seine Mutter verarbeitete die Schafwolle, die sie auch heute noch zu spinnen versteht. An seine spätere Kindheit in Deutschland erinnerte sich Sener Sönmez mit den Worten:

**»Wir haben auch hier eine Zeit auf dem Lande gelebt, vom Bauern ein Schaf gekauft und geschlachtet. Die Wolle wurde in der Badewanne gewaschen. Das hat gestunken, und wir Kinder ekelten uns, aber bald hatten wir einen von Mama gestrickten Pulli.«**

In den Bergen von Pülümür gibt es noch Bären und Wölfe, exotische Blumen, Pflanzen und Kräuter; die Natur ist intakt. Wasser und Luft sind sauber, die Menschen werden dort sehr alt. Das Leben verläuft langsamer, die Bewohner können sich den vorgegebenen Abläufen der Natur nicht entziehen. Herrscht Winter, müssen sie abwarten und sich bis zum Frühjahr beschäftigen. Sie seien gelassener, freundlicher, nicht so von Alltagsproblemen bestimmt wie hier, schwärmte Sener Sönmez. Er erinnerte sich an Gerüche und an den Geschmack von Früchten, die er vom Baum pflückte:

**»Es gab dort wilde kleine Früchte, die so intensiv schmeckten, wie ich es nie wieder erlebt habe. Das werde ich nie vergessen. Das ist mein Maßstab in der Gastronomie, immer diesen ultimativen Geschmack zu finden. Ich glaube, das hat mich geprägt.«**

Doch das Idyll in den Bergen wurde empfindlich gestört, da sich hier Kurden und Regierungstruppen bekämpften. Das war ein wesentlicher Grund für die Eltern, das Bergdorf nach sechs Jahren zu verlassen und in die Stadt Pülümür zu ziehen, die mehr Sicherheit bot. Ein weiteres Motiv war, dass es den Kindern besser gehen sollte und die Stadt Schulen und eine Infrastruktur bot:

»Meine Eltern wünschten sich für ihre Kinder eine gute Ausbildung. Ich glaube, mein Vater wollte seine Kinder dort raus haben. Er wollte uns davor schützen, dass wir irgendwann in die Berge in den Widerstand gehen. Ich denke, dass es eine Präventivmaßnahme war. Mein Onkel, von Beruf Lehrer, war politisch aktiv. Der wurde aus dem Schuldienst entlassen, der durfte 15 Jahre nicht mehr als Lehrer tätig sein. Das war absolute Willkür. Die 1970er Jahre waren eine schwere Zeit. Die 1980er Jahre waren auch brisant. Die ganze Region wurde leer gefegt, die Menschen vertrieben.«

In den 1970er Jahren regierte in der Türkei die Nationalistische Front mit eiserner Hand. Die Gegensätze zwischen Rechten und Linken, nicht nur auf dem Land, sondern auch in den Städten, waren schroff. Damals wurden an den Universitäten viele linke Studenten festgenommen, gefoltert und getötet. Einige linke Lehrer nahmen ihre Kinder aus Sicherheitsgründen von den Universitäten. Auch die Lehrerschaft war ab Mitte der 1960er, Anfang der 1970er Jahre extrem polarisiert. Von politischer Streitkultur oder gar einer funktionierenden Zivilgesellschaft keine Spur; stattdessen bürgerkriegsähnliche Zustände zwischen Kommunisten und »Grauen Wölfen«, der paramilitärischen Organisation der nationalistischen Kräfte in der Türkei. Insbesondere in Anatolien brachten die »Grauen Wölfe« zahlreiche fortschrittliche Lehrer und Studenten, Linke und Aleviten um.

Sener Sönmez bezieht sich positiv auf das Volk der Zaza, von dem seine Familie abstammt, und auf den Alevismus. Die Zaza kamen vor mehreren Tausend Jahren aus dem Iran und siedelten in der östlichen Türkei, wo heute noch

Zazaki, die Sprache der Zaza, gesprochen wird. Überhaupt gibt es in der Türkei, besonders im Osten, viele Völker uralten Ursprungs, die, fernab von der Regierung in Ankara, mehr oder weniger nach eigenen Regeln leben. In der Vergangenheit hatten sie von der Regierung, außer Unterdrückung, nie viel zu erwarten. Als Religionsgemeinschaft sind die Aleviten in der Türkei bis heute nicht anerkannt. Zwar sind auch sie Muslime, unterscheiden sich aber in ihrer Religionsausübung deutlich von der Mehrheitsbevölkerung: Sie lehnen z.B. das tägliche Gebet, Fasten im Ramadan und die Pilgerreise nach Mekka ab. Stattdessen treffen sie sich nur wenige Male im Jahr zum Gebet, Männer und Frauen gemeinsam, wobei auch Tanz und Musik eine Rolle spielen. Aleviten haben generell eine weltoffene und tolerante Einstellung. Deshalb fühlen sie sich den westlichen Gesellschaften und Kulturen häufig näher als der eigenen. Die Aleviten blicken auf eine leidvolle Geschichte zurück. Im 20. Jahrhundert waren sie häufig Opfer von Gewalt und Verfolgung. 1938 wurden sie aus der Osttürkei vertrieben, weil sie nach eigenen Vorstellungen und Regeln leben wollten. Mustafa Kemal Atatürk hatte 1923 bei der Gründung der Türkischen Republik zwar die strikte Trennung von Religion und Politik angeordnet, aber keine Religionsfreiheit gewährt. Ende der 1940er Jahre kehrten viele Aleviten wieder in ihre Heimat zurück. Allerdings gab es in den 1960er Jahren eine erneute Verfolgungs- und Vertreibungswelle. Wieder flohen die Menschen in Richtung Westen, und viele gingen in die Bundesrepublik Deutschland. Und nach dem Militärputsch von 1980 hatte sich der Druck auf die Aleviten erneut verstärkt, weil in den Bergen die PKK, die kurdische Befreiungsbewegung, ihre Stützpunkte und Rekrutierungsfelder besaß. Außerdem wurde in den Schulen wieder der Religionsunterricht eingeführt, der allein den Sunnismus lehrte. Das löste eine weitere Auswanderungswelle unter Aleviten aus. Bis heute wird die Bevölkerung in den Bergen vom Militär drangsaliert. Sener Sönmez berichtete von einem Urlaub, den er vor einigen Jahren in seiner Heimat mit seiner damaligen Freundin und heutigen Frau verbrachte:

»Schon 60 Kilometer vor meinem Geburtsort war alles vom Militär abgeriegelt. Passkontrolle. **Soldaten holten uns aus dem Bus, fragten, wer wir sind und was wir wollten. Meine Freundin wurde gefragt, ob sie von der Presse sei.** Der eine Soldat verstand Deutsch. Da meine Grundhaltung antimilitaristisch und antiautoritär ist, war ich froh, dass ich mich nicht negativ geäußert hatte. Eine halbe Stunde später gab es wieder eine Militärkontrolle.

Maschinenpistolen, Panzer. An jeder Ecke Militär. Es ist schon krank, was sich dort abspielt. Es passiert viel, was unter den Teppich gekehrt wird. Mein Onkel, der seinen Beruf 15 Jahre nicht mehr ausüben durfte, konnte erst Anfang der 1990er Jahre wieder als Lehrer tätig sein. Jetzt ist er Rentner. Zuvor hatte er jahrelang in unserem alten Dorf in den Bergen Bienen gezüchtet, obwohl das Gebiet politisch brisant war. Meine Tante, Cousinen und Cousins waren immer besorgt, wenn er im Sommer dort war. Die Bienenzucht machte ihm Spaß, er hatte immer einen positiven Bezug zur Natur. Es war aber auch Widerstand, er wollte sich nicht vertreiben lassen. Er pendelte zwischen Istanbul und der Provinz. Wenn Ernte war, belud er den Lkw und verkaufte den Honig in Istanbul. So brachte er seine Familie über die Runden. Aber mein Vater unterstützte auch seine Familie. Davor habe ich großen Respekt.«

Seners Vater ließ 1968 in Pülümür für seine Familie ein Haus bauen, in das er aber nicht mehr mit einzog, denn er war schon auf dem Sprung nach Deutschland. Ein Bruder des Vaters war schon hier, arbeitete eine Zeit auf dem Bau und später in einer Kneipe. Dieser hatte ihm ein wenig den Weg geebnet. Herr Sönmez arbeitete in Vorhelm, Westfalen, in einer Zementfabrik, nachdem er zuvor ebenfalls auf dem Bau Verschiedenes gemacht hatte. Er war Packer und leistete körperliche Schwerarbeit. Im Akkord wurden Zementsäcke auf Lkws geladen. Das machte er mehr als 30 Jahre. Die Belastung war groß, wenngleich es irgendwann das Fließband gab. Er kam als gesunder junger Mann und wurde Frührentner mit einer Staublunge, künstlicher Hüfte, Rückenbeschwerden und einer nur bescheidenen Rente, da ihm als Arbeitszeit die letzten Jahre fehlten und er die Zeit bis zur Rente überbrücken musste. Jetzt erhält er die tatsächliche Rente, die ein bisschen höher ausfällt. In der ersten Zeit in Deutschland lebte er, wie viele Arbeitsmigranten, in einer Werkswohnung; die Arbeiter sagten Heim. Er gab wenig Geld aus, schickte alles in die Türkei, damit das Haus in Pülümür finanziert werden konnte.

Die Familie, die Herr Sönmez regelmäßig in der Türkei besuchte, kam neun Jahre später, 1977, nach Deutschland; da war Sener sechs Jahre alt. Sie zog in den Kreis Warendorf nach Enniger mit etwa 3.500 Einwohnern. Zufällig hatte der erste Ort in der neuen Heimat annähernd die gleiche Größe wie das Dorf in der alten Heimat. Sener Sönmez hielt das für ein großes Glück:

**»Wir waren die einzigen Ausländer dort, absolute Exoten. Das war ein Segen, weil wir gezwungen waren, immer Deutsch zu sprechen. In der Schu-**

**le kam ich in die erste Klasse, konnte kein Wort, und in der dritten Klasse war mein Deutsch mindestens genauso gut wie das der anderen Kinder.** Ich wurde immer korrigiert, das war eine super Basis. Ich wünschte, alle, die nach Deutschland kamen, hätten dieses Glück gehabt, weil die Integration dann besser gelaufen wäre. Trotzdem war das erste Jahr natürlich sehr hart für mich, weil ich mich nicht mitteilen konnte, nichts verstand. Die Kinder haben mit mir gesprochen, und ich habe reagiert. So habe ich gelernt. Ich möchte betonen, dass die Menschen in Enniger offen, neugierig, nett und höflich waren. Das war eine sehr gute Erfahrung. Die Eltern meiner Freunde waren super herzlich, ich gehörte immer dazu. Es entwickelten sich Freundschaften. Ich bin dort bis in die dritte Klasse zur Schule gegangen.«

Die Familie zog nach Ennigerloh um, da das Haus, in dem sie lebte, verkauft werden sollte. Enniger ist ein Ortsteil der Stadt Ennigerloh, die etwa 20.000 Einwohner hat. Der Vater behielt seinen Arbeitsplatz, nur der Anfahrtsweg dorthin verlängerte sich. Die Familie wurde erneut aus ihren sozialen Zusammenhängen gerissen, in denen sich Sener gerade positiv entwickelt hatte. Aber im Vergleich empfand er selbst den Wechsel als nicht so schlimm. Dramatischer empfand er es, als er aus seiner Umgebung in Pülümür herausgerissen wurde, denn dort fühlte er sich geborgen, hatte Freunde und seinen Onkel, der für ihn Kumpel und Ersatzvater war. Später, in der neuen Schule, kam er gut zurecht, war sofort integriert, und die deutsche Sprache beherrschte er inzwischen perfekt. Die Familie übertrug ihm deshalb Verantwortung. Er dolmetschte und machte Behördengänge für sie. Das tat seiner Entwicklung gut:

»Ich trat in der vierten Klasse in den Handballverein ein. Jahre später assistierte ich dem Lehrer, der mich geholt hatte, trainierte selbst die Mannschaften. 20 Kids, die sich noch nicht die Schuhe zubinden konnten. Das machte unheimlich Spaß. **Bestimmt war ich der einzige Türke in Deutschland, der Handball spielte.** Die meisten Türken spielen Fußball, obwohl ich mich nicht als Türke, sondern als Alevit bezeichne. Insofern hatte ich auch als Handballer einen ganz anderen Bezug zur deutschen Kultur, ich war total eingebunden, wurde zu Feiern eingeladen.«

Sener Sönmez machte seinen Realschulabschluss auf der Handelsschule, ging nach Bielefeld, weil er dort von einem interessanten Schulprojekt gehört hatte. Er erhoffte sich einiges von der Alternativschule. Die Laborschule und das Oberstufenkolleg wurden als Versuchsschule des Landes Nordrhein-Westfalen im Jahre 1974 gegründet. Als Versuchsschule entwickelte sie neue Formen des Lehrens und Lernens sowie des Zusammenlebens in der Schule. Die Laborschule ist die wissenschaftliche Einrichtung, die als Institut der Universität Bielefeld die Arbeit der Schule begleitet und evaluiert. Reformorientierte Pädagogik und der Geist von 1968 waren virulent. Sener schwärmte:

»Ich war von 1990 bis 1994 dort. Das war eine befreite Zone. Die Schüler kamen aus allen Teilen Deutschlands. Es gab keine Klassenzimmer mehr, nur noch große Räume mit Stellwänden, Mitbestimmung, einen Wohnblock mit Wohngemeinschaften, für jede eine Küche. Jeder hatte ein eigenes Zimmer, die Türen waren meistens offen. Es war bunt, wir kleideten uns anders als die meisten. **Ich lief mit spitz zulaufenden Schuhen rum, ein bisschen Tedmäßig, in Erinnerung an die 1960er, in Schwarz. New-Wave-Zeit. Ich habe gejobbt, Geld verdient. An jeder Tür zur WG stand gesprüht: Wohnhaft. In Dortmund gab es einen Knast, der so konzipiert war wie unser Wohnblock, deshalb: Wohnhaft. Das waren meine tollsten Jahre.** Alle waren etwas schräg. Freunde kamen in die WGs. Manchmal machten wir Musik. Einer saß am Klavier und spielte wie Gott, der Nächste spielte Gitarre, einige schauspielerten. Die kreativen Seiten wurden absolut gefördert. Das Schöne war: Alle waren Idealisten und politisch interessiert; man ging nicht zufällig auf diese Schule. Zum Golfkrieg gab es Protestaktionen, Demonstrationen. Die USA waren das Feindbild, weil sie in einen Staat wegen Öl einmarschierten. Das waren für mich einschneidende Erlebnisse. Ich kannte schon als Kind die Namen der Symbolfiguren für eine gerechtere Welt, z.B. Che Guevara. Die alternative und linke Szene mochte ich immer. Ich dachte schon, der Geist der 68er-Bewegung sei verloren. Ich habe Anfang der 1990er Jahre die 1960er und 1970er Jahre gelebt. Das tat meiner Entwicklung gut. Ich habe autonomes Lernen, Gruppenarbeit, Gruppendynamik und Vollversammlungen kennengelernt. Das war schon eine ausgezeichnete Vorbereitung auf die Uni. Dass man zu dem steht, was man sagt und denkt. Ich hatte super Lehrer und Professoren, tolle Leute. Ich entschied mich für Sport und Jura. Ich glaube, dass ich ein guter Schüler war, aber später wollte ich kein Anwalt mehr werden. Man ist als Anwalt auch nur ein Rad im Getriebe, kann nicht so viel bewegen, wie wir es uns ausmalten. Richter wäre schön gewesen, aber da waren die Hürden zu hoch. Ich brach ab, aber ich bereue nichts. Die Zeit dort war das Beste, was ich gemacht habe. Ich blieb in Bielefeld und ging in die Gastronomie. Zuvor hatte ich schon gekellnert, gejobbt, um Geld zu verdienen.«

Während Sener Sönmez seine Entwurzelung als Kind in einer deutschen Kleinstadt gut überwand, sich dort unter optimalen Bedingungen integrierte, konnte er später seine geistigen und emotionalen Bedürfnisse an einer Alternativschule in Bielefeld ausleben, sich ausprobieren und dort die Nachwirkungen von 1968 spüren. Zudem entwickelte er dort eine Haltung, zu dem zu stehen, was man sagt und tut, und schulte seine moralischen Kriterien für Gerechtigkeit. Ein Prozess, der in der Entscheidung mündete, Jura zu studieren. Er brach jedoch das Studium ab, was er im Nachhinein nicht bereut. Weil er ein gutes Gespür hat, nimmt er seine Stärken und Schwächen deutlich wahr. Deshalb machte er die Erfahrung, dass die kontinuierliche und akribische Schreibtischarbeit, das Wälzen von Gesetzestexten und Kommentaren, das Eindringen in die Fachsprache, die präzise Auseinandersetzung und Deutung juristischer Texte, die ein Jurastudium erfordert, nicht seine Welt waren. Sener Sönmez ist ein aktiver und zupackender Mensch, ein Macher. Insofern hätte das Sportstudium besser zu ihm gepasst, zumal er sich ausnehmend positiv an seine Jugend erinnerte, die viel mit Sport, mit Kontakt zu Kindern und Jugendlichen, die er trainierte, zu tun hatte. Er selbst formulierte, »die Hürden waren zu hoch«. Wahrscheinlich konnte er sich gut einschätzen, und vielleicht war damit gemeint, dass er kein Schreibtisch-Mensch sein wollte. Darüber hinaus musste er über eine eigenständige ökonomische Existenz nachdenken, da er sich nicht auf den Vater stützen wollte, der ohnehin viel für die Familie geleistet hatte. So lag der Weg in die Gastronomie nahe. Sie wurde nun zum Mittelpunkt seines Lebens.

**Bis zu diesem Lebensabschnitt von Sener Sönmez gibt es nur eine Gemeinsamkeit mit der Biografie Eckart Meyers: Die Stadt, in der Sener Sönmez seine beste Zeit verlebte, ist die Geburtsstadt der Eltern Eckart Meyers.** Dessen Vater arbeitete zeit seines Lebens in der Firma Dr. Oetker, meist in der Nähe von Bielefeld, aber auch in anderen deutschen Niederlassungen. Eckarts Mutter lernte in Bielefeld Buchhändlerin und arbeitete dort in ihrem Beruf, wie es bereits ihr Vater getan hatte. Eckart Meyer wurde am 27. Juni 1961 in Hamburg geboren. Als er sechs Jahre alt war, zogen seine Eltern nach Hameln, weil der Vater in der Firma die Chance zu einem Karriereschritt als Produktionsleiter wahrnahm. Dort verbrachte Eckart Meyer seine Jugend.

Nach dem Abitur lebte er etwa drei weitere Jahre dort, bevor er sein Studium in Hamburg aufnahm. Nach dem Abitur war er zunächst auf der Suche. Er bewegte sich in der alternativen Szene, wollte ein selbstbestimmtes Leben in Landwohngemeinschaften führen, sich von den Produkten des eigenen Ackers ernähren und auf keinen Fall einen »bürgerlichen Job« annehmen. **Eckart Meyer weiß es im Nachhinein immer noch sehr zu schätzen, dass seine Eltern ihm für seine Selbstfindung die Zeit gaben** – und nicht nur die Zeit, sie unterstützten ihn auch finanziell, was ihm während des Erzählens ein wenig peinlich war bzw. »schändlich« vorkam, weil es mit einer selbstbestimmten Existenz nicht viel zu tun hatte. Immerhin arbeitete er regelmäßig: mal in einem Zeitschriftenladen, mal in einer Gärtnerei, oder er verrichtete Handlangerarbeiten auf dem Bau. Auf diese Weise war wieder Geld da, wovon er leben und seinen Mietanteil für den Bauernhof zahlen konnte. Zweihundert DM mussten damals für den großen Hof aufgebracht werden. Das waren im Schnitt für jeden 40 DM. Für manche war es schwierig, auch nur diese Summe aufzubringen. Sie kamen mit wenig Geld aus, waren aber zufrieden und schöpften ihre Freiräume aus. Er erinnerte sich daran, wie er mit Freunden Monate in Frankreich auf einem Campingplatz schwarz zubrachte, weil das Geld fehlte. Sie bewegten sich dort nicht vom Fleck und bekamen von Frankreich nichts mit. Zwar lebten sie nicht wie Gott in Frankreich, empfanden das aber mit 20 Jahren nicht als Mangel und waren sich in dieser Zeit einfach selbst genug. Da zählte das Hier und Jetzt. Wen kümmerte der Rest der Welt? Eckart Meyer liebt Musik und liest viel, neigt dazu, das, was er gerade macht, zu überhöhen, theoretisch zu untermauern. Nach dem Abitur beeinflusste ihn amerikanische Literatur, besonders Ratgeber, wie man auf dem Lande selbstbestimmt und frei von Produktionszwängen in Kommunen zusammenlebt. Das sollte ausprobiert werden. »Das große Buch vom Leben auf dem Lande« von John Seymor war ein Renner. Über Jahrzehnte hinweg wurde es mehr als eine Million Mal verkauft, ein Hinweis darauf, dass es immer wieder junge Menschen gibt, die sich fürs Landleben begeistern. »Zen und die Kunst ein Motorrad zu warten«, ein Roman von Robert Pirsig, erzählt von einer Motorradreise durch den Nordwesten der USA und setzt sich mit einer immer stärker technisierten Welt und dem Entwurf einer Gegenkultur auseinander. Eckart Meyer beschrieb – inzwischen leicht ironisch – sein Leben auf dem Lande:

»Mit 16 Jahren wurden die Haare immer länger. Ende der 1970er Jahre waren wir noch auf der Hippie-Welle, obwohl sie schon abebbte, musikalisch begann der Punk. Ich wollte kein normales, sondern ein freies Leben. In Hameln gab es eine selbst verwaltete Kneipe, die ›Sumpfblume‹, da machte ich mit. Wenn man will, waren das die Anfänge meiner Gastronomie-Erfahrung, aber natürlich hatte das Projekt damals nichts mit dem heutigen Business zu tun. Das waren damals Träume. Wichtiger war das Bauernhaus auf dem Lande mit großem Garten, am Rande von Hameln; Ackerland gehörte nicht dazu, man hätte aber Gemüse und Obst anbauen können. Kachelöfen beheizten die Zimmer. Wenn wir ins Bad wollten, mussten wir durch die Scheune, die im Winter furchtbar kalt war. Der Flur war auch immer kalt. Man huschte von einem Zimmer ins andere; häufig hielten wir uns in einem Zimmer auf, alle rückten zusammen. Die Küche war meistens warm. Der Badeofen wurde mit Holz und Briketts beheizt; bis man baden konnte, dauerte es eine Stunde. Manchmal mussten wir das Geld für zwei Sack Briketts zusammenkratzen. Wir hatten zwar eine alte Waschmaschine, aber ich fuhr sowieso einmal die Woche zu meinen Eltern, um die Wäsche abzuliefern und um genüsslich im Warmen zu baden. So viel zum selbstbestimmten Leben! Wir taten vieles aus Lust und Laune. Davon war auch die Arbeit im Garten geprägt, also kontinuierliches Jäten von Unkraut und systematischer Anbau fand nur ansatzweise statt. Im Zweifelsfall hätte ich natürlich im Garten einen Kopfsalat pflücken, waschen und ein Dressing zubereiten können. Faktisch machten wir uns häufig eine Stulle oder sind in die Stadt gefahren und haben eine Currywurst gegessen. **Rückblickend war das Selbstbetrug, aber es war eine wunderbare Zeit. Wir waren immer zu fünft, zu sechst, manchmal auch sieben Leute. Wenn die Träume in einem Haus ausgeträumt waren, zog man ins nächste, zwei Dörfer weiter, wo dann natürlich alles neu und besser als vorher werden sollte.«**

In Eckart Meyers Erzählungen werden der Einfluss und die Kraft von Musik auf sein Leben deutlich. Die Gruppe »Fehlfarben« stand in seiner Hitliste ganz oben. Ihre erste Platte mit dem Titel »Monarchie und Alltag«, auf dem Cover eine graue Hauswand, ein Plakat mit (Anti-)Werbung für Fernsehgeräte in Schwarz-Weiß, mit einem auf dem Sofa sitzenden biederen Paar, das vergnügt in die Röhre guckt, über ihren Köpfen der Schriftzug: Millionen Deutsche können sich nicht irren.

»Die Platte habe ich mit Begeisterung gehört und am nächsten Tag meine Barclay-James-Harvest-Platten zerbrochen. Die Musik war wie eine Offenbarung. Sie drückte aus, was zu jener Zeit in mir drin war; sie war ein aufwühlendes Erlebnis. Echt. Ein Stück von der Gruppe ›Fehlfarben‹, was ich nie vergessen werde: ›Keine Atempause! Geschichte wird gemacht, es geht voran. Spacelabs fallen auf Inseln. Vergessen macht sich breit, es geht voran. Berge explodieren. Schuld der Präsident. Es geht voran. Graue B-Film-Helden regieren bald die Welt, es geht voran.‹ Oder ›Ideal‹. Die hatten nicht so die Tiefe von ›Fehlfarben‹, waren für die Zeit aber auch ein Markenzeichen. Ein Stück war Klasse: ›Komm, wir lassen uns erschießen, an der Mauer Hand in Hand‹. Allein wegen der Konzerte war ich froh, dass ich später in Hamburg lebte. Ende der 1970er Jahre existierten nicht nur verschiedene Lebensstile, sondern auch mehrere Musikstile nebeneinander: Bob Dylan, John Lennon, Deep Purple, Jim Morrison, Punk. Damals war man mit vollem Herzen entweder Hippie oder Punk. Ich weiß nicht, ob Musik heute die junge Generation beeinflusst. **Mit vollem Herzen Punk war ich nicht, aber der Stil beeindruckte mich. Ich war mehr Richtung New-Wave: Joy Division, The Raincoats usw.«**

Zeitgleich mit der Ernüchterung, dass auf dem Lande all das nicht realisierbar war, was sich Eckart Meyer einst vorgestellt hatte, begleitet von der Erfahrung einer unglücklichen Beziehung, beeinflusste ihn die Punk- und New-Wave-Bewegung. Anfang der 1980er Jahre schnitt er sich die Haare ab, betrachtete abschätzig seine Latzhosen und die Flower-Power-Bewegung und dachte, dass die Stadt passender sei. Unterschwellig war ihm klar, dass er sich irgendwann für oder gegen ein Studium entscheiden musste, das war noch in der Schwebe. Jetzt sollte es eine Großstadt sein. Berlin mochte er nie, München erschien ihm langweilig. Also entschied er sich für Hamburg, mit der Marktstraße, dem Karoviertel und weil er die Stadt wegen der Konzerte, die er besuchte, schon kannte. Seine Freundin und heutige Frau, die er auf dem Lande kennenlernte, wollte auch nach Hamburg, ebenso eine weitere Freundin. Zu dritt zogen sie 1983 in eine Wohnung ins Schanzenviertel, ein anderer Stadtteil kam nicht infrage. Die Dreieinhalb-Zimmer-Wohnung war völlig runtergekommen und feucht, sie kostete 400 DM. Wegen der Vermieterin legte seine Freundin einen alten Persianer an, Eckart Meyer warf sich in das Cord-Jackett seines Vaters, blaue Wollstrümpfe, braune Herrenschuhe. Sie versuchten, einen seriösen, »bürgerlichen« Eindruck zu erwecken. Seine

Freundin studierte Kunst und Mathematik, wollte Lehrerin werden. Eckart Meyer studierte Geschichte, Italianistik und Germanistik. Als Abschluss strebte er Magister an und spezialisierte sich auf Renaissance-Geschichte. Italien interessierte ihn, deshalb ging er 1986 für ein Jahr nach Bologna. Vielleicht schwang auch der Wunsch nach Lebensveränderung mit. Dort lernte er die Sprache und hörte an der Universität Carlo Ginzburg. Ginzburg hatte sich einen Namen gemacht, indem er sich von der Ereignisgeschichtsschreibung verabschiedete, sich der Kultur- und Mentalitätsgeschichte der sogenannten kleinen Leute zuwandte. Ein Buch, das Ginzburg berühmt machte und zum Standardwerk der Mikrogeschichte wurde, heißt »Der Käse und die Würmer. Die Welt eines Müllers um 1600«, erschienen 1980. Es handelt sich um den Versuch, das Leben eines Mitglieds der italienischen Bauernschaft, also der ansonsten in historischen Quellen weitgehend anonym bleibenden Unterschichten, anhand seiner umfangreichen Aussagen, seiner (wenigen) überlieferten Schriftstücke und seiner Lektüre zu rekonstruieren. Ginzburg beschreibt das soziale Umfeld und Weltbild des Müllers. Wäre er nicht in die Fänge der Inquisition geraten, hätte er keinerlei schriftliche Quellen hinterlassen. Er wurde 1599 als Ketzer auf dem Scheiterhaufen verbrannt. Ginzburg erweiterte die historische Forschung um eine Perspektive, indem er Inquisitionsakten auswertete, die zuvor von Historikern nicht beachtet wurden, und fächerübergreifende Forschungsansätze einbezog. Eckart Meyer interessierte der neue wissenschaftliche Ansatz ebenso wie das vermeintlich Abseitige. Er war auf der Suche nach einem Lehrer, den er in Ginzburg gefunden zu haben glaubte. Historiker wirkten auf Studenten damals in der Regel nicht gerade anregend. Nach Bologna fuhr Meyer mit dem Zug, wohnte zunächst in einer Jugendherberge. Später nahm er sich ein Zimmer bei einer älteren Frau, wo er zum ersten Mal das italienische Leben kennenlernte. Sie kochte und integrierte ihn in die Familie. Außerdem lernte er italienische Bars kennen, die ihn nachhaltiger in ihren Bann schlagen sollten als sämtliche neuen Ansätze der Geschichtswissenschaft:

**»Im Zweifel habe ich mir lieber noch eine Bar als eine weitere Kirche angeschaut. Bars ziehen sich wie ein roter Faden durch mein Leben. Ich fand die klasse.** Ich verbrachte dort viel Zeit. Man brauchte nicht viel Geld auszugeben. Nach ein paar Besuchen war man bekannt. Es lief keine großartige Kommunikation, aber es entstand ein Heimatgefühl. Ich konnte meinen Kaffee trinken, stand ein bisschen rum, die Italiener nie so lange wie ich. Ich nahm noch einen zweiten, dann trollte ich mich wieder, kam nach ein paar Stunden wieder, nickte dem Barmann kurz zu, trank dann vielleicht einen Saft. Hier begann es, dass Bars für mich emotional die Bedeutung von Heimat bekamen.«

Nach seiner Rückkehr aus Italien schien in Hamburg nichts mehr recht zusammenzupassen. Eckart Meyer hatte das Gefühl, das könne noch nicht alles gewesen sein. In dieser unausgegorenen Situation trennte er sich von seiner damaligen Freundin und jetzigen Frau, bis sie nach einem Jahr wieder zusammenfanden und 1990 heirateten. Zuvor zog er in eine »grässliche« Männer-WG, in der es ihm gar nicht gefiel.

In dieser Suchbewegung lockte ein Angebot. Während seines Studiums hatte er in einer kleinen Marketing-Agentur gejobbt. Telefon-Marketing. Die Firma wollte ein neues Projekt einführen, das sich Inbound-Telemarketing nannte. Die Agentur suchte pfiffige Leute, die sich engagierten und wenig Geld verlangten. Eckart Meyer überlegte nur einen Tag, sprach mit seinem Vater, gab sein Studium im achten Semester auf und nahm das Angebot der Firmeninhaber an. **Heute glaubt er, das Angebot sei ihm gelegen gekommen, meint, er sei kein Wissenschaftstyp gewesen, der in Archiven sitzt und sich mit alten Handschriften plagt. In der Werbeagentur hatte er den Eindruck, dass die Leute seine Arbeit schätzten.** Wenn sie ihn fragten, ob er länger bleiben könne, machte er es sofort. Es tat ihm gut, dass man ihn wollte und ihn bezahlte.

1988 stieg er voll in die Firma ein. Anfangs arbeiteten dort viele Studenten. Das änderte sich. Erst waren es fünf, später 30 bis 40 Leute, fest angestellt, zuletzt mehrere Hundert Menschen. Er hatte einen 60-Stunden-Job. Überstunden wurden grundsätzlich nicht bezahlt. Er fand es jedoch gut, Geld zu verdienen, und hätte den Job auch für weniger Geld gemacht. Die Firmeninhaber ließen ihm beim Aufbau einer neuen Abteilung freie Hand. Später baute er immer wieder neue Abteilungen auf, weil die Firma ständig wuchs, bis zum Börsengang im Jahr 1999/2000. Das veränderte einiges, auch das Leben Eckart Meyers. Die Dynamik vom Aufbau der Firma bis zum Börsengang war beeindruckend:

»Es begann damit, dass wir Kleinanzeigen telefonisch aufnahmen statt schriftlich, und der Kunde nicht zu zahlen brauchte. Die Spekulation war, dass die Auflage des Objekts steigt, in dem die Anzeige erschien. Für mich war es spannend, weil ich alles aufbauen konnte, angefangen bei der Telefonanlage, überlegen musste, mit wie vielen Anrufen man rechnen musste, Mitarbeiter aussuchen, schulen, Personalplan erstellen mit Notfallplänen, Daten Korrektur lesen, aufarbeiten, auf Diskette ziehen, mit dem Kurier zur Tageszeitung bringen, da die Datenübermittlung damals noch nicht funktionierte. Da war zwar immer der Chef dabei, der noch mal darauf guckte, aber ich war verantwortlich. Die haben mich machen lassen. War anstrengend, aber auch herrlich. Das nächste Projekt war schon größer. Fernsehwerbung. Ein Spot mit eingeblendeter Telefonnummer und der Aufforderung, anzurufen und zu bestellen, wurde gesendet. Es war damals Neuland, fing mit den Privatsendern an, wo Werbespots geschaltet wurden. Keiner wusste, ob es funktionieren würde. Die Firma wuchs und mein Verantwortungsbereich ebenso. In den 1990er Jahren schien alles möglich. Ich spezialisierte mich auf den Inbound-Bereich, also alles, was mit eingehenden Telefonaten zu tun hatte. Ich machte Karriere, hatte gute Chefs – mit einem treffe ich mich noch heute – besuchte Seminare für Rhetorik, Management, Menschenführung usw. Das Gehalt stieg ständig, ebenso die Überstunden, die immer noch nicht bezahlt wurden. Irgendwann boten wir den Inbound-Service 24 Stunden täglich an 365 Tagen im Jahr an, als Dienstleister für andere Firmen. Es war vorher nicht klar, was das bedeuten würde. **Ich stand immer unter Strom. Lösungen auszudenken und das Organisatorische machten mir Spaß; Menschenführung war nicht mein Ding, weil ich nicht konsequent genug bin.** Meine Frau ist Lehrerin und viel konsequenter als ich. Wenn ein Schüler Mist baut, ruft sie sofort die Eltern an. Sie macht immer Pläne, die sie abarbeitet. Ich bin eher jemand, der sagt: Ach, das hat der sicher nicht so gemeint. In der Blütezeit der Firma hatte ich mehrere Hundert Mitarbeiter unter mir. Da stieß ich an meine Grenzen. Zum Glück hatte ich einen guten Chef, mit dem ich mein Problem besprechen konnte. Wir hatten eine Lösung gefunden, ein anderer Inbound-Leiter wurde eingestellt. Ich machte dann interne Organisation, Controlling. Das war wieder klasse, genau das Richtige. Zwar war der Job nicht mit viel Prestige verbunden, aber das spielte keine Rolle für mich. Im Rückblick bin ich der Firma dankbar, da ich mit ihr mitwachsen konnte, es immer wieder neue Herausforderungen gab. Aber ich merkte auch, dass etwas auf der Strecke blieb. Bis auf einige Urlaube bekam ich von dieser Stadt kaum noch etwas mit. Ich arbeitete in der City-Nord, bin abends zurück in die Schanze. Dann haben wir noch eine Flasche Wein getrunken, das war es. Ein großer Schritt war der Gang an die Börse im Jahre 1999/2000. Ich dachte schon: Ob das wohl gutgeht? Da so ein Schritt die internen Strukturen verändert. Andererseits war es wieder eine neue Herausforderung. Wir ließen uns natürlich beraten. Ich war persönlicher Referent des sich damals bildenden Vorstandes, sollte mich um den Börsengang kümmern. Es war wie ein Marathon: Kurz vor dem Zusammenbruch des Neuen Marktes waren wir drin. Wir waren völlig ausgepumpt, dann brach der Markt zusammen. Wir trafen uns mit Bankern, Analysten und Investoren, mussten Rede und Antwort stehen. Die Angst, übernommen zu werden. Die Firma veränderte sich in einem Maß, wie ich es mir nicht hatte vorstellen können. Vorher quasi ein Familienunternehmen, jetzt ein Wirtschaftsunternehmen, das Aktionären verpflichtet war. Es entwickelten sich andere Strukturen. **Vorher zogen wir alle an einem Strang. Jetzt gab es Hierarchien, viele Abteilungsleiter, jeder darauf bedacht, den Erfolg der eigenen Abteilung zu vergrößern, egal, was die anderen Abteilungen machten. In diesem Moment wollte ich wieder mein Leben ändern,** so wie es der Buchtitel von Sloterdijk ausdrückt: ›Du musst Dein Leben ändern‹. Ich besprach es mit meinem Chef, den ich nach wie vor sehr schätze. Zu meinem 40. Geburtstag wollte ich raus sein.«

Zwar existierte die Firma weiter, aber Eckart Meyer identifizierte sich nicht länger mit ihr. Als sie an die Börse ging, war es nicht mehr »seine« Firma. Die Ironie daran war, dass er zuvor alles für den Börsengang tat, was nötig war. Die Strukturen in der Firma veränderten sich, die Arbeitsbedingungen wurden anonymer und inhumaner. Als Aktionär machte er zudem hohe finanzielle Verluste, bezog aber weiterhin sein Gehalt. Er gestand sich ein, dass er nach 15 Jahren Arbeit in der Firma ausgebrannt war. Seine Frau hatte zwischenzeitlich im selben Unternehmen in der Personalabteilung gearbeitet. Das empfanden sie aus Gründen der materiellen Abhängigkeit vom selben Arbeitgeber irgendwann als unglücklich. Sie nahm ihr Mathematik- und Soziologiestudium wieder auf, beendete es, machte ihr Referendariat und wurde Lehrerin. Für Eckart Meyer bedeutete die Festanstellung seiner Frau, in dem Moment als er aus dem Unternehmen raus wollte, ein großes Glück. Er konnte es sich leisten, erst einmal nichts zu tun, außer zu sich selbst zu finden. Der Abschied fiel ihm leicht, er kündigte selbst. Auch sein Chef hörte später dort auf. Eckart Meyer war frei und wieder auf der Suche.

Die Suchbewegung hin zum »Due Baristi« dauerte noch an. Aber der Wunsch nach Selbstständigkeit war schon da. Firmengründer beraten, das lag nahe. Aber ob das Naheliegende immer das Beste ist, ist die Frage. Meyer gründete eine Beratungsagentur. Doch zunächst wollte das Paar seine Wohn- und Arbeitssituation verändern, es träumte von einem Loft. Leben und Arbeiten in einem Raum. Beide wollten je einen großen Schreibtisch, jeder ein eigenes Büro, und es sollte einen großen Arbeits- und Konferenz-Esstisch geben sowie einen großen Küchenbereich, wo man auch mal etwas ausprobieren kann. Eckart Meyer fuhr wochenlang durch die Stadt und sah sich vorwiegend Hinterhöfe an. In Eimsbüttel fand er eine Werkstatt, eine ehemalige Schlosserei, und mietete sie. Nach jahrelanger Bürotätigkeit empfand er es als befreiend, die alte Werkstatt wieder herzurichten. Fast ein Jahr dauerte es, bis die Wände sandgestrahlt und mit Lehm verputzt waren – was er sich selbst beigebracht hatte – ein neuer Fußboden, neue Fenster, die wie die alten Metallfenster aussehen sollten, eingebaut, und neue Heizungsrohre verlegt waren. Die Arbeit mit den Händen machte ihm Spaß. Sie investierten viel Geld, allerdings war die Miete günstig. 2002 war der Umbau fertig. Im Loft gibt es einen großen Tresen, auf dem eine Profi-Espressomaschine für den eigenen Bedarf steht. Auch seine Frau hat eine Affinität zur Barkultur. Während seiner Beratertätigkeit bemerkte er, dass die neue Arbeit für ihn nicht das Richtige war. Zwar verdiente er damit ein bisschen Geld, hielt sich aber für keinen guten Verkäufer, eher für einen Kopfarbeiter. In jener Zeit reiste das Paar gern, mit dem Motorrad in die Sommerferien, einfach losfahren gen Süden. Das ist für beide Entspannung pur, und wo immer sie Rast machten, suchten sie zuerst eine Bar auf. Die schönsten Bars sind die, die von einer Familie betrieben werden, die, in der ein Fernsehgerät läuft und wo sich die Nachbarschaft trifft. **Als er mit seinem ehemaligen Chef, der auch auf der Suche war, bei einem Espresso zusammensaß, entstand die Idee, guten Espressokaffee aus Italien zu importieren.** Dieser baute einen Internetvertrieb für italienischen Espresso auf, und Eckart Meyer beriet ihn. Dazu fuhr er nach Süditalien und sah sich verschiedene Röstereien an. Hautnah machte er die Erfahrung, was für eine Vielfalt unterschiedlich guter Produkte es gibt, hergestellt in kleinen, handwerklich perfekten Familienbetrieben, die seit Generationen mit Leib und Seele dabei sind und zu ihren Kaffeeprodukten stehen. In Deutschland wurden hauptsächlich zwei Marken vertrieben, die kleinen Röstereien waren weniger bekannt. Es war ein Anliegen Eckart Meyers, dass diese kleinen, aber feinen Röstereien Erfolg haben sollten. Nebenbei entwickelten sich freundschaftliche Beziehungen zu Italienern aus Neapel. Er merkte bald, dass der Internetvertrieb nichts für ihn war. Für ihn passte es nicht zusammen, über Produkte, die er liebt, nur über E-Mails zu kommunizieren. Er suchte den persönlichen Kontakt, das direkte Verhältnis zum Produkt und Kunden. Die Freunde in Neapel boten ihm an, vor Ort ein Praktikum zu machen, in der Rösterei und der Bar. Sie luden ihn ein. Einen Monat lebte er in der Altstadt von Neapel, war morgens mit Bus und Bahn unterwegs zur Arbeit. Von den Süditalienern sprach er nur in den höchsten Tönen. Es gab viel zu tun, er lernte alles von der Pike auf. Die Freunde ließen ihn auch an der Kaffee-Hebelmaschine arbeiten. Da merkte er, dass die korrekte Bedienung nicht einfach, sondern richtiges Handwerk ist. Er war dankbar, dass die Freunde ihm alles zeigten. Die Idee für die eigene Bar war jetzt reif, es musste probiert werden. Aber allein der Wille, Kaffee bei sich im Loft auszuschenken, reichte nicht. Wieder sprang seine Frau ein. Tatkräftig entwarf sie auf dem Computer ein paar Gutscheine mit Adresse zur Verkostung von Espresso. Da ihr Mann ungern fremde Menschen auf der Straße anspricht, ging sie raus und verteilte sie. Eckart Meyer:

**»Es kamen nur die nettesten Leute Eimsbüttels, denen es auf unserem Hof und im Loft gefiel. Es ist wunderbar, etwas aufzubauen, wenn man viel Zeit hat.** Das war Anfang 2006. Ich machte günstige Preise. Es war nichts übrig, um weiter zu investieren. Wenn meine Frau ihr Einkommen nicht gehabt hätte, hätte es nicht funktioniert. Glückliche Zeit. Ich fühlte mich selten so unbeschwert. Ich lernte das Backhandwerk, konnte Rezepte ausprobieren. Toll. Ich stand hinter der Maschine und sah, wie der dünne goldkupferfarbene Strahl des Kaffees in die Tasse läuft. Das macht zufrieden. Das Gefühl hatte ich zuvor noch nie gekannt. Es riecht gut, und wenn der Gast sagt: Oh, lecker!, dann ist es das Beste, was einem passieren kann. Ein bisschen nagte es allerdings an mir, weil es noch nicht das echte Barleben war.«

Zwar fühlte sich Eckart Meyer wohl in seinem Hinterhof-Loft, wo Kaffeeverkostung und -verkauf am Wochenende semiprofessionell stattfanden, er wollte es jedoch auch professionell ausprobieren. Er wusste nur noch nicht wie.

Nach dem Abitur führte Eckart Meyer ein Leben in der Landkommune. Als sich dieser Lebensentwurf als nicht tragfähig erwies, begann er ein Geschichtsstudium, das er abbrach, da er glaubte, kein Wissenschaftstyp zu sein.

Das Ausprobieren unterschiedlicher Lebensentwürfe war ihm vor dem Hintergrund verständnisvoller Eltern möglich, die nicht nur ihn, sondern auch das Studium des Bruders finanziell unterstützten. Auch Meyer bereut seine Zeit an der Universität im Nachhinein nicht, da er die dort gemachten Erfahrungen, besonders die in Bologna, nicht missen möchte. Von außen betrachtet, ist eine gewisse Orientierungslosigkeit auffällig. Meyer wie Sönmez begannen ein Studium, in dem sie sich weitgehend selbst überlassen waren. Eine unbefriedigende Situation, die beide dadurch lösten, ihr Studium abzubrechen und sich beruflich neu zu orientieren.

Sener Sönmez ging zunächst in Bielefeld in die Gastronomie. Er hatte dort schon Anfang der 1990er Jahre gejobbt, da das kleine Bafög für den Lebensunterhalt nicht reichte. Im ältesten Betrieb, dem Wahrzeichen von Bielefeld, absolvierte er eine Ausbildung zum Hotelfachmann. Der Lehrherr und seine Frau schätzten ihn, weil er fleißig ist. Die Arbeitsbereiche eines Hotelbetriebs sind vielfältig. **Morgens hatte er die Funktion eines Hausmeisters, mittags wurde in Schwarz-Weiß und mit Fliege das Essen serviert,** nachmittags den älteren Herrschaften Kaffee und Kuchen gereicht, abends kellnerte er im Biergarten, und nachts stand er an der Bar. Er wurde zum Teil des Unternehmens. Weil er schon zu alt war, um allein von seinem Lehrgeld leben zu können, und er eine Arbeitsleistung weit über das Normalmaß hinaus erbrachte, wurde er besser bezahlt als ein Lehrling, was wiederum einen zusätzlichen Anreiz darstellte, die Lehre zu beenden. Und obwohl es Knochenarbeit war, fühlte er sich dort wohl, hatte zu dem Haus, dem Chef und seiner Frau eine emotionale Bindung und ein Vertrauensverhältnis. Werte, die Sener Sönmez schätzt. Da der Pachtvertrag für seinen Lehrherrn auslief, blieb diesem nichts anderes übrig, als das schöne traditionsreiche Hotel zu verlassen. Er eröffnete ein Restaurant, das nicht lief, und meldete Konkurs an. Auch Sener Sönmez blickt auf eine schmerzhafte Insolvenzerfahrung zurück. Nach seiner Ausbildung eröffnete er mit einem Partner und Freund in Bielefeld ein Bistro. Kaffee stand im Vordergrund, sie boten aber auch Speisen an. Woran das Konzept scheiterte, kann Sener nicht genau rekonstruieren:

**»Es ist in der Gastronomie so schwer zu sagen. Schauen Sie, Sie können zwei identische Projekte nebeneinander haben. Eins läuft, das andere nicht.** Sie können alles richtig gemacht haben, aber es läuft trotzdem nicht. Sie machen sich Gedanken, analysieren alles genau, aber es nützt nicht viel in der Gastronomie. Es ist so: Ich bin seit 20 Jahren im Geschäft. Nach meinem gescheiterten Projekt war ich viel unterwegs, in der Schweiz, in Oldenburg, auf Rügen, habe in verschiedenen Unternehmen gearbeitet, vielen Leuten unter die Arme gegriffen, bei Existenzgründungen beraten, weil es Freunde waren. Es ist ein absolutes Phänomen, was läuft und was nicht läuft. Ich habe viele gute Ideen den Bach runtergehen sehen, obwohl sie alles richtig gemacht haben. Es ist eben keine Fabrik. Sie verkaufen ein Produkt und Qualität, aber auch Emotionen und Lebensgefühl. Ich litt elf Jahre unter der Insolvenz. Ich bin leidenschaftlicher Motorradfahrer. Ich hätte jeden Sommer weinen können, weil ich auf vieles verzichten musste, damit ich meinen Bankverpflichtungen nachkommen konnte. Der Bankangestellte war mir bekannt. Wir duzten uns, da konnte ich mir keinen Offenbarungseid leisten. Mein Elternhaus hat mich so geprägt. Es ist ein bisschen Stolz und Ehrgefühl, dass man seine Verpflichtungen erfüllt. Ich wollte Geschäftsmann bleiben. Für meinen heutigen Partner Eckart ist es auch wichtig, das zu tun, was man sagt, Wort zu halten. Ich kenne keinen zuverlässigeren Menschen als ihn und meine Frau. Für sie war es nicht einfach, sie studierte damals BWL. Es war für uns beide schwer.«

Sener Sönmez und seine Frau gingen nach Hamburg, weil sie einen guten Job angeboten bekommen hatte. Lange bewarb er sich vergeblich, verzweifelte fast, da er zuvor stets die Erfahrung gemacht hatte, ohne Schwierigkeiten etwas zu finden. Allerdings waren die Zeiten ökonomisch leichter:

**»Ich bin bald verrückt geworden, war nicht liquide, kannte keinen. Meine Frau auf der Arbeit, keinen Bekanntenkreis. Ich schrieb über 200 Bewerbungen.** Ich hatte Ahnung, war in guten Häusern tätig, zuletzt als Restaurant-Leiter. Ich war bereit, alles zu machen, ganz unten zu arbeiten. Ich begab mich in den modernen Sklavenhandel, wo Mitarbeiter verliehen werden, speziell an die Gastronomie. Ich arbeitete für wenig Geld im Hotel, gurkte durch ganz Hamburg für einen Stundenlohn von acht Euro brutto. Egal, Hauptsache, ich machte etwas. Ich arbeitete nach der Devise: Lasst mich machen. Ich zeige euch, wer ich bin. Ich will mich einprägen. Wenn man mich schnell vergisst, habe ich etwas falsch gemacht. Ich bewarb mich in Hamburg überall. Mein Manko ist mein Name. Sener Sönmez auf dem Briefkopf ist keine gute Voraussetzung. Das haben mir viele hinterher gesagt. Mit dem Namen ist man gut für eine Arbeit in der Küche, aber nicht, um einen Laden zu repräsentieren.«

In dieser Lebensphase lernten sich Sener Sönmez und Eckart Meyer bei den norddeutschen Baristi-Meisterschaften kennen und schätzen. Zwei Männer mit ähnlichen Interessen, demselben Traum von der eigenen Bar, treiben zum gleichen Zeitpunkt, in derselben Stadt, aufeinander zu.

**Schon seit Jahren beobachtete Eckart Meyer an der Ecke Langenfelder Damm / Sartoriusstraße ein griechisches Restaurant und dachte immer, dass dieser Ort ein guter Platz für eine italienische Bar sei, wo man auch draußen sitzen und Zeitung lesen könne.** Er beobachtete den Ort, »schwänzelte wie ein Hund drum herum«, nahm wahr, dass dort Veränderungen geplant waren, und stellte den Kontakt zum Makler her. Jedoch ging das Objekt zunächst an einen anderen griechischen Interessenten. Da Eckart Meyer sich noch nicht recht traute, war er zwar enttäuscht, aber auch ein bisschen erleichtert. Ein Jahr später allerdings, als auch der neue Besitzer aufgab, fühlte er sich am Zug. Das begehrte Objekt, das seinen Wunschvorstellungen am meisten entsprach, wurde wieder frei. »Das war ein Zeichen.« Er wollte das Projekt nicht allein angehen, sondern gemeinsam mit Sener Sönmez, der in der Gastronomie versiert war und vielfältige Erfahrungen hatte. Sie sahen es sich zusammen an, und nachdem sie das Für und Wider diskutiert hatten, war klar, dass sie es beide wollten. Die Ehefrauen stimmten zu, und da sie beide fest angestellt waren, unterstützten sie das Unternehmen vor allem finanziell, sonst wäre es nicht zu realisieren gewesen. Sener und Eckart sind von ihrer Mentalität und Herangehensweise unterschiedlich, deshalb gab es auch Auseinandersetzungen. Aber sie diskutierten alles aus, oder, wenn das nicht weiterführte, rauften sie sich zusammen. Mal gab der eine, mal der andere nach. Es gelang ihnen, ihr gemeinsames Ziel in den Vordergrund zu stellen und ihre unterschiedlichen Charaktere als Stärken zu deuten. So bündelten sie ihre Kompetenzen, ein Zeichen von Souveränität und Reife.

Eckart und Sener schilderten dem Makler ihr Konzept, und er kam ihnen mit einer völligen Grundsanierung nach ihren Vorstellungen entgegen. Ohnehin mussten sie bei null anfangen, da hätten sie nicht auch noch in bauliche Maßnahmen investieren können. Ursprünglich wollten beide eine Espressobar. Keine Speisen, nur Snacks und Kuchen wie in einer italienischen Bar. Doch das änderte sich bald, da sich die Bedürfnisse der Gäste anders darstellten und die Baristi vor neue Aufgaben stellten. Barista ist der italienische Name für Barmann, der hauptsächlich für die Kaffee- und Espressospeziali-

Der fünf Meter lange Holztisch im *Due Baristi*

täten zuständig ist. Due Baristi sind die zwei Barmänner. Der Name, so die Betreiber, sollte das widerspiegeln, was beide sind, und was sie machen.

Der große Raum der Bar und des Restaurants ist quasi zweigeteilt und verläuft symmetrisch zur äußeren Architektur des Gebäudes, das im Dreieck spitz zuläuft. Die Zweiteilung verleiht dem Raum eine gewisse Ruhe. Die Außenfront ist großzügig, sodass rund ums Haus Tische aufgestellt werden können. Der eine Teil des Innenraums ist mit kleinen Tischen ausgestattet, der andere mit einem langen massiven, etwa hundert Jahre alten Holztisch, bestehend aus einzelnen Bohlen, ehemaligen sogenannten Baggermatratzen, die auf Großbaustellen zum Drüberfahren von schwerem Gerät benutzt werden. Die Bohlen arbeitete ein Tischler auf. Dieser fünf Meter lange Tisch sieht nicht nur imposant aus, sondern verleiht dem einen Teil des Raumes seinen besonderen Charakter. Größere Gruppen nutzen ihn gern, da er lang und schmal und für die jeweilige Kommunikation mit dem Gegenüber bestens geeignet ist. Sener Sönmez hat einen Blick für Räumlichkeiten, kann sich gut vorstellen, was passt: dort die Theke, die Lampen sind umgedrehte Kaffeedosen, dort der Tisch. Formen und Gestaltung begeistern ihn.

**Im Hinblick auf die Produkte gab es zwischen den beiden Inhabern nie Diskussionen. Die Devise lautete: Gute Produkte zu vernünftigen Preisen.** Sie brauchen nie darüber zu reden, ob sie z.B. statt Butter Margarine nehmen. Sie sind sich einig, nur das Beste zu verwenden. Die Liebe zu den einzelnen Produkten ist bei beiden gleichermaßen ausgeprägt. Und jeder bringt etwas Eigenes ein: Sener Sönmez experimentierte lange, bis das Tiramisu so wurde, wie es jetzt ist, und Eckart Meyer, bis die Lemon-Tarte ihre heutige Gestalt annahm. Gemeinsam tüftelten sie, bis der Cheesecake so ausfiel, dass sie mehr als nur zufrieden waren. Eckart:

»Das Backen mache ich, inzwischen brauchen wir aber Unterstützung. Sener hat einen unbestechlich guten Geschmack. Ich bin immer zu ihm hin und fragte nach seiner Meinung. Er gab mir einen Hinweis, wie man den Geschmack optimieren kann. Das reichte, und ich probierte weiter. Es ist ein gutes Gefühl zu merken, dass man alles erreichen kann. Ich hätte nie gedacht, dass mir das Backen so viel Spaß machen würde. Insgesamt treiben wir es mit unseren Ansprüchen allerdings ein bisschen verrückt. Wir machen alles per Hand, wollen ein gutes Produkt, machen das Pesto für die Sandwiches selbst, nehmen nur frisches Basilikum, Parmesan, Pinienkerne, die wir rösten. Die

Croissants sind zwar fertig, wir lassen sie aber tiefgefroren aus Frankreich kommen. Und sie werden in einer bestimmten Weise aufgebacken, nie mehr als zwei Bleche. Das kostet viel Zeit und Energie. **Das ist für den Laden gut, er ist immer voll. Die Gäste lieben die Produkte. Aber reich kann man damit nicht werden. Dafür bin ich mit meiner Arbeit hochzufrieden.«**

Das ursprüngliche Konzept sah eine Bar mit täglichem Betrieb bis 18 Uhr vor. Es sollte echter neapolitanischer Espresso sein. Gästen aus Italien schmeckt er. Gibt es eine eindrucksvollere Bestätigung? Die Tiramisus, Kuchen und Panini sind selbst gemacht. Weil sie nicht wussten, ob sie davon leben konnten, wurden die Öffnungszeiten länger, wurden Wein und Spirituosen angeboten. Dann verlangten die Leute im Viertel mittags nach etwas Warmem zu essen. Für den Mittagstisch wurde ein Koch eingestellt, der auch für das Abendbuffet zuständig ist. Es gibt eine große Auswahl Antipasti, jeden Tag frisch und selbst zubereitet, eine Suppe und jeden Tag einen anderen Hauptgang. Die Küche ist vorwiegend mediterran mit orientalischem Einfluss. Der Koch stammt aus Marokko und verleiht dem Buffet seine eigene Note. Sener:

»Der Schmorbraten vom Lamm, mit Nüssen und getrockneten Früchten sowie orientalischen Gewürzen, das kann der Koch sehr, sehr gut. Und auf die Lammhaxen sind unsere Gäste total abgefahren. Er hat Berufsehre. Es ist ihm wichtig, dass die Leute sein Essen mögen. Unser Buffet ist großartig; der Koch steckt viel Liebe und Energie in seine Arbeit. Er ist ein Glücksgriff. Steht voll hinter der Sache. Es ist nicht einfach, in der heißen Küche zu stehen. Mittags ist richtig Stress. Für den Abend kann er das Buffet vorbereiten und am frühen Abend nach Hause gehen. Am Samstag, Sonntag und Montag hat er frei. Am Wochenende betreiben wir ausschließlich die Espressobar mit Kuchen und Sandwiches.«

Beide Inhaber sind überzeugt davon, die nettesten Gäste Hamburgs zu bewirten. Sie verstünden etwas von Essen und Trinken, gutem Kaffee und Wein. Menschen aus unterschiedlichen gesellschaftlichen Schichten suchen die Espressobar auf. In der Regel verfügen sie über ein gehobenes Einkommen, viele Akademiker, einige Studenten. Es kommen Lehrer, Selbstständige, Lektoren, Medienleute, Mütter mit ihren Kindern. Sener:

»Das ist sehr positiv. Witzig ist, dass wir oft nur die Namen der Kinder, nicht aber die der Eltern kennen. Am Tresen ist die Frage, wo geht das Getränk hin? Ja, zur Mutter von ..., oder zum Vater von ... Das bringt jeden Tag Freude.«

Die Baristi haben neapolitanischen Kaffee etabliert, den man nicht überall bekommt. Sie betreiben eine Espressobar nach traditionellen Prinzipien, die amerikanische Linie wollten sie nicht. Sener:

»Es entstehen überall Kaffee-Shops, und die alte Kaffeebar mit italienischem Espresso geht verloren da wollten wir etwas entgegensetzen. Wir haben auch keine verschiedenen Sorten Sirup da. **Wir wollten echten Kaffee, da gehört kein Sirup rein. Das ist nicht unser Ding.** Wir bieten das ganze italienische Programm und bringen auch Latte Art auf den Kaffee, kleine Muster. Das ist ein Qualitätsmerkmal, d.h. die Milch wird so gut geschäumt, dass man aus dem Schaum kleine Kunstwerke herstellen kann. Auf diese Zeichnungen legen wir großen Wert, denn es soll ein Genuss sein, den Kaffee zu trinken; dazu gehört das Motiv. Die meisten Gäste wissen das zu schätzen. Sie würdigen es, dass er mit Liebe serviert wird.«

Neapolitanischen Kaffee mit einer Handhebelmaschine zu zelebrieren ist eine Kulturtechnik, die auch in Italien immer seltener wird. Meist ist sie nur noch in Süditalien üblich. Weil das so ist, brechen wir am Schluss für das vom Aussterben bedrohte Handwerk eine Lanze und beschreiben, wie es funktioniert. Sener und Eckart:

»Süditalienischer Kaffee bekommt sein optimales Niveau, wenn man ihn auf der Handhebelmaschine zubereitet. Wir beziehen unseren Kaffee von der süditalienischen Rösterei Izzo, die auch die Handhebelmaschinen herstellt, da die Parameter auf den Kaffee abgestimmt sind, zum Beispiel die Wassertemperatur und die Druckverhältnisse. Der Druck entsteht, indem der Barista durch Herunterziehen eines langen Hebels zwei Federn spannt. Wird der Hebel dann gelöst, entspannen sich auch die Federn, und der vorhandene Druck presst das Wasser durch das Kaffeemehl. Das nennt man Extraktion; durch sie bekommt der Espresso seine ausgewogene und harmonische Qualität. Aber es ist körperliche Schwerarbeit: **den Hebel ziehen, Druck aufbauen, den Hebel wieder lösen. Man muss konzentriert bei der Sache sein und lange üben, bis man den Bogen raushat.** Der Reiz besteht darin, dass man Einfluss auf den Verlauf der Extraktion nimmt. Das ist richtiges Handwerk.«

## Torta di cioccolata, der unwiderstehliche Schokoladenkuchen *(für eine 26-cm-Springform)*

*250 g Zartbitter-Schokolade*
*250 g Butter*
*ca. 100 g Zucker*
*ca. 100 g feinster Zucker*
*5 Eier*
*1 Prise Salz*

- Den Backofen auf 220 Grad vorheizen.
- Die Schokolade in kleine Stücke brechen, in eine Schüssel geben und im Wasserbad langsam schmelzen.
- Kurz bevor sich die Schokolade vollständig aufgelöst hat, die Butter in kleinen Flocken dazugeben und vorsichtig verrühren, bis sich

eine glatte, homogene Masse bildet. Mithilfe eines Thermometers darauf achten, dass die Temperatur der Masse 50 Grad nicht übersteigt.

- Fünf Eigelb mit 100 g Zucker zu einer hellen, dicklichen Creme aufschlagen. (Die Zuckermenge ist abhängig von der Schokolade.)
- Die leicht abgekühlte Schokoladen-Buttermischung dazugeben und vorsichtig unterrühren.
- Fünf Eiweiß mit einer Prise Salz leicht schaumig schlagen.
- Unter ständigem Weiterrühren 100 g feinsten Zucker löffelweise unterarbeiten, bis eine glänzende, aber nicht zu kompakte Masse entsteht.
- Den Eischnee vorsichtig unter die Schokoladenmasse ziehen.
- Teig ohne Zeitverzug in die vorbereitete Form gießen und diese in den Backofen stellen.
- Die Ofentemperatur auf 180 Grad reduzieren und den Kuchen ca. 45 Minuten backen.
- Ihn vor dem Herausnehmen aus der Form ca. 1 Stunde stehen lassen. Der Schokoladenkuchen sollte vor dem Verzehr 24 Stunden ruhen – wenn man so lange warten kann.

## Due Baristi

Langenfelder Damm 2–4
Hamburg-Eimsbüttel
Di bis Fr 8–23 Uhr
Sa 9–18 Uhr
So 10–18 Uhr
Tel. 040/88 17 88 50
www.duebaristi.de

# Trattoria Salento

Osterstraße 52, Hamburg-Eimsbüttel

## Anja und Mirco Gottardo

Anja
und Mirco
Gottardo

## »Die Eimsbüttler wollen originelle einfache Gerichte«

Mirco Gottardo ist Italiener und tief verwurzelt mit dem Land, »wo die Zitronen blühen«, wenngleich er 1968 in Toronto geboren wurde. Er hat einen kanadischen und einen italienischen Pass. Seit mehr als 20 Jahren in Deutschland, davon die meiste Zeit in Hamburg, verzehrt er fast täglich eine Zitrone, weil er es sauer mag. Und weil sie ihn an seine Heimat erinnert, denn mit dem Geschmack kommt die Erinnerung. Als Kind raute Mirco die Zitronen an einer der Steinmauern auf, die in Apulien die Felder umgaben, schälte und aß sie. Heute benutzt er zum Verzehr der Zitronen ein Messer. Im Garten des Elternhauses seiner Frau Anja Gottardo in Hamburg stehen mehrere Zitronenbäume; verschiedene winterfeste Sorten, geeignet für das Hamburger Klima. Zwar verlieren sie manchmal ihre Blätter, aber die Bäumchen leben. **Mirco Gottardo pflanzte die Bäume und brachte so ein Stück Heimat an die Elbe.** Und im Vorübergehen steigt ihm ihr unverwechselbarer Geruch in die Nase. Überhaupt haben Gerüche das Leben von Mirco Gottardo nachhaltig beeinflusst: Zusammen mit seiner Frau Anja betreibt er ein italienisches Restaurant in Hamburg-Eimsbüttel, das »Salento«.

Mirco Gottardos Eltern stammen aus der kleinen Stadt Racale in Apulien mit etwa 10.000 Einwohnern. Lecce heißen die Provinz und die Provinzhauptstadt, die etwa 83.000 Einwohner zählt. Die Halbinsel, auf der die Provinz liegt, trägt den Namen Salento. Mircos Vater Quintino wurde 1933, Mutter Anna 1939 geboren. Damals lebte die Bevölkerung in Apulien hauptsächlich von der Landwirtschaft. Das hat sich bis heute nicht geändert, wenngleich in den letzten Jahren viel gebaut wurde. Auf dem Land herrschten einfache Verhältnisse. Die Häuser hatten weder Strom noch Wasser. Im Alter von Mitte 20 entschieden sich die Eltern, nach San Remo, Ligurien, zu gehen, eine Stadt, die bessere Verdienstmöglichkeiten bot. Mircos Eltern konnten das, was sie sich an landwirtschaftlichen Kenntnissen in Apulien angeeignet hatten, zu Geld machen: Sie arbeiteten als Angestellte in einer großen Gärtnerei. Dort wurden Blumen gezüchtet, außerdem baute man Obst und Gemüse an.

Mircos älterer Bruder Ilvo wurde in San Remo geboren, während Mirco die Stadt auch heute nur vom Hörensagen kennt. Nach etwa zehn Jahren Arbeit zogen die Eltern Bilanz. Zwar verdienten sie gut, mussten aber hart arbeiten und konnten nicht viel Geld zurücklegen. Sie waren etwa Mitte 30 und ihre Aussichten nicht rosig. Sie fühlten sich noch nicht zu alt und waren bereit für einen weiteren, größeren Sprung in eine ungewisse, aber verheißungsvolle Zukunft: **Kanada sollte es sein, denn dort boomte die Wirtschaft. Toronto besitzt eine der größten italienischen Gemeinden außerhalb Italiens**, viele Italiener ließen sich im sogenannten Stadtteil Little Italy nieder. Außerdem lebten dort schon Verwandte der Familie. Das ist generell ein wesentliches Moment von Migration: Irgendjemand aus der Familie oder dem Geburtsort ist schon dort und zieht andere nach. In diesem Fall war es Mircos Onkel Amleto, der ältere Bruder seines Vaters Quintino, der zusammen mit seiner Familie, Frau und drei Kindern in Toronto lebte. Ebenso wie die Familie seines Onkels, mit zwei Jungen und einem Mädchen, hatten Mircos Eltern, außer ihm, noch einen Sohn und eine Tochter. Loridana, genannt Lori, ist die Jüngste, sie wurde ebenfalls in Toronto geboren.

Zunächst ging Mircos Vater für etwa ein halbes Jahr allein nach Toronto, um dort die Situation zu erkunden, suchte Arbeit und Wohnung. Erst dann folgten Frau und Kind. Mircos Vater konnte bei seinem Bruder, der selbstständig als Kleinunternehmer in der Baubranche arbeitete, sofort anfangen. Sie verrichteten sämtliche Arbeiten im Hausinneren: verlegten Fliesen und Marmor, setzten Fenster und Türen ein, erledigten die Klempnerarbeiten und verlegten elektrische Leitungen, und zwar entweder unter Putz oder aber hinter Zwischenwänden. Den Italienern eilte ein guter Ruf im Hinblick auf ihre Fähigkeiten im Straßen-, Brücken- und Tunnelbau sowie im Häuserbau voraus. Und das nicht nur in Kanada, sondern z.B. auch in Deutschland. In Hamburg wirkten Italiener unter extremen Bedingungen am Bau des Alten Elbtunnels mit; darüber hinaus waren sie in der Baubranche beschäftigt, wo sie insbesondere als Stuckateure in Hamburger Altbauwohnungen arbeiteten.

Mirco erinnerte sich an seine Kindheit in Toronto:

**»Dort lebten viele Kinder, deren Eltern aus Kalabrien und Sizilien stammten. Aber es gab auch Spanier. Es war kein Ghetto, sondern ein Wohngebiet, eines wie Rahlstedt,** wo wir und auch viele Russen wohnen. Meine Mutter arbeitete damals zu Hause als Tagesmutter. Wir und die anderen Kinder waren in guten Händen, in italienischen eben.«

In Toronto ging Mirco vier Jahre zur Schule. Dort gefiel es ihm. Die Lehrer waren freundlich, und es fiel ihm leicht, die englische Sprache zu lernen. Zu Hause wurde allerdings Italienisch gesprochen, »das war Pflicht«, in der Schule und auf der Straße Englisch. Dass im Elternhaus auf die Pflege des Italienischen Wert gelegt wurde, hatte mit der Absicht der Eltern zu tun, eines Tages nach Italien zurückzukehren. Im Gegensatz zum Onkel Amleto und seiner Familie, verwirklichten Mircos Eltern ihren Wunsch.

**1975, nach zehn Jahren Toronto, als Mirco acht Jahre alt war, ging die Familie nach Italien zurück,** nicht nach San Remo, sondern in den Ort, woher die Eltern stammen, nach Racale. Sie hatten genug gespart, um Land zu kaufen und um etwas aufzubauen, und somit erreicht, was sie wollten: eine eigene, technisch auf dem neuesten Stand befindliche Landwirtschaft. Dazu mussten sie einen Brunnen bauen, Wasser- und Stromleitungen legen lassen, Gewächshäuser errichten und landwirtschaftliches Gerät anschaffen. Zwar erbten die Eltern etwas Land, aber nicht genug. Deshalb erwarben sie 15.000 Quadratmeter hinzu, damit der Anbau von Obst und Gemüse und die Zucht von Blumen professionell, produktiv und ertragreich sein konnte. Im Sommer wurde mehr Gemüse angebaut, im Winter vor allem Blumen gezüchtet, die mehr einbrachten. Die Produkte waren für den italienischen Binnenmarkt bestimmt. Hierin investierten die Eltern ihr gesamtes Kapital, und erst später, als das Geschäft gut lief, dachten sie an den Bau eines eigenen Hauses. Mirco erzählte, dass viele den Fehler begehen, erst ein Haus zu bauen, und ihnen dann das Kapital fehlt, um in die Zukunft zu investieren. Das Konzept der Eltern ging auf. Sie lebten gut von den Erträgen der Gewächshäuser, aber ohne die Phase in Toronto hätten sie es nicht geschafft. Die Gewächshäuser werden jetzt von der jüngsten Schwester und ihrem Mann betrieben. Hauptsächlich ziehen sie Blumen: Gladiolen, Gerbera, Nelken, Tulpen und Strelitzien. Als es einmal bei der Schwester nicht besonders gut lief, überlegte sie, ob sie nach Deutschland gehen sollte. Aber mit Mann und drei Kindern und angesichts einer engen Beziehung zur Mutter entschied sie sich, in Italien zu bleiben. Die Eltern unterstützten sie in der Gärtnerei und kümmerten sich um die Kinder. Mircos Bruder unternahm mit seiner Familie den Versuch, in Deutschland zu arbeiten. Nach drei Jahren entschieden sie sich, wieder zurückzugehen. Heute leben sie in Mailand, und er arbeitet in seinem erlernten Beruf, baut Fenster und Türen ein, so wie einst der Vater in Toronto. Dieser bewirtschaftet heute nur noch als Hobby für den eigenen Bedarf einen halben Hektar mit Olivenbäumen und Wein. Im Gegensatz zu Mircos Mutter ist er noch gesund und unternimmt mit Gleichaltrigen Busreisen, etwa nach Capri oder Rom.

Mircos Jugend in Apulien verlief unbeschwert. Zurück aus Toronto, integrierte er sich problemlos in der Schule. In der Pubertät, als die Schule nicht mehr wichtig erschien, standen Mopeds und Autos im Vordergrund des Interesses. Geräuschvoll machte er mit dem Moped die staubige Gegend um Lecce unsicher. Mit Freunden wurde um die Wette gefahren, mit ihnen unternahm er kleine und große Erkundungstouren: durch Felder, die lediglich von kleinen Steinmauern umgeben waren. Ein beliebtes Ausflugsziel war immer das Meer. Damals gab es am Strand noch keine Kioske, die Getränke bereithielten. Unterwegs zum Strand pflückten Mirco und seine Freunde Obst von den Feldern. Manchmal schoss ein Bauer mit der Schrotflinte in die Luft, um sie zu vertreiben. Das Prasseln der Schrotkugeln auf den Blättern der Bäume hat Mirco noch heute im Ohr. Mit seinen Freunden Fernando, Luigi und Massimo hatte er, als er 15 war, einen Cinquecento, Fiat 500, gekauft. Heimlich. Sie mussten an der Karosserie und an der Elektrik basteln, bevor sie abends auf einsamen Straßen durch die Nachbardörfer fahren konnten. Größere Orte wurden wegen Policia und Carabinieri gemieden. Die Eltern wussten von nichts:

»Das war geheim. Das Auto stand bei Fernando in der Garage. Es musste noch einiges dran gebastelt werden, bevor es lief. Wir fuhren ohne Führerschein, ohne Zulassung und ohne Versicherung. Deshalb durfte nichts passieren. Irgendwann flogen wir auf, aber da waren wir schon 17 Jahre alt. Die Eltern nahmen uns die Autoschlüssel weg, wir hatten aber noch Zweitschlüssel.«

**Mirco bekam die Kurve und besuchte ein Lyzeum. Dort lernte er Englisch und Französisch.** Die letzten Jahre fielen ihm jedoch nicht mehr ganz so leicht, weil die Eltern ihn immer mehr als volle Arbeitskraft in der Gärtnerei einspannten, besonders in der Hochsaison. Vor der Schule musste er schon oft um fünf Uhr morgens auf dem Feld sein, sich um das Gemüse oder die Blumen kümmern. Wenn die Sonne aufging, setzte er sich aufs Moped und fuhr in die Schule:

»Das war Pflicht, nichts Besonderes. Das lief in den anderen Familien auch so. Jeden Tag ging es aufs Feld.«

Manchmal musste Mirco schon morgens um zwei Uhr in die Gewächshäuser, Blumen schneiden und Obst ernten. Das duldete keinen Aufschub. Hatten Obst und Blumen einen bestimmten Punkt erreicht, mussten sie in den Handel. Dann ging es zum Markt. Dessen Tore öffneten um vier Uhr, und es ging darum, einen guten Standort zu bekommen. Andere warteten auch schon. Vor den Toren schlief Mirco häufig vor Müdigkeit in dem typischen Dreirad, Ape (Biene) von Piaggio, die auch die Vespas (Wespen) fertigen, wieder ein. Damals in San Remo gingen seine Eltern auch immer zeitig auf den Markt, um einen Vorsprung vor den anderen zu haben. Dieses Arbeitsethos und das Pflichtgefühl sind Mirco eingepflanzt worden. Er sollte in die Fußstapfen der Eltern treten, die Gärtnerei übernehmen. Denn die Schwester war zu jung, und der ältere Bruder interessierte sich nicht für Landwirtschaft. Doch der Hoffnungsträger der Familie widersetzte sich. Er hatte die Landwirtschaft satt, wollte nicht länger den Rücken krumm machen und sah für sich in Italien keine Zukunft. Als er die Schule beendet hatte, löste er sich von den Eltern, von der Landwirtschaft – und von Italien.

1986 fuhr er nach Deutschland, um eigene Erfahrungen zu sammeln. Der Abschied von den Eltern verlief dramatisch, sie wollten ihn nicht ziehen lassen:

»Ich hatte das Geld für das Ticket, knapp 200 DM, weil ich das Armband von meinem Patenonkel eintauschte. Meine Eltern hätten mir das Geld nie gegeben. Nach einem halben Jahr sprachen wir wieder miteinander.«

**Ein Bekannter hatte ihm Arbeit in der Küche einer Pizzeria in Hamburg versprochen. Doch die Pizzeria befand sich in Meldorf, Dithmarschen, und Mirco war enttäuscht, weil er endlich Großstädte kennenlernen wollte.** Er blieb zwei Monate und arbeitete sieben Tage in der Woche. Im ersten Monat verdiente er 700 DM und konnte umsonst im Haus wohnen. Außerdem lernte er, wie man Pizza herstellt. In Hamburg verdiente er 1.200 DM und hatte einen Tag frei, ein eigenes Zimmer inklusive. Er verdiente gut und konnte sich im Laufe der nächsten Monate noch deutlich steigern, besonders, als er selbst die Pizza backen sollte. Ein knappes Jahr in Hamburg, erlebte er einen rauschhaften, unaufhaltsamen Aufstieg: Geld, Disco, Whisky, Champagner, Frauen. Und er lernte in der Discothek Collosseum, die Italienern gehörte, seine heutige Frau kennen.

Dann bekam er den ersten Dämpfer: Er baute einen Autounfall und flüchtete nach Italien, weil er keinen Führerschein hatte, den er dort schleunigst nachholte. 1987 kam er nach Hamburg zurück und arbeitete als Kellner. Die Arbeit wurde besser bezahlt. 1989 erwischten ihn in Italien die Feldjäger. Er musste den Militärdienst antreten, und als er nach kurzer Zeit nach Rom versetzt wurde, empfand er seinen Dienst fast wie einen gewöhnlichen Job, denn er hatte dort nichts auszustehen. Tagsüber war er mit dem Motorrad unterwegs, um interne Post zu verteilen. Nach Feierabend ging es an den Strand von Ostia oder zur Spanischen Treppe in Rom. Er sprach Deutsch und Englisch, war weltläufiger als seine Kameraden, und es fiel ihm leicht, Kontakte zu knüpfen. Keine Grundausbildung, keine Märsche. **Nach dem Militärdienst zog es ihn in eine andere Großstadt: London. Es war einfach, einen Job zu finden, aber auch hier wurde er nicht sesshaft.** Er war 22 Jahre alt und hatte den Impuls, wieder die Stadt zu wechseln. Es zog ihn noch einmal nach Toronto. Zuvor traf er sich mit seiner jetzigen Frau in Hamburg. Später, in Toronto beschlossen sie zu heiraten. Zunächst fuhr er allein. Anja musste in Hamburg einiges ordnen, bevor sie ihrem zukünftigen Mann folgte. Sie kündigte den Job beim Fernmeldeamt, was ihr nicht schwerfiel, da er ihr nichts bedeutete. Anja wurde 1967 in Hamburg geboren und erlernte zunächst das Friseurhandwerk. Später machte sie eine zweite Ausbildung bei der Deutschen Telekom.

Und wie einst der Vater, suchte Mirco Verwandte auf, Onkel und Tante, bis er Wohnung und Arbeit fand. Toronto gefiel ihm, ebenso die anderen Großstädte, die er kennengelernt hatte. Er mag keine Dörfer mehr. Rom sei super, aber die Römer sind ihm zu eingebildet und dominant. Deshalb kommt diese Stadt für ihn als Ort zum Leben und Arbeiten nicht infrage. In Toronto fühlte er sich sofort wohl. Er bewegte sich dort sicher, verstand sich mit den Cousins und Cousinen, fand einen Job im italienischen Restaurant. Die wirtschaftliche Situation war gut. Anja und Mirco heirateten 1991 in Toronto in dem Lokal, in dem Mirco beschäftigt war. Sie feierten mit Freunden und Verwandten, nur die jeweiligen Eltern waren nicht dabei. Anjas Schwiegermutter fragt noch heute nach, wann sie ihre Hochzeit nachfeiern wollen. Sie überlegt, ob sie nicht eine große Feier anlässlich der Silberhochzeit ausrichten sollten.

Anja Gottardo hatte in Toronto keine Arbeitserlaubnis, verdiente schwarz ein bisschen dazu. Sie wurde schwanger, war nicht krankenversichert, und die Mühlen der Bürokratie mahlten auch in Toronto langsam. Hinzu kam ein wenig Heimweh. Dem Paar wurde es zu heikel, und es entschloss sich, nach

Hamburg zurückzukehren, denn es konnte die Kosten für die Geburt nicht aufbringen. Anja rief ihre Eltern an und fragte, ob sie nach Hause kommen dürften. Vater und Mutter nahmen sie in ihrem Haus auf. Doch zuvor musste die Tochter dem Vater schriftlich über sich, ihren Mann und ihre Zukunft Rede und Antwort stehen. Denn der Vater hatte schon mehrfach Ein- und Auszüge der Tochter mitgemacht und kannte den Schwiegersohn nicht. Sohn Giuliano, 1992 geboren, ist inzwischen ein junger Mann. Zweisprachig aufgewachsen, bewegte er sich von Anfang an selbstverständlich in beiden Welten, empfand keine Zerrissenheit, sondern eine zweite Heimat als kulturelle Bereicherung.

Anjas Vater war Klempner, Installateur und Dachdeckermeister und selbstständig. 1918, kurz nach seiner Geburt und nach dem Ersten Weltkrieg, kam er mit seinen Eltern von Brünn, aus der damaligen Tschechoslowakei, nach Deutschland. Später zog es ihn nicht zurück an seinen Geburtsort. Erst ging es nicht, weil die Grenzen dicht waren, später fühlte er sich zu alt. Die Tochter jedoch reiste zusammen mit Mirco nach Tschechien, um den Geburtsort ihres Vaters kennenzulernen. Dessen Vater, also Anjas Großvater, hatte das Haus, in dem die Familie nunmehr seit drei Generationen lebt, erworben. Anjas Mutter wurde 1926 in Hamburg-Barmbek geboren. Ihre Eltern hatten dort ein Milchgeschäft, sie hatte im Einzelhandel gelernt.

Durch einen Unfall war Anjas Vater beruflich einige Monate gehandicapt, und der noch unbekannte Schwiegersohn konnte sich bewähren. Mirco ist vielseitig, mechanisch geschickt, fleißig und charmant. Die Auftragslage des Schwiegervaters war bestens, und Mirco begleitete ihn einige Monate und arbeitete ihm zu. **Er bestand die »Aufnahmeprüfung« und war bei den Schwiegereltern schnell akzeptiert. Die Familie steht in Mircos Werteskala weit oben.** Und obwohl er Hamburg vermissen wird, glaubt er, dass er, wenn die Haare grau werden, nach Italien zurück möchte, denn dort leben ein Großteil seiner Familie und frühere Freunde. Inzwischen hat er auch Familie in Hamburg. Sein Schwiegervater verstarb vor einigen Jahren, und am Sterbebett versprach Mirco, sich um seine Schwiegermutter zu kümmern. Versprochen ist versprochen, das war für Mirco keine Frage. Das Paar bezog die elterliche Villa und kümmert sich um die Mutter. Mittlerweile weit über 80, schiebt sie einen Rollwagen vor sich her, wenn sie einkauft. Mirco würde ihr die Einkäufe gern abnehmen, aber sie will ihre Selbstständigkeit bewahren, solange es geht.

**Ende 1992 machte sich Mirco in Hamburg zum ersten Mal mit großzügiger finanzieller Unterstützung der Schwiegereltern selbstständig. Er war 23 Jahre alt, als er sein erstes Restaurant eröffnete.** Es soll eine heruntergekommene Bude gewesen sein, aber dem Ehepaar gelang es, daraus ein florierendes Restaurant zu machen. Anja macht die Gastronomie Spaß. Sie glaubt, dafür geboren zu sein. Mirco konnte seine Schulden schnell zurückzahlen, weil es gut lief. Fremdenfeindlichkeit empfand er nie, seine Sprachfähigkeiten öffneten ihm viele Türen. Nur einmal, als er sich das erste Mal selbstständig machen wollte, schüttelte eine ältere Angestellte im Finanzamt darüber ungläubig den Kopf, fragte, wie das angehen könne. Diese Ungläubigkeit deutete Mirco Gottardo als Fremdenfeindlichkeit, da er kein Deutscher und jung war und in »ihrem« Land ein Restaurant eröffnen wollte, während sie weiterhin als Angestellte arbeitete. Diese Begegnung machte auf Mirco einen nachhaltigen Eindruck. Hier trafen zwei Welten aufeinander. Für Mirco war die Selbstständigkeit das angestrebte Ziel, wo er am besten seine Fähigkeiten unter Beweis stellen konnte. Er war jung und voller Tatendrang. Das Leben der älteren Angestellten hingegen war schon halb vorbei, verlief wahrscheinlich in geordneten, sicheren und finanziell überschaubaren Bahnen. Dass ein finanzkräftiger, deutlich jüngerer Italiener sein eigener Herr sein wollte, passte offenbar nicht in die Vorstellungswelt einer älteren Frau.

Bevor Anja und Mirco Gottardo das erfolgreiche Restaurant »Salento« in Eimsbüttel eröffneten, sammelten sie etwa 15 Jahre Erfahrungen im Restaurant- und Gaststättengewerbe. Nicht alle waren positiv. Anfangs lief es sehr gut. Dann gab es Rückschläge, Restaurants, die nicht gut liefen, am Ende wenig oder nichts mehr abwarfen. Anfangs unterschrieb Mirco einen Pachtvertrag. Der Verdienst war sehr gut, das Paar konnte Geld zur Seite legen. Aber der Nachteil als Pächter liegt auf der Hand: Läuft ein Vertrag aus, gehört dem Pächter nichts, lediglich der Kundenbestand kann als Wert in die Waagschale geworfen werden. Pachtverlängerungen mussten neu ausgehandelt werden. Pachterhöhungen lagen bei einem florierenden Geschäft nahe. Das passte Mirco nicht, er wollte unabhängig sein. Jetzt war das Geld da, um sich diesen Wunsch zu erfüllen. Auch das nächste Restaurant lief gut. Viele Anschaffungen konnten gemacht werden. Aber Mirco Gottardo fühlte ständig eine innere Unruhe. Er war getrieben von der Vorstellung, es könne bald schlecht laufen. Deshalb müsse er, bevor es so weit käme, verkaufen. Das war Mircos Problem.

Solange ein Restaurant florierte, zugleich daran zu denken, es zu verkaufen, bevor es schlecht lief. Jedoch ist es nicht nur Mircos Problem. Viele Restaurantbetreiber denken ähnlich wie Mirco: Bevor es anfängt, schlecht zu laufen, wieder zu verkaufen, möglichst alle drei bis fünf Jahre. Aber es gibt auch die anderen, die nicht allein vom kaufmännischen Aspekt geleitet sind: die von Paaren oder Familien betriebenen Restaurants, deren herzliche Atmosphäre die Gäste zu schätzen wissen, und die deshalb eine längere Zukunft haben. Vielleicht war ein derart geführtes Restaurant, wie das heutige »Salento«, erst vor einem bestimmten Erfahrungshorizont möglich.

Der ständig befürchtete Einbruch fand 2001 statt. Anja und Mirco Gottardo bekamen die Konsumkrise zu spüren, die mit der Einführung des Euro einherging. Wenngleich Mirco eher dazu neigt, den Fehler, wenn etwas nicht läuft, bei sich zu suchen. Es folgten fünf magere Jahre, zwei davon ohne Restaurant. Es war hart. Mirco fing wieder von vorn an, war ständig auf der Suche, verkaufte übergangsweise italienischen Aufschnitt auf Wochenmärkten und Anja Olivenöl. Sie erinnerte sich:

**»Ich verkaufte das Olivenöl meiner Schwiegereltern auf den Wochenmärkten. Das kam gut an, Öl direkt vom Erzeuger. Auch auf dem Isemarkt.** Einige Kunden kommen heute zum Essen ins ›Salento‹ und nehmen eine Flasche Öl mit. Der Verkauf auf dem Markt war eine gute Werbung für unser Restaurant.«

Mirco behagte das Umherziehen nicht. Dann kellnerte er wieder, fast überall. Er war so unzufrieden, dass er mit Kollegen stritt. Seinen letzten Espresso verkaufte er als Kellner an der Alster. Den Kassenbon bewahrte er auf. Er schwor sich, nie mehr für andere zu arbeiten. Er wollte raus aus dem Rad, wollte wieder mehr für sich und seine Familie schaffen, obwohl er auch die Nachteile der Selbstständigkeit kennt. Neben der Arbeit bleibt wenig Zeit für Familie und Freunde:

»Der Beruf ist ein Beziehungskiller. Keine Zeit. Früher habe ich auch Hundesport gemacht, auf dem Übungsplatz. Die anderen haben Samstag und Sonntag frei und können ihre Hobbys pflegen. Ich mache Wassersport, ich liebe das Wasser. Samstags los an die Ostsee oder die Elbe. Wasser ist anstrengend. Man darf beim Tauchen keinen Fehler machen, es könnte der letzte sein. Es geht auf 14 Uhr zu, dann kommen schon die Gedanken, dass ich packen muss, nach Hause, umziehen, ins Restaurant. Die Freunde sind dann noch am Wasser, grillen, entspannen, erzählen und trinken. Wir können das nicht.«

**Dann endlich, nach fünf Jahren Unzufriedenheit und Jobsuche, bot sich eine neue Chance. Ein Weinhändler erzählte von dem leer stehenden Restaurant in der Osterstraße.** Viele rieten ab. Das Haus mit dem Restaurant im Erdgeschoss gehört Luigi, einem Italiener. Der kommt auch aus Apulien, aus einem Nachbardorf, spricht denselben Dialekt wie Mirco. Das schuf eine Vertrauensbasis, wie sie vielleicht nur unter Landsleuten möglich ist. Die beiden Italiener wurden sich handelseinig. Es gibt so etwas wie eine informelle Börse, nicht nur unter Italienern. Aber für sie ist es eine Videothek in Winterhude. Dort melden sich alle Italiener, die ankommen und auf der Suche sind. Gegen eine Vermittlungsprovision werden Kellner, Köche und Barmänner vermittelt und Informationen ausgetauscht, auch über Lokalitäten, die zur Disposition stehen. Für Anja und Mirco war der Erfolgszwang sehr hoch, aber es war auch eine große Chance. Anja, die schon seit Jahren unter anderem in einer Boutique arbeitete, fand das Projekt ebenfalls interessant. Das Paar ist sich in wesentlichen Fragen einig. Im Juni 2006 eröffneten sie das »Salento« in der Osterstraße. Entgegen ihren Befürchtungen kam das Restaurant bei den Gästen auf Anhieb gut an. Vor dem Einschlafen dankte Mirco Maria und Gott dafür. Wenn er vor Müdigkeit sein Dankgebet nicht zu Ende brachte, befiel ihn ein schlechtes Gewissen. Damit er während des Dankgebets nicht einschlief, dankte er Gott dann, wenn er abends mit dem Hund seine Runde drehte. Wegen des enormen Drucks war es anfangs nicht einfach, in den Schlaf zu finden und abzuschalten:

»Ich habe das Problem, dass ich nicht abschalten kann. Ich denke an die Tische, die Terrasse, die Blumenkübel. Wenn richtig Stress ist, jeder Tisch belegt, und ich versuchte, eine Stunde zu schlafen, dann ging es nicht. **Ich bin nach einer halben Stunde Schlaf gedanklich wieder bei der Arbeit: beim Servieren, Wein einschenken, Tischabräumen, Tischeindecken. Im Schlaf. Das ist eine Strafe.** Und wenn ich schlafe, erhole ich mich nicht; es ist furchtbar. Gastronomie macht schnell alt. Früher habe ich endlos gearbeitet. Heute geht mir schon mal die Puste aus, wenn ich das Tempo erhöhe. Manchmal fällt es mir schwer, die Stufen zu nehmen, die Teller zu tragen, alles im Dauerlauf.«

Der extrem hohe Druck ist inzwischen von ihm gewichen. Nach den fünf mageren Jahren macht er wieder alles gern. Er fährt jeden Tag mit einem positiven Gefühl nach Eimsbüttel, bereit, wieder alles zu geben. Auch Anja fühlt sich in Eimsbüttel wohl. Das spüren auch die Gäste. Mirco Gottardo:

**»Ich finde, Eimsbüttel ist der beste Stadtteil von Hamburg. Die Leute sind lockerer als anderswo.** Ich habe noch nie eine Beschwerde bekommen nach dem Motto: Der Tisch oder der Stuhl gefällt nicht, können wir lieber dort sitzen. Die Gäste in Eimsbüttel sind gut drauf. Im Vergleich zu den Gästen in den Außenbezirken, sagen wir mal so, die sind nicht so mein Fall. Ich bin positiv überrascht, dass die Gäste in Eimsbüttel ganz andere Dinge wollen. Es ist fast alles anders als zum Beispiel in Niendorf: Getränke, Gläser, der Wein, den ich jetzt anbiete, ebenso die Gerichte, total anders. Die Eimsbüttler wollen originelle, einfache und bessere Gerichte. Zu viele Zutaten machen ein Gericht nicht unbedingt besser, das wird von den Gästen auch so empfunden. Das Rinderfilet mit Scampis serviere ich nur mit Tomatenwürfeln, keine Sauce. Oder Nudeln mit Trüffeln. Das ist sehr simpel herzustellen, aber das schmeckt und riecht unglaublich gut. Die Gerichte haben wenig Fett. Der Fisch ist vom Grill, ein wenig Butter und Salbei. Auch der Steinbutt oder die Lachsforelle.«

Das Gericht Linguine Marinara »de luxe«, mit Muscheln, Langostinos und Scampis ist der Renner im »Salento«. Mirco verkauft es hundertmal im Monat. In Niendorf hätte er das Gericht so nicht anbieten können, ohne dass sich jeder dritte Gast darüber beschwert hätte, weil er die Meerestiere »pulen« muss. Dabei besteht der Reiz dieses Gerichtes gerade darin, die Meerestiere mit den Händen zu befühlen und zu bearbeiten. Der Reiz des Haptischen. Das wiederum goutieren die Eimsbüttler. Wenn das Gericht einmal nicht auf der Karte steht, fällt es sofort auf, und die Gäste fragen danach. Auf die Frage, was die Gäste in Eimsbüttel von Gästen aus Niendorf noch unterscheidet, antwortete Mirco, dass die Eimsbüttler auch zufrieden sind, wenn man sie zusammen mit anderen Gästen an einen Tisch setzt, was in einigen Stadtteilen nicht ohne Weiteres geht. Anders sei auch, dass Gäste nach dem Theater oder Kino kommen, sie länger am Tisch sitzen und den Wein würdigen.

**»Ich verkaufe viel mehr Wein. Sie gönnen es sich. Bestellen auch mal ein Glas Barolo für acht Euro oder einen Le Volte,** die Preise sind für sie okay. Sie sagen, dass sie im Hotel dafür mehr zahlen müssen. Ich verkaufe auch mehr Champagner, Dorade, Loup de mer, Babysteinbutt. Thunfisch konnte ich früher nie verkaufen. Spaghetti mit Hummer ging früher auch nicht. Spaghetti mit Venusmuscheln konnte ich auch nur selbst essen. Die Gäste sagen, ich hätte gute Weine. Der eine oder andere sagt, Sie kennen unser Budget, suchen Sie bitte den Wein aus. Überraschungen sind schön. Sie haben Vertrauen, das ist wichtig. Sie wissen, dass ich nicht übertreibe. Solche Gäste hatte ich früher auch nicht. Es gibt natürlich nicht viele, die sich das leisten können.«

**Weil Mirco die Namen seiner Gäste meist nicht kennt, gibt er ihnen Spitznamen, damit er die Speisen besser zuordnen kann: »Miss Falsche Wimper«, »Miss Käsetina« »Miss Schwarze Witwe«.** Manchmal gibt es ungeduldige Gäste, weil sie etwas warten müssen oder der Grappa vergessen wurde. Manche geben auch »Tipps«, was bei Profis, die seit etwa 20 Jahren im Restaurantgewerbe sind, nicht immer gut ankommt. Einige erwarten auch, dass die Restaurantbesitzer einen ausgeben, wie sie es von den chinesischen und griechischen Restaurants her kennen. Aber Mirco, der ab und zu auch seine Frau kritisiert, weil sie großzügig Getränke ausschenkt, lehnt die Pauschalität ab. Er will selbst entscheiden, wann und wem er ein Getränk oder irgendetwas anderes ausgibt. Auch glaubt er manchmal, dass er mehr auf Distanz gehen müsse, weil nicht jeder seinen Humor teilt:

»Ich habe mal im Ruhrpott gearbeitet, da ging es locker zu. Der Kellner sagte zu mir: Raus mit der Kohle! Das blieb in meinem Kopf, und ich sagte es mal in Hamburg. Meine Frau meinte, dass der Ton in Hamburg nicht so gut ankommt. Ich mache immer zwei Dips, einen hellen mit Safran und einen dunklen mit Oliven. Auf einem Tisch stand nur ein Dip. Eine Frau, ein Gast, fragte, weshalb auf dem anderen Tisch zwei Dips stünden. Ich antwortete, weil an dem Tisch alle blond seien und deshalb bevorzugt behandelt würden. Daraufhin wurde der Mann böse und griff mich furchtbar an. Ich musste ihn richtig stoppen. Er hatte die Ironie nicht begriffen. Der Mann ist bei mir als ›Mr. Rottweiler‹ gespeichert. Hoffentlich lässt demnächst ›Miss Falsche Wimper‹ ihren Rottweiler zu Hause.«

Aber solche Scharmützel sind ausgesprochen selten. Negative Erfahrungen kann er an einer Hand abzählen, während die positiven zahllos sind.

## Linguine Marinara »de luxe« *(für 4 Personen)*

| | |
|---|---|
| *4 EL* | *Olivenöl* |
| *1* | *Zwiebel* |
| *4* | *Knoblauchzehen* |
| *1* | *frische rote Chili* |
| *8* | *Langostinos* |
| *8* | *geschälte Scampi* |
| *12* | *(oder 300 g) Calamares-Tuben* |
| *500 g* | *Miesmuscheln* |
| *500 g* | *Venusmuscheln* |
| *750 g* | *Linguine* |
| *0,5 l* | *trockener Weißwein* |
| *12* | *Cherrytomaten* |
| | *Meersalz* |

*Petersilie oder zarte Rucolablätter*
*frisch gemahlener Pfeffer*

- Das Öl in einer großen Pfanne erhitzen und darin Zwiebel, Knoblauch und Chilischote anbraten.
- Scampi, Calamares und die in der Schale belassenen Langostinos dazugeben. Die Schalen geben dem Gericht das besondere Aroma.
- Alles anbraten und mit dem Weißwein ablöschen.
- Danach die gut gewaschenen Muscheln und die halbierten Tomaten hinzufügen, etwa drei bis fünf Minuten köcheln lassen.
- Zum Schluss die vorgekochten Linguine obenauf legen.
- Über das Ganze eine zweite Pfanne legen und alles zwei, drei Minuten ziehen lassen.
- Zum Schluss alles vorsichtig miteinander vermischen, würzen und gehackte Petersilie oder Rucola überstreuen.
- Serviert wird auf einem sehr großen Teller, zusammen mit einer Fingerschale mit warmem Wasser und Zitronenscheibe.

## Trattoria Salento

Osterstraße 52
Hamburg-Eimsbüttel
Mo bis Sa 18–24 Uhr
Tel. 040/28514005
www.trattoriasalento.de

# Madame Hu

Bei der Schilleroper 6, Hamburg-St. Pauli

## Kit Hu

Kit Hu

## »Ich brauche Abwechslung, sonst langweile ich mich oder zweifle an meiner Kreativität«

Ich begegnete Kit Hu an einem »freien« Tag in ihrem Restaurant »Madame Hu« Bei der Schilleroper in St. Pauli. Ihr Haushalt war schon versorgt, und in wenigen Stunden sollten ihre Töchter aus der Schule kommen. Mir fielen als Erstes ihr herzliches und natürliches Wesen sowie ein mitreißendes Lachen auf, das sie sehr jung erscheinen ließ. Sie wirkte etwas unruhig, gleichzeitig jedoch lebendig und aufmerksam. Zunächst nahm ich an, die Unruhe sei einer Verunsicherung geschuldet, möglicherweise wegen des verabredeten Interviews. Doch als ich im Laufe der folgenden Stunden mitbekam, wie häufig sie an ihrem »freien« Tag, obwohl das Restaurant offiziell geschlossen war, angesprochen wurde, und jeweils ein offenes Ohr für sämtliche Anliegen hatte, ahnte ich, dass Unruhe und Sprunghaftigkeit auch etwas mit ihrer Profession zu tun haben könnten.

Während unseres Gesprächs kam es zu zahlreichen Unterbrechungen, verursacht durch Begegnungen mit Leuten aus dem Viertel, denen Kit Hu zugewandt schien. Offenbar schätzt sie Kontakte und Kommunikation und ist sehr hilfsbereit. **Während wir uns unterhielten, wurde das Restaurant geputzt, ihre Website aktualisiert, deponierte jemand etwas in ihren Lagerräumen, bestellte eine Frau aus dem Umfeld der »Roten Flora« eine Suppe für die Leute**, die sich regelmäßig zur Mahnwache vor dem »Hotel Mövenpick« am Schanzenpark treffen. Und es gingen zwei Polizisten vorbei, denen sie unbedingt eine Information weitergeben wollte. Zwischendurch nahm sie telefonische Bestellungen entgegen.

Kit Hu telefonierte:

»Fingerfood für eine Geburtstagsgesellschaft. Saté-Spieße mit Erdnuss-Sauce? Oder willst du vielleicht einen Glasnudelsalat? Mozzarella? Was für einen Dip fürs Brot? Ich kann dir auch Aioli, Tomatenpesto und Frischkäse machen. Wann möchtest du es abholen? Okay, wie alt wirst du eigentlich? Was, 22? Eine Schnapszahl, das kann ja bitter für dich werden. Ich rechne alles zusammen und rufe zurück. Höchstens 150, eher weniger.«

Durch das Fenster nahm Kit Hu eine Frau und deren Tochter wahr, die jeweils ein Fahrrad schoben. Die Frau in Schwarz, Palästinensertuch. Sie waren schon einmal vorbeigegangen und hatten zu uns hereingeblickt. Kit Hu glaubte, dass sie etwas von ihr wollten, sprang auf, entschuldigte sich bei mir und lief zur Tür. Sie kannten sich.

Die Frau: »Hättest du Lust, für Freitag für die Vokü eine Suppe zu kochen, vegetarisch? Nicht so viel Tüdelüt.«

Kit Hu: »Ja. Für wie viele?«

Die Frau: »Etwa 20, 30?«

Kit Hu: »Eine Grünkernsuppe oder eine Kokossuppe?«

Die Frau: »Was für dich einfacher ist, vielleicht eine Grünkernsuppe.«

Kit Hu: »Mach ich. Ich kann dir einen großen Topf mitgeben, den kann deine Tochter mir wieder zurückbringen. Ich mache es gern.«

Die Frau: »Wunderbar, super. Vielen Dank.«

Kit Hu, an mich gewandt:

»Das ist für die Volksküche. Die machen am ehemaligen alten Wasserturm eine Mahnwache. Leute von der ›Roten Flora‹. Wegen Mövenpick. Die stehen da und essen einmal im Monat ihre Suppe. Die kenne ich. Es sind ein paar Leute, eine Minderheit, die sollte man unterstützen. Ich nehme kein Geld für die Suppe. **Ich tue gern etwas für die Gegend, in der ich lebe. Das ist für mich kein Problem. Ich freue mich auch, wenn die Leute und die Kinder in dieser Gegend mich grüßen. Das ist nett.«**

Kit Hu erblickte draußen zwei freundlich grüßende Polizisten. Sie sprang wieder auf, lief zur Tür und sprach sie an:

»Ihr müsst eurem Kollegen Bescheid sagen, dass eine Wohnung hier im Haus frei ist. Seine Tochter studiert in Hamburg, er sucht für sie die Wohnung.«

Da ihr der Name nicht einfiel, versuchten alle drei herauszufinden, welcher Polizist wohl gemeint sein könnte. Nach einigen Minuten wussten sie es.

Kit Hu ist den ganzen Tag über in Bewegung. Zum Nachdenken bleibt wenig Zeit, geschweige denn zur Reflexion der eigenen Geschichte. Offenbar sprach sie mit mir über ihre Biografie zum ersten Mal, jedenfalls länger am Stück. Ansonsten lebt sie ausschließlich in der Gegenwart. Zunächst fühlte sie sich in der ungewohnten Rolle als Erzählerin nicht recht wohl:

**»Ich fühle mich, ehrlich gesagt, zu jung, um meine Lebensgeschichte zu erzählen. Ich bin gar nicht so eine Erzählerin, wirklich nicht.«**

**Doch dann gab sie sich einen Ruck und erzählte – wenngleich mit gewaltigen Zeitsprüngen – über ihre Familie, so als wolle sie etwas schnell hinter sich bringen.** Es war nicht ganz einfach, ihren Gedankensprüngen zu folgen und sie mit meinen vielen Nachfragen zu erreichen, wenngleich sie rasch Vertrauen fasste. Schon bei unserem zweiten Treffen betonte sie, dass es ihr Spaß mache, mit mir zu reden.

Kit Hu wurde 1966 in Hongkong geboren, ihr Vater etwa 1922 in Shanghai und ihre Mutter 1936 in Kanton. Bevor ihre Eltern 1954 in Hongkong heirateten, hatten sie aus unterschiedlichen Gründen ihre Geburtsorte verlassen. Der Vater, Herr Sam She Hu, der zuvor schon einmal verheiratet gewesen war, verließ China, nachdem seine erste Frau bei der Geburt des fünften Kindes gestorben war. Die ersten vier Kinder waren ebenfalls verstorben, das fünfte überlebte. Bevor er nach Hongkong ging, gab er seinen kleinen Sohn einem befreundeten Ehepaar, das keine Kinder bekommen konnte. Es zog ihn groß. Heute lebt er in der Volksrepublik China und ist deutlich älter als die Halbschwester; sie haben wenig Kontakt. Offenbar spricht er einen Dialekt, den Kit Hu nicht versteht. So wie einst der Vater, fährt auch der Sohn zur See. Der Vater vermittelte ihm einen Job bei einer deutschen Reederei. Liegt das Schiff in Hamburg, besucht er die Familie.

Kit Hu glaubt, dass ihr Vater damals mit seiner persönlichen Situation, dem Tod der Frau und der vier Kinder, nicht »klargekommen« sei. Deshalb habe er Shanghai verlassen und sei nach Hongkong gegangen. Allerdings schien die Wahl des neuen Wohnortes – Hongkong war damals noch britische Kronkolonie – Ende der 1940er bzw. Anfang der 1950er Jahre nicht zufällig. 1949 hatten die Kommunisten unter der Führung Mao Tse-tungs nach einem langen Bürgerkrieg gegen die Truppen Tschiang Kai-schecks und bis 1945 auch gegen japanische Invasionstruppen China, mit Ausnahme Taiwans, unter ihre Kontrolle gebracht. Im Anschluss an den militärischen Sieg sollte die junge Volksrepublik China nach Kriterien eines modernen Nationalstaats aufgebaut, industrialisiert und sozialistisch gestaltet werden. Große Ziele für ein rückständiges, bäuerlich geprägtes Land. Die Zeit des Übergangs nach dem entbehrungsreichen Krieg sowie die Überwindung alter gesellschaftlicher und ökonomischer Strukturen waren nicht einfach, und nicht jeder Chinese fasste Zutrauen zu den neuen politischen Machthabern. Deshalb verließen viele das Land. Besonders für Chinesen aus Shanghai war Hongkong ein nahe gelegenes Ziel. Der Sieg des Kommunismus in der Volksrepublik verhalf der Handelsmetropole nach 1949 zu neuer Blüte. Denn die vielen geflüchteten kleinen und großen Unternehmer aus Shanghai brachten Kapital, Produktionsmittel und Arbeitskräfte mit. Ein wesentlicher Wirtschaftszweig war die Textil- und Bekleidungsindustrie. Vermutlich lockte die wachsende Ökonomie auch Kit Hus Vater in die Stadt.

**Frau Wai Wah Hu, die Mutter Kit Hus, lernte ich im Restaurant ihrer Tochter kennen, die das Treffen für mich arrangiert hatte. Verschmitzt stellte sich Kit Hu schon vorab die Reaktion ihrer Mutter vor:**

»Entweder sie findet es lustig, oder sie fragt mich mahnend, ob ich nichts anderes zu tun habe.«

Ich war froh und dankbar, als Frau Wai Wah Hu zusagte, wenngleich mich Kit Hu darauf vorbereitete, dass ihre Mutter nicht sehr gern über die »China-Sachen« sprechen würde. Es war eine ungewöhnliche, aber von Wohlwollen getragene Begegnung. Ich spreche kein Chinesisch und Frau Wai Wah Hu kein Deutsch. Die Tochter übersetzte in beide Sprachen. Ich hatte den Eindruck, dass sich Mutter und Tochter über Vergangenes nicht häufig ausgetauscht hatten, denn der Verständigungsprozess schien alles andere als selbstverständlich. Als ich Frau Wai Wah Hu nach ihren Eltern fragte, wurde schnell deutlich, dass großer Schmerz sie lange begleitet haben muss, vielleicht bis heute. Der Sieg der Kommunisten in China vertrieb das damals junge Mädchen, und möglicherweise quälen Frau Wai Wah Hu auch noch Erinnerungen an die japanischen Truppen, die zwischen 1937 und 1945 große Teile Chinas erobert hatten. Die Vertreibung verschlug sie zunächst nach Hongkong und schließlich nach Hamburg.

Frau Wai Wah Hu wuchs in der Provinz Kanton in ländlichen Verhältnissen auf. Sie lebte in einer Großfamilie mit vielen Kindern unter einem Dach. Es gab einen Garten zur Selbstversorgung, in dem Gemüse angebaut und Kleinvieh gehalten wurde. **Ihre Eltern, die Großeltern von Kit Hu, hatten beide studiert. Der Vater war Arzt, beherrschte die chinesische Heilmedizin; seine Frau assistierte ihm.** In dem Dorf betrieben sie eine Praxis, in der die Patienten untersucht und zugleich Medikamente hergestellt und verkauft wurden. Damit gehörte die Familie zur wohlhabenden Schicht. Einige Verwandte gingen ins Ausland, in die USA und nach Kanada, um dort ihr Glück zu suchen. Ein Verwandter von Frau Wai Wah Hu arbeitete in den USA bei der Eisenbahn, ging später nach Kanada und baute dort eine Supermarktkette auf. 1950 wurden die Großeltern Kit Hus von der Volksbefreiungsarmee, den Truppen der Kommunistischen Partei Chinas, inhaftiert, eben weil die Familie wohlhabend war. Der Großvater war ein Jahr im Gefängnis, die Großmutter wurde nach kurzer Zeit wieder entlassen. 1951 wurde der Großvater von der Volksbefreiungsarmee erschossen. Als die Großmutter die Nachricht von seinem Tod erhielt, erhängte sie sich. Frau Wai Wah Hu hat ihre Eltern als gute Menschen in Erinnerung, die in ihrer Dorfgemeinschaft respektiert waren und Reis an die Armen verteilten. Sie war damals 15 Jahre alt und hatte noch eine Schwester und einen Bruder, der ein angenommenes Kind war. **Nach dem gewaltsamen Tod der Eltern fürchteten die Kinder um ihr Leben und flüchteten aus ihrem Dorf, zunächst in einen nahe gelegenen Ort, wo sie sich verbargen.** Ihren Besitz und ihre Habe mussten sie zurücklassen. Die Kinder wurden nacheinander nach Hongkong geschmuggelt. Ein Mann begleitete sie und erhielt von dem erwähnten Verwandten aus Kanada viel Geld dafür. Von 100.000 Hongkong-Dollar war die Rede. Die Kinder hatten keine Papiere. In Hongkong angekommen, wurden sie von einem Onkel empfangen. Kit Hus Mutter konnte zunächst dort wohnen, später war sie auf sich allein gestellt. Sie musste sich um etwa drei Jahre älter machen, damit sie als Schneiderin in einer großen Textilfabrik arbeiten konnte. Sie nähte Hemden und verdiente damals etwa 45 Hongkong-Dollar im Monat. Das war wenig, aber die Lebenshaltungskosten sollen günstig gewesen sein. Später verdiente sie etwas mehr, da sie nach der Anzahl der gefertigten Hemden bezahlt wurde. Andere Arbeiterinnen, die nur die Kragen oder Ärmel nähten, verdienten weniger. Zu jener Zeit hatte Frau Wai Wah Hu ein Bett für 20 Hongkong-Dollar im Monat gemietet. Sie schlief zusammen mit anderen jungen Näherinnen in einem Raum, die dort ebenfalls ein Bett gemietet hatten. Auch Frau Wai Wah Hus Schwester arbeitete in Hongkong in einer Textilfabrik als Näherin. Ihr Mann war Lehrer, verstarb aber bereits sehr früh. Deshalb war sie mit ihren fünf Kindern auf die Hilfe der Familie angewiesen. Wie andere Ärmere wohnte sie in einem Holzhaus in den Bergen von Hongkong-Kowloon. Einmal hatte ein Monsun das Holzhaus fortgerissen. Die besser gestellten Familien lebten in festen Häusern. Heute wohnt die Schwester in einem Altersheim in Hongkong. Kit Hu erinnerte sich gern an ihre Tante. Sie besuchte sie ab und zu in Hongkong und wählte zusammen mit ihrer Mutter und einer weiteren

Verwandten ein schönes, zentral gelegenes Altersheim für sie aus, damit sie unter Menschen sein konnte. Am liebsten hätte sie sie mit nach Hamburg genommen, aber die Tante war zu krank. Sie scheint eine Art Vorbild gewesen zu sein und verfügte über Eigenschaften, die auch Kit Hu sehr schätzt:

**»Sie war einfach positiv. Gut gelaunt. Gesunder Humor. Dabei hatte sie es nicht leicht im Leben. Und ich hatte viel Spaß mit ihr. Sie war für mich der Sonnenschein, und sie gab mir viel positive Energie.«**

Ihren späteren Mann lernte Frau Wai Wah Hu durch Kollegen aus der Textilfabrik kennen. Nach etwa zwei Jahren heirateten sie 1954 in Hongkong. Herr Hu fuhr zur See. Auf den Schiffen wurde relativ gut verdient. Er arbeitete dort als Wäscher. Chinesen wurden häufig auf Schiffen unterschiedlicher Nationalität als Wäscher angeworben, da diese Arbeit – ebenso wie das Kochen – für chinesische Männer nicht ungewohnt war, ansonsten aber eher nicht dem Selbstbild von Seeleuten entsprach.

Frau Wai Wah Hu zog ihre Kinder in Hongkong weitgehend allein auf. Sie arbeitete bald nicht mehr in der Textilfabrik, sondern kümmerte sich um ihre Familie. Der Verdienst des Mannes bot ein gesichertes Auskommen, sodass auch eine Eigentumswohnung erworben werden konnte. Kit Hu hat eine ältere Schwester, die 1961 geboren wurde. Der älteste Bruder wurde 1955, der jüngste Bruder 1969 geboren. Das Leben in der britischen Kronkolonie empfand die Familie zunächst als sicher. Jedoch wuchs die Angst der Eltern vor politischen Unruhen in dem Moment, als in der Volksrepublik China 1966 die Kulturrevolution begann (1966 – 1976) und erneut viele Chinesen aus der Volksrepublik nach Hongkong flüchteten. Frau Wai Wah Hu soll zu jener Zeit Reis im Schrank gehortet haben, aus Angst, sie könne ihre Kinder wegen eventueller Versorgungsengpässe nicht ernähren. Die Briten ihrerseits fürchteten um den Verlust ihrer Kolonie. In dieser angespannten Atmosphäre entstand der Wunsch der Eltern, Hongkong zu verlassen. Kit Hu:

»Sie lebten nach 1966 nicht in ständiger Angst. Aber sie wollten wegen der Unruhen weg. Die Engländer konnten den Hongkong-Chinesen damals nicht die Sicherheit geben, die sie brauchten. Und sie griffen hart durch, machten Razzien, nicht wie hier nur mit Zollbeamten, sondern mit schwer bewaffneter Polizei, wegen Lappalien.«

1972 beantragte der Vater ein Visum für Deutschland. Hafenstädte hatten sein Leben geprägt: Shanghai, Hongkong, Hamburg. Die Entscheidung für

Hamburg fiel, weil hier bereits zur See fahrende Landsleute lebten. Herr Hu kam als Erster, um die Lage zu sondieren, dann der älteste Bruder und 1975 die übrigen Familienmitglieder. Bei seiner Ankunft ging Herr Hu auch in das ehemalige »Chinesenviertel« auf St. Pauli, in die Schmuckstraße. Er orientierte sich im Hafenviertel und nahm Kontakte zu Chinesen in Seemannsheimen auf. Als Wäscher wollte er nicht länger arbeiten, sondern zusammen mit einem anderen Chinesen, der mit ihm an Bord eines Schiffes als Wäscher gearbeitet hatte, ein chinesisches Restaurant eröffnen. Unter seinen Landsleuten sammelte er Informationen, wobei es vor allem darum ging, wo ein Restaurant leer stand und wer kochen konnte. Kit Hu:

**»Sie haben gegenüber von meinem Restaurant 1972 den ›Goldenen Stern‹ eröffnet. Das war die Zeit, als alle ein China-Restaurant aufmachten.** Die beiden Köche kamen aus Taiwan. Die hatte mein Vater durch die Vermittlung im Seemannsheim. Der Kumpel machte dort Service, und in den 1970er Jahren hat meine Schwester dort gearbeitet. Meine Mutter war erst noch zu Hause in der Wohlwillstraße. Später arbeitete sie auch im Restaurant, wie überhaupt die ganze Familie dort arbeitete.«

Kit Hu war neun Jahre alt, als sie nach Hamburg kam. Sie hatte Hongkong nicht verlassen wollen. Sie stöhnte, während sie sprach:

**»Ich weinte und wollte zurück. Meine Mutter versprach mir ein Klavier, wenn ich mit nach Hamburg gehe. Ich habe es nicht bekommen. Deshalb verspreche ich nichts, was ich nicht halten kann.** Die Auflösung unserer Wohnung habe ich mitbekommen. Alles verschifft, es war bitter. In Hamburg war es Oktober, als ich ankam, saukalt und grau, eine Welt, die ich nicht kannte. Hier wirkte alles verschlossen, alle waren für sich. Die Menschen in Hongkong sind mehr mit anderen zusammen, es spielte sich viel auf der Straße ab. Zu Hause waren sie nur zum Schlafen und Essen.«

In Hongkong hatte Kit Hu eine ganztägige Privatschule besucht, da die öffentlichen Schulen keinen guten Ruf hatten. Ihre Mutter wollte für die Kinder eine gute Schulbildung. Kit Hu lernte intensiv ab der ersten Klasse auch die englische Sprache und klassisches Chinesisch, Mandarin:

»Ich ging dort gern zur Schule. Ich war sehr lebhaft, ein Energiebündel und habe einfach alles aufgenommen. In Hongkong gehörte ich immer zu den Besten. In Hamburg hatte ich tierische Probleme in der Schule. Das war ein echter Rückschlag für mich.«

Die ersten Jahre waren für Kit Hu ein kultureller Schock, aus der guten und lebhaften Schülerin wurde über Jahre ein irritiertes und zurückhaltendes Mädchen. Sie besuchte zunächst die Grundschule Seilerstraße, St. Pauli, wo sie mit neun Jahren in die dritte Klasse eingeschult wurde:

»Die Lehrer kamen mir entgegen, aber ich habe in den ersten zwei Jahren nichts gelernt. **In der siebten Klasse konnte ich immer noch kein richtiges Deutsch. Ich kam mit der Rechtschreibung nicht klar. Habe ich immer noch nicht drauf, aber ich verstehe alles.** Heute helfen mir meine Kinder. Die Deutschlehrerin hatte einen Sprung in der Schüssel, die hat mich immer gekniffen, wenn ich einen Fehler machte *(sie lacht)*. Die Kinder waren nett, die haben mir ein kleines Buch mit Übersetzungshilfen gemacht. Sie haben sich um mich bemüht, damit ich mich aufgehoben fühle. Aus anderen Klassen waren die Kinder nicht so nett. Ich habe mich in der Seilerstraße gekloppt, weil sie Pappchinesin zu mir sagten. Ach, diese Reeperbahngeschichten.«

Kit Hu fielen besonders die blonden Mädchen in der Schule auf, weil sie anders aussahen. Und sie erinnerte sich daran, dass die Schüler morgens Mohrenkopfbrötchen aßen, die ihr ebenfalls schmeckten, wenngleich es ungewohnt war, da sie, wie viele Asiaten, an warmes Essen gewöhnt war. Wegen ihrer »Zappeligkeit« trieb sie nachmittags in der Schule Sport: Basketball, Volleyball, Rollschuhfahren. Sie strotzte vor Energie. Jedoch waren die Aktivitäten zugleich eine Kompensation, um ihre Schwierigkeiten, zu sprechen und zu verstehen, zu überwinden:

»Da ich vieles nicht verstand, lächelte ich. Nicht absichtlich, ich war unsicher.«

Zwar machte Kit Hu Erfahrungen mit Diskriminierungen, aber sie nahm sie nicht besonders ernst. Ihre Grundhaltung ist optimistisch, und zudem überwiegen positive Erfahrungen. Diese Einstellung vermittelt sie auch ihren Kindern:

**»Ich heiße Kit, aber manche haben Pingpong zu mir gesagt. Meine Tochter ist im Bus als Reisfresserin beschimpft worden.** Ich fragte sie, ob sie sich nicht über den blöden Spruch totgelacht hat. Ich denke, man sollte solche Sprüche nicht so ernst nehmen.«

In der Schule befreundete sich Kit Hu mit zwei türkischen Mädchen. Wie diese stand auch Kit Hu mehr im Hintergrund. Untereinander waren die Mädchen allerdings lebhaft, sie sehen sich noch heute. Es soll auch Grundschülerinnen gegeben haben, die an »Drogen hängen geblieben« sind. Kit Hu ist der Ansicht, dass man »Kinder führen muss und nicht alles laufen lassen kann«. Sie selbst fand Halt in ihrer Familie, die die Kinder nicht aus den Augen ließ und ihnen Aufgaben zuteilte, zum Beispiel im Restaurant. Andererseits erhielten ihre Schwester und sie nicht immer die elterliche Unterstützung, die sie sich gewünscht hätten. Das war meist dann der Fall, wenn die Eltern den Kreis der Familie und den Ort des Restaurants hätten verlassen und den Schritt in die Öffentlichkeit tun müssen. Vater und Mutter fühlten sich jedoch unsicher. Weder beherrschten sie die deutsche Sprache, noch kannten sie die hiesigen kulturellen Normen. Zudem sagt man Chinesen große Anpassungsbereitschaft nach. Sie wollen nicht anecken, halten sich zurück. Das mag sich ändern, nachdem ihre Kinder hier aufgewachsen sind und andere Verhaltensmuster kennengelernt haben. Kit Hu äußerte sich verständnisvoll:

**»Meine Eltern waren sehr zurückhaltend, weil sie nicht gut Deutsch sprachen. Sie setzten sich für uns nicht ein, aber sie setzten sich auch für sich nicht ein.** Meine Schwester hat irgendwann mal mit meiner Mutter abgerechnet. Ich sagte ihr, dass sie es nicht besser wusste und dass sie es ihr nicht immer vorhalten kann. Wir wurden nicht unterstützt, aber ich beschuldige meine Mutter nicht. Sie hatte mir erzählt, wie sie groß geworden ist, mit Haustieren zusammen, weite Schulwege, alles nicht einfach.«

Kit Hu erhielt in Hamburg einmal pro Woche privaten Deutschunterricht. Das war ihr zu wenig. Mehrfach wies sie darauf hin, dass Chinesen in Mädchen nicht viel investierten. In der Schule taute sie nach anderthalb Jahren auf und begann, sich am Unterricht zu beteiligen. Wurde sie korrigiert, tauchte sie jedoch erneut ab und schwieg. Aber irgendwann verbesserte sich ihre Sprachfähigkeit. Sie besuchte die Haupt- und Realschule etwa anderthalb Jahre, bis ihr Vater zu der Überzeugung kam, St. Pauli sei für Kinder nicht die richtige Gegend, und ein Haus in Schnelsen kaufte. Dann ging sie in Eidelstedt in die Haupt- und Realschule. Dort soll sie eine der wenigen Ausländerinnen gewesen sein. Die Lehrer bemühten sich zwar um sie, aber einige Mitschüler mobbten sie:

»Wenn ich etwas sagte, machten sie ihre Witze darüber. Dann sagt man irgendwann nichts mehr. **Ich wurde nicht nur ausgelacht, sondern auch ausgegrenzt. Ich hatte keine Freundin, stand dort immer allein. Die wollten mit**

**mir nichts zu tun haben.** Vielleicht waren die auch nur unsicher. Ich lernte dort nichts. Es war katastrophal.«

Ihr Vater wollte von ihren schulischen Schwierigkeiten nichts hören. Da sie die erwarteten Leistungen nicht erbrachte, flog sie von der Schule. Aber dann packte sie doch noch der Ehrgeiz, denn Verkäuferin wollte sie nicht werden, und sie erwarb auf der Handelsschule Holstenwall die Mittlere Reife.

Wie ihre Geschwister hatte Kit Hu schon als Schülerin ihre Verpflichtungen im »Goldenen Stern«. Nach Schulschluss ging sie ins Restaurant, aß dort und machte ihre Hausaufgaben. Dann erledigte sie, was anfiel. Leergut sammeln, Flaschen sortieren und Gläser polieren. Da Kit Hu viel Zeit dort verbrachte, sprach sie von dem Restaurant als ihrem Zuhause:

»Ich musste mich nach der Schule im Restaurant bei meinen Eltern melden. Ich bin schließlich ein asiatisches Mädchen, das ging nicht anders. Natürlich hatte ich auch schon meine kleinen Ausreden, sagte, dass ich Schulaufgaben machte und war in Wirklichkeit auf dem Spielplatz. **Das Restaurant war mein Zuhause, weil meine Familie dort war. So sehe ich das.** Ich habe dort gern etwas gemacht, es gab Taschengeld dafür.«

Zu ihrem jüngsten Bruder hat Kit Hu ein gutes Verhältnis. Sie erinnerte sich daran, dass sie ihn als Kind häufig auf dem Arm trug. Er studierte in Hamburg Architektur und arbeitet heute in seinem Beruf. Verheiratet ist er mit einer Deutschen, sie haben eine Tochter. Der älteste Bruder machte eine Lehre als Schiffsbauer bei Blohm & Voss. Auch er ist mit einer deutschen Frau verheiratet, nahm sogar ihren Namen an, was seine Familie als »katastrophal« empfand. Das Paar hat zwei Kinder. Nach einem schweren Unfall auf der Werft arbeitete er im Familienbetrieb und in anderen Restaurants. Die älteste Schwester lernte Einzelhandelskauffrau und war lange im Betrieb der Eltern tätig. Nach einem Streit kehrte sie dem Restaurant den Rücken und zog sich aus der Gastronomie zurück. Sie ist bis heute in einem Schuhgeschäft beschäftigt und mit einem deutschen Mann verheiratet.

Bevor Kit Hu mit etwa 18 Jahren in den Familienbetrieb »hineinrutschte«, arbeitete sie in einem anderen Restaurant und übernahm kleinere Jobs. Als der Vater erkrankte, war die Familie mehr denn je aufeinander angewiesen oder, wie Kit Hu es ausdrückte, »da sind wir alle zurückgepfiffen worden«.

Mittlerweile hat Kit Hu eine kritische Haltung zu Familienbetrieben entwickelt und daraus Konsequenzen gezogen:

**»Ich war nicht sehr glücklich im Familienbetrieb. Einer leitet ihn immer, und die anderen können sich nicht entfalten, müssen zurückstecken.** Das ist anstrengend. Manche Betriebe funktionieren nur über Sklaverei. Es gab eine Zeit, da wollte ich mit meiner Familie nichts mehr zu tun haben. Meine Mutter wollte nicht, dass ich ein zweites Kind bekomme, weil sie fürchtete, dass ich nicht ständig zur Verfügung stehe. Ich wollte, dass Lynn nicht allein aufwächst. Ich fand es nicht gut, dass meine Mutter Einfluss nehmen wollte.«

Der »Goldene Stern« war ein einträgliches Geschäft, nicht zuletzt wohl auch wegen der Selbstausbeutung der Familie, die Kit Hu beschreibt. Die Gäste, unter ihnen zahlreiche Mitstreiter politischer Initiativen, die in den 1970er Jahren das Schanzenviertel massenhaft bevölkerten, nahmen davon wahrscheinlich nichts wahr. Ebenso entging ihnen, dass die Familie in Hamburg lebte, weil sie den Kommunismus in China fürchtete und dem westlichen Kapitalismus deutlich mehr vertraute. Der Blick der politischen Linken und der basisdemokratischen Bürgerinitiativen richtete sich primär auf die Politik der sozialliberalen Regierung, die den Bau von Atomkraftwerken vorantrieb, der Umweltverschmutzung kaum Beachtung schenkte und in Westdeutschland Mittelstreckenraketen stationieren wollte. Die chinesische Küche hatte damals noch den Hauch des Exotischen und galt als schmackhaft und preiswert. Vor und nach Demonstrationen war das Restaurant ein Treffpunkt. Als Sanierungsgebiet bildete das Schanzenviertel schon damals einen Anziehungspunkt für Studenten, Migranten, Intellektuelle und Künstler; noch gab es große günstige Mietwohnungen für Wohngemeinschaften, und die ersten alternativen Läden eröffneten. Auch die »Bunte Liste – Wehrt Euch«, aus der einige Jahre später die Grün-Alternative Liste (GAL) hervorging, hatte in der Fruchtallee, später dann in der Bartelsstraße, mitten im alternativen Milieu ihr Büro. Von hier aus setzten sich Demonstrationszüge in Richtung Innenstadt in Bewegung. Oder man traf sich an der Feldstraße oder am Heiligengeistfeld, um in Autos und gemieteten Bussen im Konvoi nach Brokdorf, Grohnde oder zum Atommüll-Lager Gorleben zu fahren. Während der Bauphase der Atomkraftwerke in den späten 1970er Jahren fanden dort große Demonstrationen statt. Das Publikum im »Goldenen Stern« war bunt. Ich fragte Kit Hu, wie es auf ihre Eltern gewirkt habe:

**»Mein Vater sah alle als Gäste an. Viele von ihnen kennen mich von klein auf.** Wenn einige heute, inzwischen mit grauen Haaren, ins ›Madame Hu‹

kommen, fragen sie manchmal, ob ich das kleine Mädchen mit dem Ranzen aus dem ›Goldenen Stern‹ bin. Die Fotografen aus dem Bunker von PPS kamen auch zu uns zum Mittag. Wenn sie Asiaten für ihre Fotos brauchten, kamen sie hierher. Ich machte als Model Werbung.«

Bis Anfang der 1990er Jahre arbeitete Kit Hu im »Goldenen Stern«; dann wurde das Haus, in dem sich das Restaurant befand, verkauft. Kit Hu hatte dort zusammen mit dem Vater ihrer Tochter Lynn eine Wohnung gemietet. Familie Hu hätte das Haus gern gekauft, denn das Restaurant lief von Beginn an sehr gut, bemühte sich allerdings vergeblich. Die Miete wurde erhöht, die Familie schikaniert, bis ihr letztlich gekündigt wurde. Eine rechtliche Auseinandersetzung änderte nichts am Ergebnis. Dem Gründer des Restaurants verschwieg die Familie, dass sie aus dem Restaurant rausmussten, denn der Vater war damals schon schwer krank und starb bald darauf. Der Tod des Vaters bedeutete für die Familie eine Zäsur. Das Modell Familienbetrieb geriet nun aus den Fugen. Die Kinder hatten schon Erfahrungen mit hiesigen Normen, sodass das System der Unterordnung nicht mehr umstandslos funktionierte. Kit Hu:

»Mit den Stammgästen feierten wir noch eine Abschiedsparty, dann pausierte ich etwa anderthalb Jahre. Zu dritt, meine Mutter, mein ältester Bruder und ich, eröffneten wir hier ein chinesisches Restaurant, das ›Sino‹, und boten traditionelle chinesische Küche an. Der Laden lief auf meinen Namen. Zwischen uns lief es aber nicht. Und als ich mit Marie schwanger wurde, machten sie mir beide Vorwürfe. Dabei hätte ich Beistand gebraucht. Dann ging ich raus, und meine Mutter und mein Bruder machten es allein. Das klappte auch nicht, sie wirtschafteten es runter. Sie waren wohl der Meinung, das Geld komme von selbst. Nach der Geburt habe ich fast zwei Jahre nichts mehr mit meiner Familie zu tun gehabt.«

Während der Schwangerschaft und nach der Entbindung arbeitete Kit Hu im Schanzenviertel in einem sozialen Projekt für ehemalige Drogenabhängige, dem »Pale«. Sie machte dort Service und Frühstück. Nach zwei Jahren gaben ihre Mutter und ihr Bruder das Restaurantprojekt auf und warfen Kit Hu die Schlüssel vor die Füße:

»Ich ging ins Restaurant und guckte, was fehlt, sichtete all die offenen Rechnungen. Krisensitzung. Christian half mir, der Mann mit dem ich zusammenlebe, der Vater von Marie. Er fragte seinen Vater. Der bezahlte meine Schulden. Christian ist Tischlermeister, er arbeitet nicht im Restaurant. Dann gründete ich eine GmbH und nahm einen Partner mit rein. Der wollte dann wieder raus, auch das haben wir hingekriegt. Jetzt mache ich das Restaurant seit 14 Jahren allein.«

Ein wesentliches Motiv für die Selbstständigkeit waren ihre Kinder. Ihnen gegenüber hatte sie ein schlechtes Gewissen:

»Ich konnte mit zwei Kindern nicht mehr angestellt sein. Es war schon nervig, als ich im ›Pale‹ gejobbt hatte und Lynn immer irgendwo abgeben musste. **Dann krabbelte Marie überall herum. Ich hatte ein schlechtes Gewissen meinen Kindern gegenüber. Deshalb machte ich mich selbstständig.«**

Kit Hu verabschiedete sich nicht nur vom Familienbetrieb, sondern auch von der chinesischen Küche:

»Ich wollte etwas ganz anderes; es gibt zu viele chinesische Restaurants. Ich habe Gäste, die wollen chinesisch essen, die stehen wieder auf und gehen.

Ich gebe ihnen Empfehlungen. Ich koche auch gern chinesisch, wenn sie es vorher bestellen. In der traditionellen chinesischen Küche wird das Gemüse separat zubereitet, nicht alles zusammen.«

Im »Madame Hu« wurde zunächst französische Küche mit thailändisch-vietnamesischer Note geboten. Mit Jonny, ihrem ehemaligen Koch, arbeitete sie einige Jahre gut zusammen. Kit Hu:

»Jeder machte so vier Tage durch. Dann hatte er oder ich frei. **Man muss Freizeit haben. So wie damals bei meinem Vater von zehn Uhr morgens bis Mitternacht oder noch später, das ist kein Leben.** Das wollte ich nicht. Ich wollte meine Leute auch nicht unterbezahlen. Sie sollen von dem Geld, was sie hier verdienen, leben können und nicht noch putzen gehen müssen. Wir wollen am Kochen auch Freude haben. Mich interessieren Parfaits, die probiere ich aus.«

Zweimal in der Woche bietet sie seit einigen Jahren in einer Schule einen Kochkurs für Schüler an, weil sie Spaß daran hat. Deshalb serviert sie im Restaurant lediglich mittwochs einen Mittagstisch. Alles, was auf den Tisch kommt, ist selbst gemacht und frisch zubereitet: die Dips, das Brot, Salat und Suppe. Es gibt Fisch, Fleisch und Vegetarisches sowie Dessert. In dem Kochkurs für Schüler legt sie großen Wert auf Feinarbeit. Werden Frühlingsrollen hergestellt, müssen diese ansehnlich gerollt sein. Sie zeigt den Schülern, die sich wünschen dürfen, was gekocht wird, womit Frühlingsrollen gefüllt werden und wie man Ketchup, Pesto, Tortellini, Pizza, Sushi, Käsespätzle, Spaghetti und vieles mehr zubereitet. Danach essen sie gemeinsam:

»Ich bin immer wieder erstaunt, was ich den Kindern entlocken kann. Zum Schluss sind sie glücklich. Sie sind bereit, alles auszuprobieren, was ich ihnen anbiete. Es macht Spaß. Ich würde gern in einer Schule kochen, aber so, dass jeder es mag. Das gebotene Essen sieht nicht so gut aus. Ich bemühte mich mehrmals darum. Aber es war Stress, dabei wollte ich etwas Schönes anbieten. Es kam nicht dazu. Ich bin traurig, dass in Schulen gespart wird.«

Mit ihren Gästen ist Kit Hu sehr zufrieden. Bosheiten kommen selten vor:

**»Ich habe super nette Gäste. Geschäftsleute aus allen Bereichen, Künstler, Strafverteidiger, Musiker, Fotografen. Und durch den Kochkurs, den ich in der Schule gebe, schleppen die Kinder ihre Eltern hierher.** Niedlich. Einmal hielt es jemand für einen Scherz, für 30 Leute ein Drei-Gänge-Menü zu bestellen. Niemand kam. Das Essen spendeten wir jugendlichen Punks, die auf der Straße übernachteten. Anfangs kamen manchmal Gäste, die mir eine anspruchsvolle Küche nicht zutrauten, weil ich noch so jung auf sie wirkte. Das ärgerte mich ein bisschen. Am Ende waren sie jedoch verzaubert vom Essen und Ambiente. Ich habe viele Gäste aus dem ›Goldenen Stern‹. **Einige sagten, ich mache auf Schickimicki. Die meiden mich, weil ich zu teuer bin.** Ich habe halt eine andere Küche. Aber viele kommen auch, sie schätzen meine neue Küche und meine positive Art.«

Seit drei Jahren kocht Kit Hu allein. Beruflich trennte sie sich von Jonny, allerdings blieben die beiden gute Freunde. Sie veränderte ihr Konzept, und auch der Kontakt zu den Gästen ist intensiver geworden. Für die Gerichte wählt sie weitgehend Produkte aus der Region. Ist Spargel auf dem Markt, gibt es Spargelgerichte. Fleisch und Gemüse kommen vom Bio-Bauern. Sie achtet darauf, dass der Fisch aus der Nordsee stammt. Ihre Karte ist klein, aber fein, und sie bietet immer wieder etwas Neues, weil sie gern experimentiert:

»Ich nehme regionale Produkte und gebe ihnen einen asiatischen oder mediterranen Pfiff. Ich kombiniere und probiere gern viel aus. Ich koche auch gern französisch, aber nicht nur. Ich brauche Abwechslung, sonst langweile ich mich oder zweifle an meiner Kreativität. Ich koche auch italienisch, und ich finde orientalische Gewürze toll. **War ich im Ausland, bringe ich Gewürze aus Hongkong, Paris, Marokko oder Griechenland mit. Wenn Gäste ein syrisches oder arabisches Buffet wollen, mache ich es.** Die meisten haben Vertrauen, wenn ich ihnen etwas Neues anbiete. Ich mache auch gern Hausmannskost. Rotkohl mit Bio-Frikadelle vom Kalb, Kartoffelgratin mit Erbsen und Möhren. Hauptsache frisches Gemüse, darauf bestehe ich, und dass jedes Gemüse seinen Geschmack behält, nicht alles gleich schmeckt. Mein Schweinebraten ist gut. Ich experimentierte lange, bis die Kruste perfekt war. Dazu eine Honig-Chili-Sauce, Szechuan-Pfeffer. Die Rinderroulade, gefüllt mit Wildschweinschinken und Quitten, geht immer gut. Ich mache Tortellini, gefüllt mit Stockfisch. Ich koche gerade eine vegetarische Rhabarbersuppe mit gelben Linsen und Curry. Auch verwende ich gern die dunklen Belugalinsen, weil sie fester sind. Dazu serviere ich eine Tamarinden-Ingwer-Sauce. Ich habe eine klare Ochsenschwanzsuppe mit Wan-Tan-Einlage. Spargelsalat mit sautierten Austernpilzen. Ich lasse mich gern von all den Möglichkeiten verzaubern. Ich biete eine Käsevariation mit einer essbaren Blüte an. Die werden wie Gurken eingelegt und sind unglaublich lecker.«

In Rendsburg präsentierte sie mit fünf dort ansässigen und vier weiteren Köchen aus Hamburg für 250 Gäste ein Menü. Kit Hu stellte eine Kohlrabi-Kokos-Suppe vor. Und im Frühjahr kreierte sie für Weine aus dem Nahe-Anbaugebiet ein Menü. Ein Stammgast hatte den Vorschlag gemacht, weil er gern Nahe-Weine trinkt. Dass sie die Anregung aufgriff und es ihr nicht zu viel wurde, eine Woche in der Küche auszuprobieren, welche Speisen zum jeweiligen Wein passen, ist typisch für Kit Hu:

»Ich hatte jetzt für 25 Gäste eine Weinprobe mit Nahe-Weinen. Zu diesem Anlass kreierte ich fünf Gänge. Als Appetizer gab es einen Sekt. Die Gäste kamen von überall her, sie waren begeistert. **Zu einem halbtrockenen Riesling servierte ich eine Kräutersuppe mit Mehlklößen und Parmesan, gebunden mit Kartoffeln. Sahne ist oft falsch platziert, sie übertüncht den Geschmack.** Zum Gewürztraminer, einer Auslese, wählte ich ein Rinder-Carpaccio mit Chili und Limonen und einen Tatar, dem ich eine asiatische Note gab, mit Koriander, Pfeffer, Walnussöl. Zu einem trockenen Riesling machte ich eine Entenleber-Praline, eingekochtes Apfelgelee mit Preiselbeeren drum herum und Brioche. Als vierten Gang zu einem Silvaner servierte ich in Weißwein pochierte Kalbsbrust. Dazu eine Thunfisch-Kapern-Sauce, aber nicht auf Basis von Mayonnaise, sondern Brühe. Der etwas charakterlose Silvaner konnte durch meine Wahl des Fleisches und der Sauce aufgewertet werden. Zum Nachtisch bereitete ich eine Rhabarber-Variation, Grütze und Parfait mit eingelegten Bitterorangen, die ich in Weißwein kochte. Dazu passte der Riesling, eine Spätlese, hervorragend.«

## Asiatische Maultaschen auf Pak-Choi und Thai-Spargel *(für 12 Stück)*

| | |
|---|---|
| *200 g* | *magerer Schweinebauch (ersatzweise Schweinemett)* |
| *200 g* | *geschälte Scampi* |
| *1* | *Stück frischer Ingwer (ca. 4 cm)* |
| *1* | *Bund Schnittlauch* |
| *1 TL* | *Sesamöl* |
| | *Salz, Pfeffer* |
| *12* | *Blätter Gyoza-Teig (ersatzweise Wonton-Teig, tiefgekühlt im Asia-Markt)* |
| *1* | *Eigelb* |
| *6 EL* | *Sonnenblumenöl* |
| *4* | *Baby-Pak-Choi* |

| | |
|---|---|
| *12* | *Stangen Thai-Spargel (ersatzweise dünnen grünen Spargel)* |
| *50 ml* | *Balsamico-Essig* |
| *30 ml* | *Apfelsaft* |
| *1 EL* | *Zucker* |
| | *Sojasauce zum Abschmecken* |

- Den Schweinebauch von Schwarte und Knorpel befreien.
- Scampi und Schweinebauch klein würfeln, vermengen und so lange weiter zerkleinern, bis eine homogene Masse entsteht.
- Fein gehackten Ingwer und Schnittlauch dazugeben.
- Mit Sesamöl, Salz und Pfeffer abschmecken.
- Die leicht angetauten Teigblätter auf der Arbeitsfläche auslegen. Etwa 1 TL Füllung in die Mitte jedes Blattes geben.
- Den Rand mit verührtem Eigelb bestreichen, den Teig über die Füllung schlagen, sodass kleine Taschen entstehen. Die Ränder mit einer Gabel zudrücken.
- Sonnenblumenöl in der Pfanne erhitzen.
- Die Maultaschen ca. 6 Minuten braten, dabei immer wieder wenden. Sie sollen leicht kross, aber nicht trocken werden.
- Pak-Choi und Spargel in mundgerechte Stücke schneiden und ganz kurz in Sonnenblumenöl scharf in der Pfanne anbraten.
- Für den dazu gereichten Dip Balsamico-Essig mit Apfelsaft und Zucker in einem kleinen Topf reduzieren (etwa 5 Minuten einkochen lassen) und mit etwas Sojasauce abschmecken.

## Madame Hu

Bei der Schilleroper 6
Hamburg-St. Pauli
Di bis So 18–23 Uhr
Mi 12–15 Uhr (Lunchclub)
Tel. 040/4308273
www.madame-hu.de

## Nostalgia bei Sotiris

Eulenstraße 49, Hamburg-Ottensen

# Alexis Dimiropoulos, Ioannis Angelidis und Frideriki Apostolidou

Ioannis Angelidis (hinten links), Alexis Dimiropoulos und Frideriki Apostolidou

# »Janni, ruf mich an, wenn ein Tisch frei ist«

Die griechische Taverne »Nostalgia bei Sotiris« in der Ottensener Eulenstraße wird seit 2006 von Alexis Dimiropoulos und Ioannis Angelidis, genannt Janni, sowie seiner Frau Chrisoula betrieben. Jannis Mutter, Frideriki Apostolidou, kellnert dort sonntags, damit Janni Fußball spielen gehen kann. Die jungen sympathischen Wirtsleute entschieden sich anstelle eines Restaurants für die gute alte Taverne, einen Ort, an dem sich die Gäste heimisch fühlen sollen. Das Mobiliar ist zusammengewürfelt und unvereinbar mit den Ansprüchen von Edelrestaurants. Neben dem nostalgischen Kronleuchter und dem goldfarbenen Rahmen des großen Spiegels im vorderen Raum, die gutbürgerliche Wohnzimmerkultur ironisch zitieren, überwiegen einfache Elemente eines rustikalen Ambientes wie etwa der farbige Wandbehang und die schlichten Tische ohne Decken. Anziehungspunkte im Frühjahr und Sommer bilden die Hof- und die Gehwegterrasse. Die Atmosphäre wirkt dann südeuropäisch lebendig, und kneift man in der Sonne ein wenig die Augen zu, mutet es ein bisschen an wie in Griechenland. Die Mischung macht es: Aufmerksamkeit, angenehme Stimmung, rustikales Flair und einfaches, aber qualitativ gutes Essen. – Doch wie fand das Team zueinander?

Die Lebenswege von Alexis und seiner Familie sowie die von Janni und Frideriki und deren Familie verliefen sehr unterschiedlich. **Mittlerweile sind die biografischen Fäden beider Familien verwoben**, und es entstand ein Geflecht, das in seiner Vielfalt nicht nur ein Stück deutscher, sondern vor allem auch griechischer Zeitgeschichte abbildet. Ich stelle zunächst Frideriki, Janni und Alexis sowie ihre Familien kurz vor, bevor ich auf die einzelnen Lebensgeschichten näher eingehe.

Friderikis Eltern, Sofia und Giorgos, kamen schon in den 1960er Jahren nach Deutschland. Sie arbeiteten und wohnten viele Jahre in Hamburg-Altona. Frideriki wuchs zeitweilig in Griechenland, dann wieder in Deutschland auf. 30 Jahre sammelte sie Erfahrungen in der Gastronomie. Besonders in jungen Jahren litt Frideriki unter der ihr von den Eltern zugedachten Rolle als »Kindermädchen« für ihre Brüder. Eigene Wünsche im Hinblick auf Bildung blieben dabei auf der Strecke. Frideriki verwirklichte sich erst in ihren Kindern, außer Janni hat sie noch eine Tochter. Sohn Janni wuchs mit einer kurzen Unterbrechung von zweieinhalb Jahren, die er bei seinen Großeltern in Griechenland verbrachte, in Hamburg auf. Er wurde in Altona eingeschult, besuchte das Gymnasium und machte Abitur. Die Schule nahm er ernst. Hier lernte Janni auch seine spätere Frau Chrisoula kennen. Heute sind sie verheiratet und haben zwei kleine Kinder. Durch Bildung, Sport und sein freundliches Wesen war Janni schnell integriert.

Alexis' Lebensweg verlief ungleich komplizierter. Er wurde in Rumänien geboren und ging dort zur Schule. Anfang der 1990er Jahre kam er erstmals nach Hamburg und arbeitet seither in der Gastronomie. 1999 entschied er sich, ganz in Deutschland zu bleiben. Sein griechischer Vater Eleftherios, den seine Flucht aus Griechenland nach Rumänien verschlagen hatte, war mit der Rumänin Aurica verheiratet, Alexis' Mutter. Alexis' Vater hat eine verwickelte und dramatische Fluchtgeschichte, die sein Leben, aber auch das seiner Geschwister und ihrer Kinder geprägt hat. Der Bürgerkrieg in Griechenland (1946 – 1949) vertrieb Alexis' Großeltern Maria und Vasilios und deren Kinder, unter ihnen Alexis' Vater Eleftherios. Als das sozialistische Rumänien in wirtschaftliche Schwierigkeiten geriet, suchte und fand die Regierung in den einst freundlich aufgenommenen Griechen einen politischen Sündenbock, sodass sich die Flucht von Alexis' Vater fortsetzte.

Als junger Mann wollte Alexis seine Wurzeln kennenlernen und beantragte in Griechenland einen Pass. Seine Anerkennung als Grieche wuchs sich zu einer »unendlichen Geschichte« aus, sodass an ein Studium nicht mehr zu denken war. Er verließ Griechenland und ging nach Hamburg, weil dort sein Onkel Sotiris, ein Bruder seines Vaters, lebte. **Sotiris war in Ottensen als philosophierender Gastwirt bekannt, sozusagen eine Lokalgröße.** Er diskutierte gern mit Gästen und betrieb mehrere Tavernen unter seinem Namen. Alexis hatte seine »Wanderjahre« hinter sich und begann seine »Lehrjahre« in der Gastronomie unter den Fittichen des Onkels, bis sich dieser altersbedingt aus dem Geschäftsleben zurückzog. Daraufhin musste sich Alexis neue Partner suchen und fand Chrisoula und Janni Angelidis.

### Die Odysseen der Familie Dimiropoulos

Die Großeltern von Alexis, der Bauer Vasilios und seine Frau Maria sowie ihre vier Kinder, gerieten im Anschluss an den Zweiten Weltkrieg in den griechischen Bürgerkrieg, der zwischen Konservativen und Monarchisten einerseits – militärisch gefördert von Großbritannien, ab 1947 von den USA – und der von der Sowjetunion unterstützten Volksfront unter Führung der Kommunistischen Partei Griechenlands (KPG) andererseits tobte. Es war ein Bruderkrieg, der zahlreiche griechische Familien zerriss und zerstörte, weil sich die gegensätzlichen politischen Positionen mitten durch sie hindurch zogen. Die Volksfront hatte die Kinder ihrer Anhänger vorsorglich aus den umkämpften Gebieten in sichere Gegenden geschickt, meist in nahe gelegene, sozialistisch orientierte Länder des gerade entstehenden Ostblocks. Nachdem die Kriegshandlungen mit der Niederlage der Kommunisten endeten, suchten die Überlebenden nach ihren vermissten Angehörigen. Eleftherios konnte erst nach fast zehn Jahren mithilfe des Roten Kreuzes gefunden werden, die anderen drei Kinder schon etwas früher.

**Um seine Kinder zu suchen, brach das Ehepaar 1952 nach Rumänien auf. Während der Suche wurde das fünfte Kind, Sotiris, in Ungarn geboren.** Die Eheleute hatten Griechenland auch deshalb verlassen müssen, weil sie unter der konservativ-reaktionären Regierung weitere Repressionen und Verfolgung zu erwarten gehabt hätten. Der Krieg setzte sich auf diese Weise unterschwellig mit Diskriminierungen fort, obwohl er offiziell seit Oktober 1949 beendet war. Auch nach dem Zusammenbruch der Militärdiktatur 1974 weigerten sich die konservativen Regierungen in Griechenland noch immer, durch Rücknahme bestehender Gesetze die jahrzehntelange Odyssee der politischen Flüchtlinge zu beenden. Zwar kehrten einige ab Ende der 1970er Jahre nach Griechenland zurück, aber der Großteil machte sich erst in den 1980er Jahren auf die Reise, weil erst die von der PASOK (Panhellenische Sozialistische Bewegung) geführten Regierungen die Rückkehr der Flüchtlinge in ihre Heimat nicht länger an Bedingungen knüpften. Ihre Odyssee nach dem Ende des Bürgerkrieges hatte mehr als 30 Jahre gedauert – und damit deutlich länger als die Rückreise des Odysseus, der angeblich nach 20 Jahren in seine Heimat zurückfand. In der griechischen Mythologie stellt der Trojanische Krieg ein zentrales Thema dar. Homer schildert, wie König

Odysseus zehn Jahre Krieg gegen Troja führte und weitere zehn Jahre umherirrte, bevor er, als Bettler verkleidet, wieder an seinem Hof eintraf. Dort musste er zunächst seine Herrschaftsansprüche durchsetzen und die um seine Frau Penelope werbenden Freier in die Flucht schlagen. Und bevor Odysseus in sein Land zurückkehrte, hatte sich sein Sohn Telemachos aufgemacht, um seinen Vater zu suchen.

Auch Alexis, Eleftherios' Sohn, geboren im Juli 1973 in Rumänien, begab sich auf die Suche nach seinem lange vermissten Vater. In Alexis' Kindheit und Jugend hatten die beiden nur wenig Zeit miteinander verbringen können, was der Sohn später als Mangel empfand. Schon der Lebensweg des Vaters hatte mit einer elternlosen Irrfahrt durch verschiedene Länder begonnen, und weil die politischen Verhältnisse unübersichtlich und instabil blieben, endete für den Vater die Flucht auch als erwachsener Mann nicht. **Alexis' Vater Eleftherios, benannt nach Eleftheria, Freiheit, war jener bereits erwähnte Junge, nach dem seine Eltern Maria und Vasilios zehn Jahre in Rumänien gesucht hatten.** Er wurde 1937 in dem kleinen griechischen Dorf Kalivrisi geboren, das nur einen Kilometer von der albanischen Grenze entfernt liegt. Seine Eltern waren politisch desinteressiert, sie waren einfache Bauern. Zudem war Vasilios tiefgläubig, sang Psalmen in der Kirche und spielte Mandoline. Die meisten Bewohner von Kalivrisi hingegen kämpften während des Bürgerkrieges aufseiten der Partisanen; Vasilios blieb kaum etwas anderes übrig, als sich ihnen anzuschließen; der soziale Druck, der auf ihm lastete, war stark.

Vor Ausbruch der Kampfhandlungen wurden die Kinder und Jugendlichen von der KPG aus den umkämpften Gebieten gebracht, so auch der damals ungefähr achtjährige Eleftherios und seine Geschwister. Zunächst ging es nach Albanien, von wo aus sie innerhalb weniger Wochen auf andere sozialistisch orientierte Länder verteilt werden sollten. Albanien, Rumänien, die Tschechoslowakei, Bulgarien, die Sowjetunion, die DDR, Polen, Ungarn und Jugoslawien nahmen griechische Kinder auf. Die Evakuierung der Kinder schien durchaus vernünftig. Aber die Suche nach ihnen bedeutete für die Familien nach dem Ende des Bürgerkrieges eine zusätzliche Härte und überschattete das Leben mehrerer Generationen. Abgesehen davon, dass nach dem Zweiten Weltkrieg und in der Folge des Bürgerkrieges manches drunter und drüber ging, war nicht jede langwierige Suche nach den Kindern der KPG anzulasten, der bis heute vorgeworfen wird, sie habe die Kinder absichtlich auf verschiedene Orte verteilt. Tatsächlich nahm die KPG-Führung keine besondere Rücksicht auf traditionelle Familiengefühle. Denn als »Familie« galt der stalinistisch orientierten KPG in erster Linie die eigene Partei, der sich alles andere unterzuordnen hatte. Die heranwachsenden Kinder sollten sich mit ihren Zielen identifizieren. Schließlich verhießen die Kinder eine bessere Zukunft, und diese konnte nach Auffassung der Partei nur unter kommunistischem Vorzeichen gestaltet werden. Folglich sorgte die KPG auch dafür, dass die Jugendlichen im sozialistischen Ausland eine gute Ausbildung erhielten, ins lokale Bildungssystem integriert wurden und die griechische Sprache und Kultur erlernten. Sie wurden zum Studium ermuntert, um technisch-wissenschaftliche Berufe ergreifen zu können. Die KPG kümmerte sich um Studienplätze an Universitäten. Technik und Naturwissenschaften standen hoch im Kurs. Die außerordentlich guten Ausbildungsmöglichkeiten der Kinder im Ausland waren für die Bildungskarriere des Einzelnen nicht hoch genug zu veranschlagen, jedoch dienten sie primär den übergeordneten Zielen der KPG.

**Die Trennung der Kinder von ihren Müttern war hart. Das spürte auch Eleftherios. Er lief aus dem albanischen Sammellager davon, zurück ins Dorf zur Mutter.** Zwei Tage war der Junge unterwegs und am Ende glücklich, sie im Kuhstall vorzufinden. Sie war allein, wollte zunächst auch, dass er blieb. Sie versuchte, ihn vor der Armee zu verbergen, was nicht gelang. Diese spannte den Jungen für Kurierdienste ein. Letztlich musste er zur eigenen Sicherheit wieder zurück nach Albanien, wo er und seine Geschwister aufgeteilt wurden. Drei kamen nach Rumänien, er selbst nach Ungarn, wo er etwa acht Jahre lebte. Diese Trennung von den Geschwistern soll die Suche nach Eleftherios später erheblich erschwert haben. So erzählte es jedenfalls Sohn Alexis, der die Geschichte von seinem Vater später häufig zu hören bekam. Möglicherweise gingen die Eltern und das Rote Kreuz davon aus, dass sich alle vier Kinder in Rumänien aufhielten. Alexis' Vater war etwa 17 Jahre alt, als ihn die Organisation ausfindig machte. Endlich war die Zusammenführung aller Kinder gelungen. Der verloren geglaubte Sohn studierte in Rumänien wahrscheinlich Chemie oder Ingenieurwissenschaften.

Doch die Zeit der Ruhe und Sesshaftigkeit sollte für die in Rumänien lebenden Minderheiten, also auch für die Griechen, rasch vorbei sein. Ab Mitte der 1970er Jahre standen gesetzlich verankerte Rechte aller Minderheiten nur noch auf dem Papier. Systematisch wurden sie aus Partei, Wirtschaft und Kultureinrichtungen verdrängt, und es verschwanden Einrichtungen wie eigene Schulen und Kindergärten. Nicolae Ceauçescu kultivierte einen neuen Nationalismus, in dem kein Platz für Minderheiten war bzw. diese sogar als Sündenböcke für eine verfehlte gigantomanische Wirtschaftspolitik herhalten mussten. Eine Politik, unter der die gesamte Bevölkerung zu leiden hatte. So wurden auch die in Rumänien lebenden Griechen von der Geheimpolizei, der Securitate, bespitzelt und verfolgt. Alexis' Vater, Direktor einer großen Gasindustrieanlage, der bis dahin fast täglich mit Politikern aus dem Ministerium konferiert hatte, galt 1980 plötzlich als Staatsfeind, wurde gesucht und wäre im Gefängnis gelandet, hätte er nicht eilig die Flucht ergriffen. Er handelte nicht aus freien Stücken. Die Umstände seiner Geschichte trieben und vertrieben ihn, er trug in sich die Unruhe des Entwurzelten, die sich aus den bedrohlichen gesellschaftlichen Verhältnissen in Griechenland und Rumänien ergaben. Das sollte sich bis zu seinem frühen Tod 1993 nicht ändern. Er starb an einem Herzinfarkt, nachdem er seine griechische Heimat immerhin noch wiedergesehen hatte.

Diese Skizzierung einer Lebensgeschichte erklärt, weshalb der Vater nur sehr wenig Zeit mit seinem Sohn hatte verbringen können. **Aus dieser Erfahrung heraus entstand bei Alexis der Wunsch, sich posthum auf die Suche nach seinem Vater zu begeben.** Er wollte dessen Spuren suchen und so auch zu sich selbst finden. Als der Vater noch lebte, war der Sohn noch zu jung, um die Geschichte seiner Familie in ihrer ganzen Tragweite zu verstehen. 1997 fuhr Alexis in den väterlichen Geburtsort, in das kleine Dorf, in dem nach dem Bürgerkrieg anfangs nur ein einziges Haus übrig geblieben war; als er dort ankam, standen dort zwei oder drei. Etwa 60 Jahre nach dem Krieg waren dessen Spuren noch allgegenwärtig. Erst vor etwa zehn Jahren wurde mit dem Wiederaufbau des Dorfes begonnen, hauptsächlich initiiert von Verwandten ehemaliger Bewohner. Alexis wollte seinem Vater nahe sein. 50 Tage blieb er in dem Dorf, ein Aufenthalt, den er sich nicht vorgenommen hatte, der sich einfach ergab. Er erinnerte noch genau den Tag, an dem er kam: Es war der 15. August, der Tag der Heiligen Maria, in Griechenland ein hoher Feiertag. Aus diesem Anlass reisen die Griechen von weit her an, um das Fest gemeinsam zu feiern. Alexis berichtete von Menschen aus aller Welt, die er dort traf, auch ehemalige Dorfbewohner, die aus Australien und Amerika kamen. Jedoch war nicht jede Begegnung ein Anlass zur Freude, sondern offenbarte auch Hass. Alexis war schockiert:

»Ein alter Mann, inzwischen verstorben, lud mich mittags zum Essen ein. Er kam aus Australien, war das erste Mal wieder in seinem Dorf. Er kämpfte auf der Seite der Partisanen. Nach dem Essen kam ein anderer alter Mann, Capitanos, die Straße hinunter. Capitanos grüßte ihn. Der andere antwortete: ›Du grüßt mich, obwohl du meine Tochter umgebracht hast?‹ Und Capitanos konterte, dass er ebenso Leute aus seiner Familie auf dem Gewissen habe.«

Alexis bekam eine Ahnung davon, was es bedeutet, wenn Krieg und Tod in der Generation der Älteren allgegenwärtig bleiben. So viel Hass wie zwischen den beiden alten Männern war ihm noch nie zuvor begegnet. Alexis:

»Es war, als seien sie wieder im Krieg. Sie waren nur zu alt, um zu kämpfen. Ich bin sicher, wenn sie noch die Kraft gehabt hätten, hätten sie weitergekämpft. Denn es gab aus beiden Familien keine Überlebenden mehr, nur die beiden alten Männer. Wir Menschen sind eben schwach. **Das Schöne in meiner Familie war, dass mein Vater und meine Großeltern diesen Hass an mich nicht weitergegeben haben.«**

Im Laufe der nächsten Tage verließen die angereisten Griechen das Dorf, und Alexis blieb allein zurück. Es gab eine Übernachtungsmöglichkeit, ein kleines Haus mit acht Zimmern, ohne Strom, ohne Wasser, die Wände kahl, aber es stand ein Bett im Raum, in dem er schlafen konnte. Der Name des Dorfes Kalivrisi bedeutet gutes Quellwasser, es liegt etwa tausend Meter hoch. Und das Wasser, das dort direkt aus der Erde sprudelte, war tatsächlich ausgezeichnet. Da Hochsommer war, konnte sich Alexis von Früchten, Beeren und Obst ernähren. Er sammelte Blaubeeren und stellte aus ihnen eine Art Marmelade her. Die Bäume trugen reifes Obst und Nüsse. Deswegen war die Versorgung mit Essbarem kein Problem. Er baute einen kleinen Backofen in die Erde, Steine gibt es dort mehr als genug. Nur der Fluss war etwas weiter weg. Manchmal lauerte er kleinen Fischen auf und fing sie mit bloßen Händen. Nach Albanien fuhr er auch, denn Kalivrisi liegt ja direkt an der Grenze. Den griechischen Grenzbeamten brachte er Zigaretten mit, weil sie dort günstiger zu kaufen waren.

Alexis' Muttersprache ist Rumänisch, zudem spricht er sehr gut Griechisch. Sprachprobleme traten folglich nicht auf. Traf er unterwegs jemanden, wurde er als Grieche wahrgenommen. Aber er war den anderen nicht geheuer. Zunächst hatten sie Angst vor ihm, weil sie dachten, er sei ein Mafiosi, da in dieser Grenzgegend mit Waffen und Drogen gehandelt wurde. Dann glaub-

Alexis Dimiropoulos

ten sie, er sei verrückt, weil sie nichts damit anfangen konnten, dass jemand freiwillig die Einsamkeit suchte.

**»Ich war schon immer ein ruhiges Kind, suchte die Stille, die ich genoss. Meine Mutter fürchtete, ich würde irgendwann in einem Kloster als Mönch leben.«**

Aber die Ruhe war nur eine Voraussetzung, um sich vorzustellen, wie sein Vater in dem Dorf gelebt hatte. Weil er sich an seine Erzählungen erinnerte, konnte er seinen Vater imaginieren, ihn als Kind beobachten, wie er die Wege im Wald entlanglief, sich vorstellen, wie sein Vater aus der Wasserquelle trank. Alexis fand die Plätze, wo sein Vater gespielt und Holz gesammelt hatte. Er entdeckte auch die Stelle, wo einst das Haus seiner Großeltern und seines Vaters gestanden hatte. Und in der Stille fielen ihm wieder Geschichten ein, die ihm sein Vater wiederum von seinem Vater erzählt hatte, dem gläubigen Mann, der sang und Mandoline spielte, vor dem Krieg ein kleines Kafeneon (Café) betrieb, von den Partisanen rekrutiert worden war, irgendwelche Arbeiten verrichtete, aber keine Waffe trug. Ähnlich verhielten sich die Regierungstruppen, die die Bauern ebenfalls mit vorgehaltener Waffe rekrutierten. Beide Seiten drangsalierten die Bauern und warfen ihnen vor, mit der jeweils anderen Seite zu kollaborieren. Alexis:

»Partisanen und Kapitalisten machten das Gleiche. Sie rekrutierten die Bauern mit vorgehaltener Waffe. Sie sagten: Du musst mit, oder wir erschießen dich und deine Familie. Ich kenne viele solcher Geschichten. Meine Oma sagte: Die Kommunisten kamen, klauten uns das Brot. Einige Stunden später kamen die Kapitalisten, jagten uns, fragten, weshalb wir die Partisanen verpflegten. Meine Oma antwortete: Was hätte ich machen sollen, wenn bewaffnete Männer vor mir und die Kinder hinter mir stehen?«

In dem Dorf, von dem Alexis viele Geschichten aus dem Mund seines Vaters kannte, wollte er sich Zeit lassen. Als er dort eintraf, hatte sich kaum etwas verändert. 50 Tage hatte Alexis das Gefühl, er habe mit seinem Vater zusammengelebt. Für ihn war diese Begegnung etwas Besonderes. Er war sehr bewegt:

**»Ich hatte doch als Kind nie mit meinem Vater gespielt oder Zeit mit ihm verbracht. In meiner Erinnerung finde ich keinen Ort, wo ich mit ihm gespielt habe.** Aber dort habe ich mit ihm gespielt. Es war etwas Besonderes für mich. Ich bin froh, dass ich die Kraft dazu hatte und die Zeit dort genießen konnte.

Ich kannte aus seinen Erzählungen jeden Baum und jeden Stein. Ich hatte das Gefühl, dass ich dort schon einmal gelebt hatte.«

Mit 24 Jahren folgte Alexis dem Impuls, seinem Vater nahe zu sein. Ein paar Jahre später wäre es nicht mehr leicht gewesen, all jene Plätze wiederzuentdecken, wo der Vater als Junge lebte und spielte, da inzwischen wieder deutlich mehr Häuser errichtet worden waren. Albaner bauten sie wieder auf, und zwar so, wie sie gewesen waren, aus Natursteinen. Ihre Arbeitskraft ist billig, und sie beherrschen noch die alten Techniken. Eine Tante von Alexis, die ältere Schwester seines Vaters, ließ dort 1998 ebenfalls ein Haus wieder aufbauen. Und sein Onkel Leonidas, der als junger Mann in die USA gegangen war, um dort zu arbeiten, kehrte Ende der 1980er Jahre nach Jahrzehnten zurück und lebte bis 2010 zeitweilig im Sommer dort.

**Alexis und seine drei Jahre ältere Schwester Sofia wurden in Sighiçoara in Transsilvanien geboren.** Da sich dort vor Jahrhunderten viele Deutsche angesiedelt hatten, tragen die Städte und Regionen auch deutsche Namen. Sighiçoara ist Schäßburg und Transsilvanien Siebenbürgen. Sighiçoara soll auch der Geburtsort des berüchtigten Grafen Dracula (Vlad III.) gewesen sein, der im 15. Jahrhundert lebte. Der Beiname Draculea (Sohn des Drachen) leitet sich angeblich von der Mitgliedschaft des Vaters Vlad II. Dracul im Drachenorden ab. Irrtümlich wurde Dracula oft als »Sohn des Teufels« übersetzt, da das rumänische Wort »Drac« Teufel bedeutet. Bram Stoker soll bei der Schaffung der Figur des berühmtesten Vampirs der Literaturgeschichte von Vlad III. inspiriert worden sein. Sighiçoara ist eine alte kleine Stadt, deren Altstadt mit EU-Geldern restauriert worden ist. Seither kommen Touristen, doch davon allein kann die Stadt nicht leben. Die Menschen dort sind arm, und es gibt jene sozialen Probleme, die aus der Arbeitslosigkeit resultieren. Alexis' Mutter stammt aus Sighiçoara. Kurz nach seiner Geburt zog die Familie nach Onesti, wo auch Alexis' Großeltern väterlicherseits lebten und seine Mutter bis heute wohnt. Die Stadt war ein Industriezentrum, es gab Arbeit. Alexis' Vater beschäftigte sich mit Bedarf, Verbrauch und Produktionszahlen der Gasindustrie. Seine Mutter arbeitete im Büro, kalkulierte, rechnete, erstellte Diagramme und wertete sie aus. Sprachliche Probleme hatte Alexis' Vater nie. Er beherrschte etliche Sprachen: Rumänisch, Bulgarisch, Griechisch, Ungarisch und Albanisch. Die Welt der Mathematik und Physik waren ihm bestens vertraut, die Welt der Philosophie weniger. Alexis wuchs in Onesti auf:

»Meine Schwester besuchte noch einen griechischen Kindergarten, ich später nach 1977 zeitweilig einen rumänischen. In unserer Stadt gab es etwa bis 1977/78 Tausende von Griechen, deshalb gab es griechische Schulen und Kindergärten. **Die Kommunisten sorgten dafür, dass die griechischen Kinder in Rumänien eine gute Ausbildung und ein Studium erhielten. Das war aber nach 1977 vorbei, denn da begannen die Rumänen, die Griechen zu jagen.** Deshalb konnte ich keinen griechischen Kindergarten mehr besuchen. Viele Griechen verließen Rumänien, sie durften gehen. Mein Opa war schon tot, starb etwa 1975. Meine Oma, meine Tante, ein Onkel, fast alle aus meiner Familie gingen nach Griechenland. Onkel Sotiris und Tante Irini gingen nach Deutschland. Nur mein Vater blieb in Rumänien. Nicht weil er gut verdiente – wir waren nie reich –, er trug nur viel Verantwortung. Aber mein Vater war der Einzige, der eine Rumänin geheiratet hatte, meine Mutter durfte nicht ausreisen. Alle anderen Griechen waren mit Griechinnen verheiratet.«

Alexis verbrachte nur wenig Zeit im Kindergarten, weil er als kleines Kind schwer krank war.

»Ich litt unter Verbrennungen, da ich mich mit heißem Wasser verbrüht hatte. Danach konnte ich nicht mehr laufen. Ich habe heute noch Narben. Man wollte mir ein Bein abnehmen, mein Vater jedoch akzeptierte das nicht. Weil er glaubte, dass ich nicht überleben würde, verließ er uns. Er hatte nicht die Kraft zuzusehen, wie ich sterbe. Er wollte nicht, dass ich ein Bein verliere, keiner gab mir eine Chance. Meine Mutter unterschrieb, dass die Ärzte das Bein abnehmen dürften, mein Vater nicht. Deshalb konnten die Ärzte nicht handeln. Ich behielt mein Bein. Ich war noch sehr klein, vielleicht konnte sich deshalb mein Körper regenerieren. Mein Vater traf Wochen später jemanden, der ihn fragte, warum er nicht bei der Familie sei. Mein Vater sagte: Weil mein Kind gestorben ist. Der Bekannte sagte: Nein, nein, dein Kind ist ganz okay.«

Der Vater glaubte, Alexis werde nicht überleben, er verließ Frau und Kind, was für die Ehe eine Belastungsprobe bedeutete. Alexis hat beide Beine behalten, wohl nicht zuletzt deshalb, weil sein Vater seine Unterschrift verweigerte. Alexis:

**»Und dann wurde ich Marathonläufer.«**

Zunächst glaubte ich, Alexis mache Witze. Aber:

»Es ist kein Witz. Ich hatte immer Angst, nicht so zu sein wie die anderen, deshalb wollte ich Marathonläufer werden. Denn die Ärzte fürchteten zwar nicht mehr um mein Leben, aber ich vertraute meinem Körper nicht mehr. Dagegen kämpfte ich an. Ich wollte sehen, ob durch regelmäßiges Training auch mein Zutrauen wieder wächst. Kurz bevor mein Vater starb, errang ich in einem Wettkampf den ersten Platz, erhielt eine Medaille, und der Trainer lobte mich. Danach wollte ich kein Marathonläufer mehr sein. Ich wollte nicht berühmt werden. Ich wollte mir lediglich beweisen, dass ich es schaffe. **Mein Vater starb, als ich 20 war. Das Laufen war für mich eine Art, den Schmerz loszulassen. Ich lief wie ein Verrückter. Ich war gut.** Vielleicht war ich dafür geboren. Es war das Einzige, wo ich richtig gut war.«

Alexis wollte so sein wie andere Kinder, deshalb kämpfte er gegen seine Ängste an. Mit seinen Mitschülern hatte er es schwer. Alexis würde sagen: Sie waren halt so, wie Kinder sind. Er musste mehr leisten als andere, um akzeptiert zu werden, ob in der Fußballmannschaft oder anderswo. Bemerkenswert ist, dass er die schwierige Disziplin des Marathonlaufs wählte. Alexis:

»Es war das Schwierigste, nicht nur körperlich, sondern mental, deshalb musste ich es probieren. Zwei, drei Stunden konzentriert zu bleiben. Der Geist fängt irgendwann an, gegen dich zu kämpfen, fragt: Weshalb machst du das? Marathon ist mehr als einige Stunden Training am Tag. Man muss so denken und leben. Ich rauchte und trank nicht, machte viel Sport, auch Volleyball. Das machte Spaß, brachte mich damals aber nicht weiter. Individueller Sport ist anders als Mannschaftssport. Ich habe dabei viel über mich gelernt. Ich bin dann in einer anderen Welt, in einer anderen Sphäre, fühle meinen Körper anders, höre und sehe anders, intensiver. Man hat das Gefühl, in dieser Monotonie lebendig zu sein. Ich lebe. Ich weiß nicht, ob es bei anderen so ist, aber bei mir war es so.«

Ein weiteres Schlüsselerlebnis hatte Alexis, als er etwa neun Jahre alt war. Seine Mutter schickte ihn für ein Jahr zur Oma aufs Dorf. Seine Oma und die dörfliche Umgebung schloss er ins Herz. Alexis spricht mit Rührung über sie:

»Sie war nach den Verbrennungen das Beste, was mir passieren konnte. **Sie war gutherzig, gläubig und stark, etwas Besonderes. Und sie wird es für mich immer bleiben.** Sie war anders als die anderen, ich lernte viel von ihr. Ich lebte dort in der Natur, mit den Tieren, in den Bergen und in den einzigartigen Wäldern, deren Sprache ich verstand. Ich fühlte mich glücklich und frei. Nach etwa einem Jahr bin ich wieder zurück in die Stadt, nach Onesti, in dem Gefühl, innerlich stärker geworden zu sein.«

Dort beendete Alexis die Schule und erhielt die Hochschulreife. Sein Plan war, nach Griechenland zu fahren, um dort die griechische Staatsbürgerschaft zu erwerben. Für den Vater stellten die Papiere und somit die Anerkennung als griechischer Staatsbürger kein Problem dar. In Rumänien waren er und seine Geschwister staatenlos gewesen. Nur Alexis hatte die rumänische Staatsangehörigkeit, wegen seiner rumänischen Mutter und weil er dort geboren war. Dann wollte er studieren. Der Weg bis zur griechischen Staatsbürgerschaft erwies sich als lang und voller Hindernisse. Ab 1991 beantragte er in Griechenland seine Papiere, erhielt sie jedoch erst Ende 1999. Nun besaß er zwar die griechische und die rumänische Staatsbürgerschaft, aber ein Studium kam für ihn nicht länger infrage. Sein inzwischen verstorbener Vater konnte ihn nicht mehr unterstützen. Alexis kämpfte neun Jahre um seine Papiere, wurde vertröstet, hin- und hergeschoben, traf auf Ahnungslose, auf Inkompetente und Unwillige, bis er den Eindruck gewann, es sei eine spezielle Art, ihm mitzuteilen, er solle verschwinden. Er ist überzeugt, dass der Kampf um seine Papiere in gewisser Weise eine Nachwirkung des Bürgerkrieges darstellte. Die Kinder der politischen Flüchtlinge haben dieselben Rechte wie ihre Eltern, deshalb haben sie auch dieselben Probleme. Die Großeltern verfügten einst über Land, heutzutage stehen auf den Grundstücken Dörfer. Das machte die Sache nicht einfacher. Die Familie soll nur sehr geringfügig entschädigt worden sein. Aber Geld interessierte Alexis in diesem Zusammenhang ohnehin weniger. Er wollte die Anerkennung als Grieche nicht wegen möglicher Grundstücke oder Entschädigungen. Alexis:

**»Ich wollte den griechischen Pass, weil ich Grieche bin, jedenfalls dachte ich das damals. In Rumänien war ich für alle der Grieche. Emotional fühle ich mich mehr mit Rumänien verbunden, weil ich dort aufgewachsen bin.** In Griechenland erlebte ich eine schwere Zeit, kämpfte dort auf verschiedenen Ebenen. Ich traf in Griechenland zwar auch nette, fleißige und korrekte Menschen, aber letztlich war ich enttäuscht, weil ich politisch nicht akzeptiert war. Das ist mir in Rumänien nie so gegangen. Ich hatte den rumänischen Pass, mein Vater war staatenlos, wir wurden immer als Griechen wahrgenommen. Ich konnte damit leben, nicht alle Rechte zu besitzen. Aber niemand in Rumänien begegnete mir mit Hass. Es ging uns dort gut. Wir konnten in die Schule gehen, studieren, arbeiten. Wir hatten ein Bleiberecht. Aber in Griechenland sagten Griechen, die Rumänen seien Zigeuner. Ich machte in Griechenland die Erfahrung, dass ich weder als Grieche noch als Rumäne akzeptiert war. Sie gaben mir das Gefühl, ich sei Schuld an meinem Schicksal. Tja, Griechenland ist nicht nur ein Urlaubsparadies. In Saloniki arbeitete ich und investierte mein ganzes Geld, um die Papiere zu bekommen. Ich musste wegen der Papiere auch nach Athen und nach Rumänien.«

Wie seine Familie lebte und arbeitete Alexis in Thessaloniki, Saloniki ist die Kurzform. Er nahm schlecht bezahlte Jobs an, um über die Runden zu kommen. Einige Monate verbrachte er bei seiner Tante Olga, bis er sich ein eigenes Zimmer suchte. Er glaubt, dass es für sie nicht einfach war, sie aber nie ein Wort darüber verlor. Mit ihr verbinden sich positive Erinnerungen:

»Sie ist liebenswürdig und nett, außerdem kocht sie sehr gut. **Oma Maria war eine großartige Köchin, Tante Olga lernte von ihr und ich von Tante Olga das Kochen.** Wunderbare Gerichte aus dem Ofen. Ich habe noch von meiner Oma eine uralte Schürze. Meine Tante erbte sie, und ich erbte sie von meiner Tante. Wenn ich ein Gericht koche, das mir meine Tante beigebracht hat, trage ich die Schürze, in Erinnerung an sie und die Familie.«

Anders als der Vater erlebte Alexis eine Odyssee im bürokratischen Labyrinth der Behörden. Beharrlichkeit führte ihn ans Ziel. Jedoch weiß nur er, ob ihm dieser Erfolg nach all den Jahren noch etwas bedeutet. Eines Tages, nach etwa neun Jahren, traf er in der Behörde auf eine Griechin mit russischen Wurzeln. Eine Begegnung, die sich für Alexis als Glücksfall herausstellte. Die Frau kannte die griechischen Verhältnisse genau und wusste mit ihnen umzugehen. In vier Wochen schaffte sie, was die Menschen in der Bürokratie in neun Jahren nicht zustande gebracht beziehungsweise zu unterlaufen gewusst hatten. Die Zufallsbegegnung in der Behörde öffnete Alexis Türen, die ihm ansonsten vielleicht für immer verschlossen geblieben wären. Alexis:

»Ich glaube, dass sie oder ihr Mann eine besondere Position innehatten, ich weiß es aber nicht. Sie telefonierte, sprach mit dem Präfekten persönlich und schickte mich zu ihm. Ich wurde dort wie ein König empfangen. Sie wollten meine Papiere, die ich mitbrachte, nicht wirklich sehen, gaben mir alle Stempel, die ich brauchte. In einer Stunde war alles fertig, sie schickten am selben Tag alle Unterlagen nach Athen.«

Alexis hatte, als er noch in Rumänien lebte, Griechenland stets idealisiert. Mit der griechischen Realität konfrontiert, wurde er gewahr, dass die

Wirklichkeit deutlich mehr Schattenseiten bereithielt als seine Fantasie. Die griechischen Philosophen der Antike kannte er aus der Literatur, in seinem Alltag begegnete er leider keinem. Alexis:

»Nur noch tief in meiner Seele. Lediglich Archimedes, den treffe ich jeden Tag, wenn ich in die Badewanne steige. Denn als Archimedes ein Bad nahm und das Wasser über den Rand der Wanne schwappte, entdeckte er, dass die verdrängte Wassermenge dem Volumen seines Körpers entsprach. Deshalb schwimmen Schiffe. Ich habe Mathematik geliebt. Die Zahlen waren wie Gedichte für mich. Ich liebe Philosophie, den philosophischen Teil der Mathematik, wie sich Zahlen bewegen, sich transformieren.«

**Nach dem langwierigen Erwerb des Passes kehrte Alexis Griechenland den Rücken und reiste 1999 nach Hamburg. Denn hier lebte sein Lieblingsonkel Sotiris,** der schon lange in Hamburg-Ottensen in der Gastronomie arbeitete. Sotiris lud seinen Neffen ein, versprach ihm Arbeit und Geld. Später eröffneten sie gemeinsam die Taverne »Nostalgia bei Sotiris«.

Auch Alexis' Vater, Eleftherios, verschlug es 1980 zu seinem Bruder Sotiris nach Hamburg. Als Staatenloser flüchtete er 1980 aus Rumänien, reiste über die damalige DDR nach Berlin und fuhr mit dem Zug nach Westdeutschland. Beim Überschreiten der Grenze von Ost nach West soll er viel Glück gehabt haben. Dann blieb er ein paar Jahre in Hamburg und arbeitete zusammen mit seinem Bruder. Auch sie eröffneten gemeinsam eine Taverne, das »Sotiris« an der Reitbahn in Ottensen. Geschichte wiederholte sich, zumindest im Hinblick auf die Koch- und Restauranterfahrungen, die Vater und Sohn machten. Alexis:

»Sotiris hatte schon viele Erfahrungen in der Gastronomie in Hamburg gesammelt, und er sprach Deutsch. 1980 war die Konkurrenz noch nicht so groß wie heute. **Mein Vater und Onkel Sotiris entschieden, ein Restaurant aufzumachen. Es gehörte Sotiris, und es hieß auch so.** Das zweite hieß Irini, nach dem Namen seiner Schwester. Mein Vater kochte damals bei Sotiris, und heute koche ich in der Taverne ›Nostalgia bei Sotiris‹.«

Die beiden Brüder betrieben die Taverne mit Erfolg. Es verkehrten dort viele junge Leute, meist Studenten. Ich habe diesen Ort noch aus meiner Studentenzeit in guter Erinnerung. Griechisches Essen war damals preiswert und die Atmosphäre anregend und lebendig. An den Wänden hingen politische Plakate, und es wurde viel diskutiert. Das war in solchen Tavernen nicht nur möglich, sondern ausdrücklich erwünscht, besonders in Anbetracht der griechischen Geschichte, aber auch vor dem aktuellen Hintergrund des politisierten Studentenalltags der 1970er Jahre.

Eigentlich jedoch wollte Eleftherios zurück nach Rumänien zu seiner Familie. Aber dem rumänischen Geheimdienst galt er als Staatsfeind, deshalb konnte er nicht dorthin reisen. Eines Tages standen auf der Straße vor dem »Sotiris« zwei vermeintliche Roma und machten Musik. Der eine spielte Akkordeon, der andere Geige. Alexis:

»Sie sagten, sie kämen aus Rumänien, und mein Vater half ihnen. Sie schliefen zu Hause bei ihm und Sotiris, und sie spielten ab und zu im Restaurant, um Geld zu verdienen. Sie blieben einige Wochen. Bis sie eines Tages meinem Vater ihren Pass zeigten und sich herausstellte, dass sie von der Partei waren. **Sie trauten meinem Vater zunächst nicht und wollten sehen, was er in Deutschland machte. Dann sagten die Männer von der Securitate zu ihm, dass er ab sofort wieder unbehelligt nach Rumänien reisen dürfe.«**

Eine unglaubliche Geschichte, nicht allein, weil der lange Arm des Geheimdienstes in Gestalt von zwei anscheinend hilfsbedürftigen und harmlosen Musikanten bis nach Deutschland reichte, sondern weil sich in dieser Begebenheit die weitreichende Kontrollwut der rumänischen Staatsmacht zeigte. Eleftherios hatte vor der Securitate aus Rumänien fliehen müssen, und sie war es nun auch, die ihm die Rückkehr dorthin in Aussicht stellte. Der Geheimdienst hatte sich davon überzeugt, dass Eleftherios in Deutschland keine politischen Absichten verfolgte.

Zwar erhielt Eleftherios die Möglichkeit, wieder nach Rumänien zur Familie zu reisen, jedoch lagen zwischen seiner Flucht und der Rückkehr sechs Jahre. Jahre, in denen die Familie auf harte Proben gestellt worden war. Ein umstandsloses Anknüpfen war unmöglich. Alexis' Mutter hatte sich Anfang der 1980er Jahre scheiden lassen. Deshalb konnte sein Vater nur als Besucher für kurze Zeit bleiben. Er verbrachte auch einige Jahre in Griechenland, pendelte zwischen beiden Ländern, bis er in Rumänien erneut heiratete und dort bis zu seinem Tod 1993 blieb.

Alexis arbeitete ab 1999 bei Sotiris in der Gastronomie. Zuvor war er schon einmal 1993 in Hamburg gewesen, aber nicht geblieben. Sotiris konnte die Hilfe seines Neffen gut brauchen. Alexis über seine ersten Erfahrungen in Deutschland:

»Als ich 1993 zum ersten Mal nach Hamburg kam, habe ich in der Taverne Sotiris, gegenüber der Fabrik, alles gemacht, auch ein bisschen gekellnert, nur nicht gekocht. **Die Menschen in Altona waren tolerant, nett und lustig. Die akzeptierten, dass ich nicht perfekt war, noch kein Deutsch sprach.** Ich musste mich umstellen. Ich kam aus einer anderen Welt, aus Rumänien, lebte bei meiner tiefgläubigen Oma. Ich wusste nichts von Drogen, obwohl ich 20 war. Ich wusste nicht, wofür die gut sein sollten, habe sie bis heute nicht probiert. Ich wusste auch nichts über Homosexualität. Nicht weil es tabu war, es hat für mich nicht existiert. Als ich das erste Mal auf der Reeperbahn war, dachte ich: Traurig, wie tief der Mensch fallen kann. Ich war überhaupt nicht begeistert. Sotiris lachte über mich. Mit ihm hatte ich eine gute Zeit. Er ist ein bisschen verrückt. Er ist nicht nur mein Onkel, wir sind gute Freunde. Er ist ein besonderer Mensch. Er denkt gern, davon gibt es nicht viele. Als der Koch von Sotiris dringend nach Indien musste, ging ich in die Küche. Ich lernte schnell, arbeitete viel. Nach zwei Tagen kannte ich die Gerichte. Das war meine erste Station in der Gastronomie.«

Alexis hatte noch immer keinen griechischen Pass, und Rumänien war damals noch nicht in der EU. Deshalb musste er alle drei Monate ausreisen und sich bei der Ausländerbehörde melden. Einige Jahre pendelte er zwischen Rumänien, wo er keine Arbeit fand, Griechenland, wo er nicht mehr bleiben wollte und nur noch wegen seiner Papiere hinreiste, und Deutschland. In Hamburg fand er Arbeit und familiären Halt. Hier lebte auch seine Tante Irini, Sotiris' Schwester, die inzwischen die Taverne von ihrem Bruder übernommen hatte. Auch ihr half Alexis einige Jahre. Als er 1999 seinen griechischen Pass erhielt, konnte er legal in Hamburg leben und arbeiten. Alexis weiß es zu schätzen, dass er in Deutschland Rechte genießt. Er wurde sehr ernst, als er sagte:

»Dass Staat hier funktioniert, ist für mich etwas Besonderes. Ich war lange in Griechenland konfrontiert mit einem nicht funktionierenden Staat.«

So wie einst Alexis, pendelte auch Sotiris zwischen Rumänien, Griechenland und Deutschland. Etwa 2003 beschlossen Sotiris und Alexis, gemeinsam eine Taverne aufzumachen. Alexis:

**»Sotiris sagte: Lass uns einen Laden aufmachen. Ich glaubte nicht recht daran, sagte aber okay.** Am gleichen Tag gingen wir durch Ottensen spazieren. Wir entdeckten das Café in der Eulenstraße, das seit Monaten geschlossen war. Keiner wollte das ›schwarze Loch‹ haben, keiner schaffte es, etwas aus den Räumen zu machen. Sotiris glaubte, dass wir es schaffen könnten. Nach zwei Wochen hatten wir den Mietvertrag. **Es lief besser, als wir dachten. Der Laden lief von Anfang an, Sotiris hatte viele und gute Kontakte.** Es war nicht der große Gewinn, aber wir konnten davon leben und hatten etwas Eigenes gemacht. Wir arbeiteten etwa drei Jahre zusammen. Dann sagte Sotiris, dass er nicht mehr könne, sich alt fühle und kein Interesse mehr habe. Es sei auch nicht mehr wie früher, es kämen andere Leute. Sotiris ist ein sehr emotionaler Mensch, er fühlte sich nicht mehr zugehörig. Zu uns kommen sehr nette Leute, aber es waren nicht mehr die, die er kannte. Gastronomie ist schwer. Sein Sohn hatte keinen Bock darauf. Und ich wollte nicht allein arbeiten. Chrisoula kellnerte bei uns. Sie fragte, ob wir den Laden nicht zusammen machen wollten. Darüber war ich sehr glücklich.«

Alexis ist froh über seine neuen Partner Chrisoula, auch Souli genannt, und Janni. Beide haben langjährige Erfahrungen in der Gastronomie. Alexis: **»Die Zusammenarbeit mit beiden ist das Beste, was passieren konnte.** Sie sind fleißig, jung, haben Kraft und Erfahrung. Souli hat anfangs wegen der Kinder nicht so viel gearbeitet. Sie kommt immer, wenn viel zu tun ist. Dann arbeitet sie mit Janni zusammen, und ich bin für die Küche verantwortlich, zusammen mit Kostas. Er ist ein Onkel von Janni, aber eigentlich ist er der Onkel von uns allen. Er ist ein wunderbarer Mensch. Ich habe viel Spaß mit ihm. Er ist schon älter, aber immer noch schnell und fleißig. Seitdem Janni sich einbrachte, lief der Laden deutlich besser.«

Obwohl die Taverne gut läuft, spüren die Betreiber wie die gesamte Branche, dass Gastronomie schwieriger geworden ist. Gerade weil das Team guten Kontakt zu seinen Gästen pflegt – es sind überwiegend Stammgäste – bekommt es über deren Probleme und Sorgen einiges zu hören. Vor Jahren seien die Gäste »lockerer« gewesen, hätten vom Urlaub und ihren Wünschen erzählt. Jetzt achten sie deutlich mehr darauf, wie viel Geld sie bei einem Besuch in der Taverne ausgeben.

Für Alexis war die Gastronomie nie ein Traum. Aber es hat sich so ergeben, und er ist dabei geblieben, denn da er keine Ausbildung hatte, waren die Alternativen überschaubar. Die Umstände in Griechenland zwangen ihn, seinen Lebensunterhalt irgendwie zu verdienen. Manchmal denkt er, es sei schade, dass er nicht studieren konnte. Aber er ist nicht wirklich unzufrieden, weil er gern und viel liest, eine Leidenschaft, die er zwar ökonomisch nicht verwerten kann, die aber zu seinem seelischen Gleichgewicht beiträgt. Außerdem kocht er gern und mag Menschen; lachend fügt er hinzu »auch Griechen«. Wenn die Zeit es zulässt, kommt er mit Gästen ins Gespräch. Manchmal berührt ihn das Gesagte. Alexis wirkt bisweilen nachdenklich und versonnen, seine Überlegungen zeugen häufig von intellektueller Tiefe. Manchmal scheint in seinen Augen Melancholie auf, jedoch hilft ihm im Alltag sein ausgeprägter Sinn für Humor, wie das Beispiel einer anfangs nicht ganz leichten Begegnung mit einem Gast zeigt, die Alexis zur Erleichterung aller heiter auflöste:

»Einmal kam ein Gast, der etwas wollte, was nicht auf der Karte stand. Es war viel zu tun, und ich konnte ihm den Extrawunsch nicht sofort erfüllen. Ich sagte, dass es nur ginge, wenn er Geduld habe. **Daraufhin wollte der Gast mit dem Chef sprechen. Ich sagte okay, ging in die Küche, band meine Schürze ab und ging wieder hinaus zu ihm. Ich stand vor ihm. Er realisierte die Situation und fing an zu lachen.** Und dann lachten alle.«

Irgendwie hängt alles miteinander zusammen, besonders wenn man in einem Stadtteil lebt und arbeitet. Alexis und Frideriki, Jannis Mutter, begegneten sich im »Nostalgia bei Sotiris«. Und Sotiris hatte Frideriki schon 15 Jahre zuvor in Altona kennengelernt. Sie trafen sich hier und da, und er erzählte ihr von seinen Plänen. Als er das »Nostalgia bei Sotiris« eröffnete, war sie eine der ersten Gäste. Ihre Cousine arbeitete auch einmal dort, und als sie aufhörte, kellnerte Chrisoula zweimal pro Woche bei Sotiris. Frideriki erkundigte sich ab und zu nach Alexis und Sotiris. Und als dieser sich aus der Gastronomie verabschieden und seinen Anteil verkaufen wollte, sprach Janni seine Mutter an, denn er wollte nicht studieren, sondern lieber einen eigenen Laden. Auch Frideriki riet Janni und Chrisoula, den Anteil zu übernehmen. Sie wusste, worüber sie redete, denn sie arbeitete seit Jahrzehnten in griechischen Restaurants, machte alles, was anfiel, und konnte auch kochen.

## Die Familien Apostolidou und Angelidis – back to the roots

Frideriki Apostolidou, Jannis Mutter, wurde im Dezember 1958 in einem kleinen Ort namens Schistolithos in den griechischen Bergen, nahe der bulgarischen Grenze, geboren. Es ist das Dorf, aus dem ihre Mutter Sofia stammt. Ihre ersten Jahre verbrachte sie in Skotoussa, wo der Vater, Georgios, geboren wurde und auch ihre Großeltern lebten. Wohler fühlt sie sich jedoch in ihrem Geburtsort, auch heute noch, weil sie Ruhe und Bergluft liebt. Die Großeltern betrieben dort Viehwirtschaft. **Als Frideriki zweieinhalb Jahre alt war, ging ihr Vater nach Deutschland. Die Mutter folgte ihm ein halbes Jahr später, im August 1961.** Ihre Eltern waren sehr jung und hatten keine Arbeit. Sie wollten in Deutschland Geld verdienen, um in Griechenland ein Haus bauen zu können. Frideriki blieb zunächst bei den Großeltern. Ihr Bruder Lampi wurde 1963 in einem kleinen Ort bei Dortmund geboren. Jetzt wollte die Mutter auch Frideriki zu sich nehmen. Die etwa 15-jährige Schwester der Mutter begleitete sie nach Deutschland. Aber Frideriki und ihre junge Tante fühlten sich in Deutschland unwohl, weinten oft und wollten nach Hause. Frideriki besaß damals ein Spielzeugtelefon, mit dem sie häufig ihren Opa anrief und ihn bat, sie abzuholen. Sie war einfach noch zu jung, und weil es nicht mehr ging, schickten ihre Eltern sie zurück zu den Großeltern. Der kleine Bruder blieb, bis er zwei Jahre alt war. Dann schickten sie auch ihn zurück. Die Mutter arbeitete als Schneiderin in einer Textilfabrik. Das hatte sie gelernt. Denn ihr Vater schickte sie nach der Grundschule, als sie zwölf Jahre alt war, in die nächste Kleinstadt zur Schule. Dort wurde sie auf ihre traditionelle Rolle vorbereitet und lernte primär nähen und kochen. Frideriki:

»Sie nähte immer, Kleider für sich, für mich und meine Puppe.«

Friderikis Vater arbeitete im Bergbau, bis er verunglückte. Danach gingen sie nach Meerbusch, in der Nähe von Düsseldorf, wo bereits einige Schwestern der Mutter lebten. Sie hatten nach und nach ihre Dörfer verlassen, allerdings erst als verheiratete Frauen. Unverheiratet wäre eine Reise in ein fremdes Land völlig undenkbar gewesen. 1968, nach nur sieben Jahren, gingen Friderikis Eltern nach Griechenland zurück. Ihr Ziel, den Bau eines eigenen Hauses, konnten sie nun realisieren. Mithilfe von Arbeitern errichteten sie in Skotoussa ein Haus auf dem Grundstück des Vaters, wo schon das bescheidene Haus der Großeltern stand. Der Vater machte sich selbstständig, investierte in Maschinen und brannte etwas außerhalb des Dorfes Ziegel. Seine Tochter brachte ihm nach Schulschluss mit dem Fahrrad das Essen. Damals war sie zehn Jahre alt. Der Betrieb lief gut an. Es wurde viel gebaut, mit dem Dorf ging es aufwärts. Doch dann ging das Geschäft schief, denn der Vater hatte einen Partner, der ihn betrog. Frideriki:

»Der Partner haute über Nacht ab, mein Vater stand mit den Schulden da.«

Deshalb reisten die Eltern etwa 1970 erneut nach Deutschland, zunächst die Mutter, dann der Vater. Eine Wollfabrik in Wuppertal suchte Arbeitskräfte. Zusammen mit vielen anderen Frauen arbeitete Friderikis Mutter dort etwa drei Jahre. Sie wohnten in einem Wohnheim, in dem ausschließlich griechische Frauen lebten. Der Vater fand in Meerbusch eine Wohnung und Arbeit. Er flocht in einem kleinen Betrieb Körbe. Zwar soll er nicht viel verdient haben, verstand sich aber gut mit dem Chef. Frideriki kam im Dezember 1971 nach Meerbusch. Vater und Tochter besuchten die Mutter an den Wochenenden, bis ihr Vertrag in der Wollfabrik auslief. Ein Jahr später ging es nach Hamburg, wo bereits ein Teil der Familie väterlicherseits wohnte. Am Felde in Ottensen bezogen sie eine Wohnung. Beide Elternteile fanden im Krankenhaus Altona Arbeit. Er war Muli-Fahrer in der Küche, lieferte das Essen auf die Stationen und holte das Geschirr ab. Sie putzte im 20. Stock die Büros der Ärzte. Nebenbei nähte sie und versorgte ihre drei Kinder. Im Krankenhaus arbeitete sie jedoch nicht lange, da sie krank wurde. Von nun an beschränkte sie sich aufs Nähen zu Hause mit einer Nähmaschine, die sie schon in Dortmund gekauft hatte. Eine Freundin betrieb in der Friedensallee eine Schneiderei. Da die Auftragslage gut war, erhielt sie von ihr Näharbeiten. Ihr Vater engagierte sich nebenbei im griechischen Kulturhaus, wo er alles reparierte, was anfiel. Das machten sie, bis sie 1983 erneut nach Griechenland zurückkehrten. Friderikis Eltern waren noch nicht alt – sie etwa 43, er um die 46 – aber sie hatten viel gearbeitet und kaum Urlaub gemacht. Frideriki:

**»Seit 1983 leben sie wieder in Griechenland. Mein Vater wollte nicht warten, bis er alt und grau ist und nicht mehr laufen kann.** Sie machten auch viel durch. Sie war ein junges Mädchen aus einem kleinen Dorf. Aber ich habe nicht nur Mitgefühl, denn ich litt, weil sie nicht da waren, als ich sie brauchte.«

Den Wunsch der arbeitslosen Eltern, ihr Geld in Deutschland zu verdienen, um die Familie durchzubringen, verstand auch Frideriki, aber als Tochter hatte sie eine andere Perspektive. Als kleines Kind war sie traurig, fühlte sich durch das Hin und Her der Eltern zerrissen, vermisste das Dorf und ihre Freundinnen, und als sie ihre Eltern brauchte, waren sie fort. Damit nicht genug, muteten die Eltern ihrer Tochter zu, sich um die jüngeren Brüder zu kümmern, um den Preis, dass ihr dadurch ein Schulbesuch versagt blieb. Die Eltern versuchten, die Schulpflicht in Deutschland zu unterlaufen. Die Schule machte Druck, drohte mit einer Geldstrafe. Daraufhin schickten die Eltern sie für einige Wochen zum Unterricht, aber nur, um der Strafe zu entgehen. Dieses Verhalten konnte Frideriki ihren Eltern lange nicht verzeihen, zumal sie gern etwas gelernt hätte. Heute glaubt sie, dass sie ihnen verziehen hat. Sie ist gelassener geworden und versucht, die damalige Perspektive ihrer Eltern stärker in den Vordergrund zu rücken:

»Ich bin in Griechenland wenige Jahre zur Schule gegangen und nur ein Jahr in Deutschland. **Ich sollte hier nicht mehr in die Schule, weil ich auf meine Brüder aufpassen sollte. Mein Vater meinte, ich brauche keine Schule, weil ich bald heiraten würde.** Aber ich liebte die Schule und wollte studieren. Mein Traum war, viele Sprachen zu lernen und einen Beruf mit Reisen zu ergreifen. Und obwohl das Krankenhaus Altona einen Kindergarten für die Angestellten hatte, funktionierte es für meine Eltern nicht, denn ich hätte meinen Bruder Michael hinbringen und abholen müssen, weil meine Mutter putzen und nähen musste. Ich half im Haushalt, putzte auch. Nur gekocht habe ich nicht.«

Im selben Haus in Ottensen wohnte ein griechischer Lehrer mit seiner Frau, aus Griechenland geschickt, um griechische Kinder zu unterrichten. Das war freiwillig und unabhängig von der deutschen Schule. Ihm vertraute sich die 14-jährige Frideriki an. Sie erzählte ihm, dass sie nicht in die Schule dürfe, woraufhin der Lehrer mit ihrem Vater sprach. Er erreichte immerhin, dass Frideriki die griechische Schule beenden konnte:

»Er hat sich sehr für mich eingesetzt, sprach auch mit den Lehrern, ob ich eine Stunde später kommen dürfe, weil ich noch Michael aus dem Kindergarten abholen musste. Die anderen Lehrer waren einverstanden. **Wenn die deutsche Schule ihren Unterricht beendet hatte, unterrichteten die griechischen Lehrer, etwa ab 14 Uhr.** Ich hatte ein Jahr Unterricht und konnte die griechische Schule abschließen, aber nicht in Ruhe. Meine Eltern empfanden auch das als Behinderung für sich. Für meine Brüder machten meine Eltern jedoch alles.«

Als sie 16 Jahre alt war, arbeitete sie in Altona in einer Buchbinderei und Druckerei. Der Vater hatte die Arbeitsstelle für die Tochter ausgesucht. Er wollte sie in der Nähe wissen, um die Kontrolle über sie zu behalten. Sie machte dort keine Lehre, weil sie sofort Geld verdienen sollte. Immerhin sparten die Eltern das Geld für sie. Sie lernte Bücher binden, die Chefin brachte ihr alles bei, und sie stand an der Falzmaschine. Deutsch lernte sie im Umgang mit Freundinnen, auf dem Spiel- und am Arbeitsplatz. Dort blieb sie einige Jahre. Zu Hause mit den Eltern gab es immer wieder Stress. Die Tochter kämpfte um ihre kleinen Freiheiten, die Eltern sprachen von Schande, wenn sie später nach Hause kam. Der Vater warf ihr Pass und Sparbuch vor die Füße und warf sie raus. Und das nach all den Jahren, in denen sie das Aschenputtel der Familie gewesen war. **Mit 18 Jahren flüchtete sie zunächst zu ihrer Oma und dann zu ihrem Freund nach Griechenland.** Kostas, Jannis Vater, hatte sie ein Jahr zuvor kennengelernt. Er holte sie vom Flughafen ab und brachte sie zur Oma. Kostas musste wieder nach Thessaloniki, wo er Automechaniker lernte. Bald folgte sie ihm in die Stadt. Sie fanden eine Wohnung und Arbeit, und es ging ihnen gut. Wie einst ihre Mutter, arbeitete sie anfangs in einer großen Wollfabrik. Kostas musste noch seinen Militärdienst ableisten. Sie heirateten 1978, weil ihre Eltern es erwarteten und sich die Tochter noch nicht aus dem »Gefängnis der Tradition« befreit hatte. Die Eltern ihres Mannes, ansässig in Thessaloniki, übten keinen Druck aus. Frideriki und Kostas lebten in einer Wohngemeinschaft. Außer den beiden wohnten dort noch Kostas Schwester, mit der Frideriki bis heute gut befreundet ist, und eine weitere Frau. Einige studierten, mussten aber zugleich arbeiten, weil sie nicht viel Geld hatten. Etwas später machten sie sich selbstständig, stellten Pizza her und verkauften sie. Frideriki:

»Ich verkaufte Pizza zum Mitnehmen in einem kleinen Laden. Es gab dort nur Hocker, keine Tische. Es kamen viele Studenten, wir hatten gut zu tun. Ich arbeitete viel, aber ich war glücklich. Kostas produzierte zusammen mit seiner Schwester und zwei Angestellten die Pizza, den Teig und die Auflagen; sie wurden nicht gebacken. Sie hatten in einem Auto einen Kühlschrank und brachten die vorbereiteten Pizzen in andere Läden. Dort kamen sie zunächst in den Kühlschrank, dann wurde sie gebacken und verkauft. Es war perfekt, alles lief gut. Als Kostas zum Militär musste, erfuhr ich, dass ich schwanger war. Das war für uns beide ein Schock. Wir wollten erst ein Kind, wenn er

Frideriki Apostolidou

wieder zurück war. Ich musste mit der Arbeit aufhören. Er war beim Militär. Wir konnten keine Miete zahlen. Dann bin ich wieder nach Skotoussa, meine Eltern waren ja nicht da. Es gab aber das Haus. Dort konnte ich mit Janni wohnen. Da war ich 22, Janni wurde 1980 geboren. Meine Oma war eine große Hilfe. Sie kam häufig abends und schlief bei mir, damit ich nicht allein war. Als Kostas mit dem Militär fertig war, gingen wir nach Thessaloniki zurück. Unsere gemeinsame Zeit in der Pizzeria dauerte nicht lange, weil ich mich mit Kostas leider nicht mehr gut verstand. Wir trennten uns, und ich ging 1982 nach Hamburg zurück. Ich hatte zwar in Griechenland gute Arbeitsmöglichkeiten, aber ich hätte Janni immer zu einer bestimmten Zeit aus dem Kindergarten abholen müssen. Wer hätte das tun sollen? In Hamburg hingegen hatte ich Familie, da konnte ihn jemand abholen oder auf ihn aufpassen. Und es gab Arbeit.«

Zurück in Hamburg fand sie Arbeit, und die Eltern unterstützten sie auch, aber es gab mit ihnen erneut Stress. Sie lernte einen Mann kennen, die gemeinsame Tochter wurde 1984 geboren. Gemeinsam mit einem anderen Griechen betrieb er ein Restaurant in der Bahrenfelder Straße. Frideriki sprach Deutsch und kannte sich in der Gastronomie aus. Sie unterstützte ihren Lebensgefährten nach Kräften. 1984 machten sich beide von dem Geschäftspartner unabhängig und eröffneten in Ottensen ein eigenes Restaurant. Frideriki investierte einen Teil ihrer Ersparnisse, zusätzlich nahm ihr Vater für das Paar einen Kredit auf und renovierte das neue Restaurant. Ihm entging nicht, dass seine Tochter in der neuen Beziehung unglücklich war. Sie machte mit ihrem Lebensgefährten ähnliche Erfahrungen wie früher mit ihren Eltern. Er hatte ein traditionelles Frauenbild und erwartete ganz selbstverständlich, dass sie sich ihm unterordnete. Zurück zu den Eltern wollte sie aber auch nicht mehr. Sie wollte die Verantwortung selbst übernehmen. Sie hatte das Gefühl, dass sie »da allein durchmüsse«, obwohl es mit zwei kleinen Kindern, einem ungeliebten Mann und einem großen Restaurant nicht einfach werden würde. **In dieser schwierigen Situation gab sie ihrem Vater, der zur Renovierung eigens aus Griechenland angereist war, ihren viereinhalb Jahre alten Sohn Janni mit.** Er hatte es seiner Tochter angeboten. Trotz aller Streitigkeiten erwies sich die Familie immer dann, wenn größere Probleme auftauchten, als die einzige verlässliche Instanz. Etwa zweieinhalb Jahre blieb Janni in Griechenland, bis seine Mutter ihn wieder zu sich holte. Frideriki arbeitete hart in dem Restaurant, putzte, kochte, versorgte die Kinder. Finanziell lohnte es sich. Sie blieb an der Seite des Mannes, weil sie glaubte, keine andere Wahl zu haben. Das gut laufende Restaurant bot Sicherheit, und zudem wollte sie ihre Rolle als Mutter gut ausfüllen. Diese Lebensphase dauerte 13 Jahre. 1995 trennte sich Frideriki von ihrem Lebensgefährten, seitdem geht es ihr besser. **Inzwischen strahlt sie Zufriedenheit und Selbstbewusstsein aus, denn sie fühlt sich unabhängig.** Sie entscheidet, zu wem sie Kontakt aufnimmt, und trifft sich wieder mit ihren vorwiegend deutschen Freunden. Nicht zuletzt wegen ihres sympathischen Wesens ist sie gut integriert, diskriminierende Erfahrungen in Deutschland kennt sie nicht. Nach der Trennung von ihrem Lebensgefährten erhielt sie aus dem gemeinsamen Restaurant keinen Pfennig. Eine Weile arbeitete sie in der Kneipe ihrer Brüder, die zuvor auch bei ihnen im Restaurant gearbeitet hatten, ein paar Monate in einem Eiscafé. Sie kellnerte in einer Bowlingbahn, häufig mehrere Schichten, dann mal wieder in einem griechischen Restaurant. Allmählich musste sie sich eingestehen, dass sie nicht mehr konnte. Zum ersten Mal spürte sie ihre Knochen, vor allem jene, die beim Kellnern den größten Belastungen ausgesetzt sind: die Kniegelenke. Sie entschied, nur noch tagsüber zu arbeiten. Mehr und mehr brauchte sie ihre freien Abende und Wochenenden. Jetzt ist sie in der Cafeteria eines Gymnasiums beschäftigt, wo sie das Frühstück für die Schüler zubereitet. Dort gefällt es ihr. Sonntags geht sie gern ins »Nostalgia bei Sotiris«, um ihrem Sohn und ihrer Schwiegertochter zu helfen. Außerdem braucht sie die Atmosphäre der Taverne, in der sie fast ihr gesamtes Berufsleben verbracht hat.

Ihren Eltern geht es in Griechenland gut. Manchmal spürt die Mutter ihre Herzschwäche. Frideriki meint, sie würde zu viel im Garten arbeiten.

Ihr Sohn Janni, der im Juli 1980 in Thessaloniki geboren wurde, erinnerte sich gut an den großen Garten am Haus seiner Großeltern, weil er als Kind etwa zweieinhalb Jahre dort lebte und spielte. Seine Oma nähte an der Nähmaschine Kleidung für die Leute im Dorf, und sein Opa war ein gefragter Handwerker. Immer gab es etwas am Haus zu bauen oder zu reparieren, und Janni »half«, indem er zum Beispiel Backsteine schleppte. Wegen der Nähe zur bulgarischen Grenze kaufte der Großvater dort ab und zu günstig ein, zum Beispiel Pelzmäntel und Benzin. Vor Augen hat Janni den Backofen. Er erinnert, dass mit Holz geheizt wurde, dass das Wasser zwar aus der Leitung kam, aber auf dem Herd noch heiß gemacht werden musste, und er in einer kleinen Plastikwanne gebadet wurde, und dass im Garten etliche mit Wasser gefüllte Tonnen standen. Es gab Olivenbäume, und zur Selbstversorgung wurde Gemüse angebaut: Tomaten, Rote Beete, Kürbis, Gurken, Auberginen und Zucchini. Die Großeltern hielten Hühner, Kaninchen, Ziegen und Tauben. Janni:

**»In der Küche spielte sich das meiste ab. Oma kochte. Opa schlachtete Häschen.** Ich muss leider sagen, dass ich die nie gegessen habe, weil ich mit den Häschen gut klarkam. Habe deswegen viel geheult. Hühner schlachtete er auch. Oma füllte Tomaten mit Reis, Auberginen mit Hack, griechisch Papoutzaki, übersetzt Schühchen, weil sie so aussehen. Sie kochte Suppe Juvarlakia, Hackklößchen-Suppe mit Reis. Es gab Gerichte aus dem Backofen, zum Beispiel Hühnchen mit Zitronensaft beträufelt und drum herum Kartoffeln. **Hühnchen gab es oft. Wer den längsten Knochen zog, durfte sich etwas wünschen.** Schweinefleisch gab es auch, wir hatten aber keine eigenen Schweine. Das richtige Stifado ist mit Kaninchenfleisch, man macht es mittlerweile auch mit Lamm und Rind. Es wird lange geschmort. Dadurch wird das Fleisch sehr zart, und man kann dicke oder grüne Bohnen dazugeben. Oma kochte Tourlou, da kommen alle möglichen Gemüsesorten in einen Topf. Das mochte ich nicht so gern, weil es ein bisschen säuerlich schmeckte. Mein Opa mochte es aber so, und er trank dazu gern seinen selbst gebrannten Ouzo. Im Garten wuchs Wein, und er hatte verschiedene Jahrgänge selbst gemachten Tsipouro – so heißt bei uns im Norden der selbst gebrannte Ouzo. Tsipouro ist nicht mein Fall, ist zu stark. Mein Opa hat jeden Tag nach der Arbeit ein Glas getrunken, wenn er von der Baustelle kam, und legte sich erst einmal bis 18 Uhr hin. In dem Dorf wurde viel gebaut. Er baute auch das Haus aus, was meine Mutter kaufte. Gern gegessen wurden auch Wassermelonen mit Schafskäse. Wenn ich mit Opa allein war, hat er Eier in die Pfanne gehauen und Tomaten dazugegeben, fand ich echt lecker. Günstig und gut. Oma hat mir morgens immer rohes Eigelb mit Kakao und Zucker gegeben. Ich konnte davon nicht genug bekommen. Es gab noch kein Nutella, wir aßen auch Butterbrot mit Zucker.«

Janni erinnerte sich an die rege Bautätigkeit im Dorf und daran, dass viele Griechen, die nach Hamburg gingen, aus dem Dorf stammen, in dem er sich ein paar Jahre wohlfühlte. Wahrscheinlich ging der Bauboom nicht zuletzt auf die Migration zwischen Griechenland und Deutschland zurück. Auf diese Weise floss viel Geld nach Griechenland, das die in Deutschland arbeitenden Familienmitglieder in die Heimat überwiesen. **Unvergesslich sind Janni die Pakete, die seine Mutter schickte, mit Kleidung und Spielzeug. Er rief die anderen Kindern zusammen und öffnete sie gemeinsam mit ihnen,** und sie spielten mit dem ferngesteuerten Auto, das für alle eine Attraktion darstellte. Er hatte ein gutes Verhältnis zu seinen Großeltern und zu der Umgebung. In dem Dorf gab es einen Platz, wo man sich traf. Vor seinem geistigen Auge sah Janni die Alten, die ihre Sonnenblumenkerne aßen, und die Schalen, die überall herumlagen. Die Kinder spielten und durften sich dort einen Hotdog oder Hamburger kaufen. Er besuchte den Kindergarten, die Vorschule und ein paar Monate die erste Klasse, bis er nach Hamburg zurückkehrte. Zum

Kindergarten gehörte ein großer Spielplatz mit Schaukeln und Rutschen, und nebenan war gleich die Kirche. Janni:

»Der Pastor trug Vollbart. Seine Tochter besuchte auch den Kindergarten, insgesamt hatte er drei Kinder. Bei uns dürfen die Pastoren heiraten und Kinder haben. Der Pastor war cool, ging abends ins Café, wo auch Opa saß. Sie redeten und tauschten sich aus. Man fragte, was der und der macht und wie es dem oder dem geht. Ich finde es gut, dass man beisammen ist. Der Pastor führte ein ganz normales Leben.«

Janni beeindruckte im Dorf die Überschaubarkeit und das Gefühl von Zusammengehörigkeit. Und dann ging es eines Tages ganz schnell. Janni:

**»Morgens war ich noch in der Schule. Dann kamen Oma und Opa, ich verabschiedete mich von der Klasse, es ging nach Deutschland. Vielleicht war es anfangs komisch, weil es so schnell ging. Ich hatte mich an die Kinder gewöhnt. Ich glaube aber nicht, dass es mir geschadet hat. Es fiel mir leicht, mich hier anzupassen. Und ich war wieder bei meiner Mama.«**

Mit sieben Jahren wurde Janni im Othmarscher Kirchenweg eingeschult. Er sprach kaum ein Wort Deutsch, trotzdem waren seine Erfahrungen mit Lehrern und Schülern positiv. Es gab keine Diskriminierungen:

»Alle halfen mir. Wir hatten Schulkästen, die wir bemalten. Da kamen alle Sachen rein, die wir brauchten. Die Schüler zeigten mir die Schere und sagten: Das ist eine Schere, das ist Klebe usw. Ich war der Einzige, der fast kein Deutsch sprach. Niemand hänselte mich, das gab es nicht. Ich habe nur positive Erinnerungen, ich bin auch positiv. Meine Grundschullehrerin war eine ganz liebe Frau, die mich besonders im Blick hatte. Sie fragte immer: Janni, ist alles gut, brauchst du etwas? Sie hielt mein Heft hoch, zeigte es in der Klasse, sagte: Seht mal, was Janni alles gemacht hat, wie er vorgearbeitet hat. Man sieht, dass er die Sprache schnell lernen will. Ich war fleißig, übte die Buchstaben und arbeitete vor. Ich sehe an meiner Tochter, die auch noch kein Wort Deutsch spricht, dass sie im Kindergarten trotzdem locker mit den Kindern klarkommt. Meine Mama sagte früher immer, dass ich mehr tun müsse, um die Sprache gut zu erlernen.«

In der griechischen Schule sammelte Janni ebenfalls positive Erfahrungen:

»Weihnachten sangen wir in Restaurants, sammelten Geld für die Schule, zum Beispiel, um Bücher zu kaufen. Wir unternahmen viel, sind mal nach Berlin ins Museum gefahren. Später spielte ich nachmittags lieber Fußball, so wie die anderen Kinder, und wollte nicht mehr in die griechische Schule. Aber im Nachhinein fand ich es gut. Ich will auch, dass meine Tochter die griechische Schule besucht. Sie soll dort Schreiben und Lesen lernen, das muss sein.«

Für Janni spielte in seiner Kindheit und Jugend Sport eine große Rolle: Schwimmen, Kung-Fu, Fußball und Basketball. Ein Onkel betrieb eine Kung-Fu-Schule. Die Väter von Jannis Freunden fuhren die Kinder abwechselnd dorthin. Ab der sechsten Klasse gab Janni Kung-Fu und Schwimmen auf. Fußball spielt er vom siebten Lebensjahr bis heute, abgesehen von einer kurzen Unterbrechung, als Mädchen und Partys wichtiger wurden. Ein älteres deutsches Ehepaar, Stammkunden der Taverne in Ottensen und Nachbarn, nahm den Siebenjährigen mit zu Altona 93. Es animierte ihn, war beim ersten Training dabei, brachte ihn oft dorthin und begleitete ihn wieder nach Hause. Janni »fand das gut«. In dem Traditionsverein mit großer Vergangenheit spielte er etwa zehn Jahre. Seine Mitspieler waren Kinder verschiedener Nationalitäten, die sich untereinander akzeptierten. Mit den Jahren wurde er zum festen Bestandteil der Mannschaft, da er von klein auf dabei war, und er hatte dort viele Freunde. Mit 16 erwachten andere Interessen, und er hörte auf zu spielen, begann nach einer Weile bei St. Pauli, zog sich dann aber eine Verletzung zu und hängte die Fußballschuhe an den Nagel:

»Es war eine dumme Verletzung, ich musste ein halbes Jahr pausieren. Das war das wichtigste halbe Jahr, wo ich in einer guten Mannschaft etwas hätte erreichen können. Nach der Heilung wollte ich nicht mehr recht, dann fing ich erst vier Jahre später bei Teutonia in der Max-Brauer-Allee an. Heute bin ich St.-Pauli-Fan. Beide Vereine, der HSV und St. Pauli, sind zwar gut für die Stadt, aber meine Lieblingsmannschaft ist St. Pauli. Ich lernte viele Fans während meiner Zeit in der Gastronomie kennen, sie sind alle positiv und nett.«

Jannis sportliche Vorliebe speist sich allerdings auch noch aus einer anderen Erfahrung:

»Als Junge hat mich ein Nachbar zusammen mit seinem Sohn zu HSV-Spielen mitgenommen, weil er eine Dauerkarte hatte. Da sind ein paar Mal so Sachen passiert, die bei mir negativ ankamen, die meine Meinung über HSV-Leute prägte. **Da waren viele Rechte, Nazis muss man leider sagen, da war ich etwa 14 Jahre alt. Ich hörte, was sie riefen. Das war das Schlimmste, was passierte. Sie riefen: Heil Hitler und vieles mehr.** Wenn Farbige dort waren, imitierten sie Affen. Einen Farbigen buhten sie aus, obwohl der beim HSV spielte.

Das prägte mich, fand ich negativ. Ich erzählte das dem Nachbarn, sagte, dass es mir keinen Spaß bringt, fragte ihn, weshalb die so sind. Er versuchte, mir das zu erklären. Die Typen hatten Glatze und trugen hochgekrempelte Hosen, Springerstiefel, Bomberjacken. Als ich mich umsah, entdeckte ich von denen eine ganze Menge. Viele Fans waren damals so, obwohl ich glaube, dass es sich inzwischen verändert hat. Deswegen war ich vom HSV abgeturnt. Etwa zwei Jahre später bin ich St.-Pauli-Fan geworden. Ich spielte dort im Verein. Vor dem Spiel haben wir die Vereinszeitung im Stadion verteilt, und dann konnten wir hinter der Bande Fußball gucken. Das war ein faires Angebot, man war nah an den Spielern dran. Machte Spaß, mit Kollegen rumzugehen und die Zeitung zu verteilen, war lustig.«

Das waren Jannis erste Erfahrungen mit Ausländerfeindlichkeit, die sich zwar nicht gegen ihn persönlich richteten, die er aber auch gegenüber anderen als unerträglich empfand.

Auf dem heutigen Kurt-Tucholsky-Gymnasium in Bahrenfeld machte er 2001 Abitur. Seine Frau stammt aus derselben Gegend, aus der Jannis Familie kommt. Sie lernten sich aber erst 1999 auf dem Hamburger Gymnasium kennen, wo sie ebenfalls Abitur machte. Sie kam erst mit 14 Jahren aus Griechenland und muss fleißig und motiviert gewesen sein, da sie in kürzester Zeit die deutsche Sprache erlernte und den Anforderungen in der Schule gewachsen war. Sie begann ein Medizinstudium und absolvierte im Altonaer Krankenhaus ein Praktikum. Als sie schwanger wurde, brach sie das Studium ab. Ob sie es fortsetzen wird, ist ungewiss. Die Kinder Frideriki Sofia und Vasilis wurden 2007 und 2008 geboren. **Geheiratet hat das Paar 2009 in Griechenland. Es soll eine große Hochzeit mit mehr als tausend Gästen im Dorf von Chrisoulas Eltern gewesen sein.** Aus dem Nachbardorf von Jannis Familie waren auch viele gekommen.

Janni hat eine besonders enge Beziehung zu seiner Mutter. Er weiß es zu schätzen, dass sie für ihn da ist und ihm mit Rat und Tat zur Seite steht. Als er etwas älter war, litt er zunächst unter der Trennung seiner Mutter von ihrem Lebensgefährten. Später sah er die Beziehung mit kritischen Augen und distanzierte sich von dem Mann, den er einst »Vater« genannt hatte. Janni:

»Durch die Trennung meiner Eltern habe ich zwei Jahre viel Quatsch gemacht. Mit Freunden unterwegs gewesen, falsche Sachen gemacht. Ich lernte daraus und fing mich wieder. Allerdings war ich in der Schule immer pünktlich, weil ich nicht wollte, dass meine Mama irgendetwas mitbekam. **Für mich war meine Mutter heilig. Ich machte immer, was sie sagte, eigentlich heute noch.** Ich höre gern auf sie, weil ich weiß, dass sie nur das Beste für mich will. Ich sage auch ganz ehrlich, dass eine gute Mutter völlig reicht. Man braucht nicht unbedingt einen Vater, ich vermisse ihn nicht. Ich sah ihn kaum.«

Janni bekam von dem Lebensgefährten seiner Mutter auf seine Fragen keine Antworten. Er wollte wissen, wo das ganze Geld geblieben war, das seine Mutter durch ihre Arbeitsleistung erwirtschaftet hatte. Immerhin betrieben sie drei Restaurants, die alle gut liefen. Auch Janni brachte sich dort ein, half überall aus. Im Laufe der Zeit entdeckte er die bittere Wahrheit:

»Das Schlimmste, was er tat, war das Zocken. Die würfelten und pokerten in Hinterzimmern. Die Leute hatten viel Geld. Die Ladenbesitzer kamen abends mit ihrer Kasse und hauten alles weg, und am nächsten Tag wussten sie nicht mehr, wo das Geld geblieben war. Viele Familien sind daran kaputtgegangen. Wenn ich eine Frau wäre, hätte ich da eine Bombe reingeworfen, zumindest hatte ich die Empfindung. Weil es schlimm ist. Weil die ganze Familie täglich an einer Sache arbeitet, und er verspielt abends alles. Das ist das Drama. Man muss wissen, woher man kommt. Durch seine Hände ist so viel Geld geflossen, er hätte locker alle Familienmitglieder ernähren können. **Jetzt ist er krank, muss arbeiten, ebenso meine Mama und ihre Brüder. Deshalb verabscheue ich ihn. Er war der Macher und hat nichts erreicht.«**

Janni weiß von einigen Griechen, die zocken, auch in Griechenland. Er sah in der Nähe des Dorfes, in dem er aufwuchs, einen riesigen neuen Palast, ein Kasino. Der Anblick erfüllte ihn mit Trauer und Abscheu. Die Busse befördern die Spieler und die Neugierigen von Thessaloniki umsonst zum Kasino und zurück, ein Service, der sich für das Kasino sehr gut rechnet. Janni:

»Tagsüber verkaufen sie ihre Ziegen, und abends gehen sie ins Kasino und verdaddeln das Geld.«

Janni ist vom ehemaligen Lebensgefährten seiner Mutter und von ihren Brüdern enttäuscht, weil sie nicht wirtschaften konnten, ihnen das Geld zu Kopf gestiegen war. Und weil seine Großeltern stets ihre Söhne bevorzugten und ihrer Tochter keine Chance gaben, sich zu entwickeln, indem sie sie von Bildung fernhielten. Und weil seine Mutter darunter litt, empfindet er ein besonderes Verantwortungsgefühl. Er sieht sich angesichts der Männer in seinem familiären Umfeld in der Rolle des Beschützers und will seine Mutter eines Tages finanziell unterstützen. Janni hat einen ausgeprägten Sinn für Gerechtigkeit, weil er die ungleiche Behandlung von Frauen und Männern in der eigenen Familie hautnah erlebt hat.

Erste Restauranterfahrungen sammelte Janni bei seiner Mutter und ihrem Lebensgefährten. Schon mit 15 spülte er Gläser und servierte ab und zu Getränke. Das war auch im Interesse seiner Mutter, die ihn anleitete. Er half ihr auch gern beim Putzen. Als sich das Paar trennte, wollte Janni dennoch im Restaurant arbeiten, um neben der Schule Geld zu verdienen. Er wollte einen Führerschein machen, abends weggehen und nicht immer seine Mutter um Geld bitten müssen. Janni stieg richtig ins Geschäft ein:

»Ich lernte bei ihnen das meiste. Der Laden lief gut, 200 Plätze, mit der Terrasse draußen kamen noch 100 Plätze dazu. **Eines Nachts sagte mein Vater, dass ich die Salate servieren solle. Dann ging es los. Er verlangte, dass ich reinhaue. Er war streng, ich sollte perfekt arbeiten,** das Bier exakt bis zur Linie einschenken. Er war aber nur bei mir pingelig, bei den anderen nicht so sehr. Ich lernte schnell. Man muss wissen, wie die Gerichte aussehen, was auf den Tellern drauf ist, welches Fleisch, Gemüse, Zubereitung. Und man muss schnell sein. Abends kam noch meine Freundin, meine jetzige Frau. Sie wurde in die Arbeit integriert. Sie hatte anfangs keine Ahnung vom Kellnern und arbeitete nur am Tresen. Heute kann sie einen Laden allein schmeißen. Mein Vater spielte im Restaurant mit einem Freund oft stundenlang Backgammon, Tavli, auch vor Gästen. Das war egal, die fanden es interessant. Ich musste dann alles allein machen, damit hatte ich aber kein Problem. Es machte Spaß, und ich sammelte Erfahrungen.«

Drei Jahre lernte Janni dort, dann trug das Verhältnis zum ehemaligen Lebensgefährten seiner Mutter nicht mehr. Eines Tages bedurfte es nur eines nichtigen Anlasses, um sich zu trennen. Wegen Zahnschmerzen kam Janni einen Tag nicht zur Arbeit, das löste Streit und seinen Rauswurf aus. Er war 20 Jahre alt, brauchte Geld und bewarb sich woanders. Etwa drei Jahre arbeitete er in einem griechischen Restaurant in Eimsbüttel. Es tat ihm gut, aus dem familiären Dunstkreis rauszukommen und in einem neutralen Umfeld zu kellnern. Er merkte, dass es auch etwas lockerer geht, deshalb machte es ihm mehr Spaß. Er lernte noch dazu, Positives und Negatives. Er arbeitete dort zusammen mit seiner jetzigen Frau. Janni über seinen neuen Chef:

»Er war gut darin, Gästen etwas zu empfehlen, Gerichte zu präsentieren. Er hatte viel im Angebot, probierte gern Neues aus. Er bot Krokodilschwänze und Kängurufleisch an. Ich lernte dort, dass man Gästen etwas gibt, bevor man von ihnen nimmt. Er gab den Nachtisch umsonst, das mache ich jetzt auch. Vorweg mal kleine Dips zum Probieren. Er war in Geberlaune. Aber ich merkte auch, dass seine Preise hoch waren, dass er etwas geben konnte. Ich habe niedrige Preise. Da ist es schwerer zu geben, aber es geht. Und ich sah seine vielfältigen Möglichkeiten, auf Gäste zuzugehen. Mein Vater ist auch freundlich zu Gästen, aber weil sein Deutsch nicht gut ist, war er nicht so nah dran wie mein neuer Chef. Er redete mit Gästen, trank und lachte mit ihnen und machte viel mit ihnen. Ich trank nicht mit den Gästen. Ich lernte irgendwann, Nein zu sagen – man gewöhnt sich zu schnell daran. Negativ war sein Umgang mit dem Personal, aber auch mit seiner Frau, die ebenfalls im Laden arbeitete, und seinen Kindern. Er schrie und meckerte viel, und alles spielte sich im Laden ab. Das war ein abschreckendes Beispiel für mich, besonders in Bezug auf die Familie. **Benahm sich ein Gast nicht, sagte er ihm das, ohne Rücksicht. Ich beobachtete, wie weit man gehen kann, lernte, Grenzen zu erkennen. Für mich war es ein Lehrstück.«**

In der Phase, als Janni und Chrisoula sich auf das Abitur vorbereiteten, sammelten sie parallel ihre Erfahrungen in dem Eimsbüttler Restaurant. Janni arbeitete dort sechsmal die Woche, Chrisoula anfangs etwas weniger. Nach etwa drei Jahren hörten sie dort auf. Es gab Unstimmigkeiten. Der Chef, der auch spielte, soll seinen privaten Ärger an den jungen Leuten ausgelassen haben. Danach arbeitete Janni als Kellner im Schanzenviertel, wiederum etwa drei Jahre:

**»Der Reiz in der Schanze bestand darin, dass ich Trinkgeld bekam. Bei den Griechen bekam man damals in der Regel keins.** Man bekam pro Schicht – ab etwa 16 bis 24 Uhr, manchmal länger, wurde nicht extra bezahlt – 50 Euro. Am Wochenende liefen die Schichten von zwölf bis zwölf. Das Trinkgeld blieb in der Kasse. Der Chef begründete das mit den vielen Ouzos und dem Nachtisch, den er ausgab, aber er hätte natürlich auch pauschal mal einen Zehner drauflegen können. Das ist das griechische System, war früher überall so. In der Schanze wurde das Trinkgeld unter den Kellnern geteilt. Negativ war, dass der Gast an der Kasse zahlte. Es ist ein Unterschied. Der Gast gibt dem Kellner, der ihn bedient hat, mehr Trinkgeld. Obwohl ich dort oft länger arbeitete, war es in Ordnung, ich konnte sparen. Es verkehrten damals dort noch nicht die Reichen. Aber mit der Zeit etablierte sich das Schanzenviertel.«

In dem griechischen Restaurant im Schanzenviertel verdiente Janni nicht nur etwas mehr, er sammelte auch Erfahrungen im Hinblick auf das Konzept der Systemgastronomie:

»Der Verdienst wird über Masse erwirtschaftet. Viele günstige Gerichte mit wenig Profit am einzelnen. Diese Massen von Essen, die großen Reservierungen, es gingen 120 Leute ins Restaurant. Im Sommer noch die Gehwegterrasse. Ich musste viel und noch schneller arbeiten.«

Doch nach wiederum etwa drei Jahren – die Drei scheint eine magische Zahl für Janni zu sein – trennte er sich von seinem Arbeitgeber. Nach einer Weile musste er sich versichern; die eingesetzte Arbeitszeit rentierte sich im Verhältnis zur Bezahlung nicht mehr. Außerdem störte ihn die unterschiedliche Bezahlung der Kellner. Und Janni kam es hart an, dass er nichts mehr von den Wochenenden hatte, weder Fußball spielen noch sich um die Familie kümmern konnte. Seine Frau war schwanger, und er wollte mehr Zeit mit Frau und Kind verbringen. Janni lachend:

**»Dann sind wir zurück nach Ottensen, back to the roots. Meine Frau kellnerte im ›Nostalgia bei Sotiris‹. Sie wollte gern den Anteil von Sotiris kaufen, ich war anfangs unsicher.** Doch dann entschieden wir uns dafür. Erst machte Chrisoula es allein mit Alexis, ich arbeitete noch in der Schanze. Als sie schwanger wurde, brachte ich mich ganz ein, und sie zog sich zurück, als die Kinder kamen. Meine Frau und ich sind eine Einheit. Sie hatte mich ein bisschen überredet, den Anteil am Laden zu kaufen, dann machten wir es zusammen. Sotiris wollte auch nicht viel Geld, weil es nicht so gut lief. Im Juli 2006 war mein erster Arbeitstag als Selbstständiger.«

Das neue Team hielt an dem Namen der Taverne fest, denn »Nostalgia«, verstanden als die Sehnsucht nach etwas, bietet ein breites Spektrum für Anknüpfungen: die Taverne als Ort der Sehnsucht nach Menschen, mit denen man gern zusammen ist, die man treffen, mit denen man reden, gemeinsam essen und trinken möchte. Auch die Sehnsucht nach Griechenland schwingt mit, etwa in Jannis Bekenntnis zur griechischen Schule, auf die er auch die eigenen Kinder schicken möchte, um sie nicht der griechischen Sprache und Kultur zu entfremden. – Die neuen Betreiber konnten sich mit dem alten

Janni Angelidis

Namen der Taverne identifizieren. Er war schon eingeführt, einige kannten Sotiris noch, sie bilden heute einen Teil der Stammkundschaft. Alexis und Janni steckten viel Arbeit in die Renovierung. Und sie denken sich stets etwas Neues aus, um ihre Taverne attraktiver zu gestalten. Vielleicht wird aus der heimeligen Hofterrasse, die bisher nur im Sommer nutzbar ist, ein Wintergarten. Und sie möchten ein Ort sein, wo sich Initiativen mit ihren Anliegen oder Einzelne mit ihren künstlerischen oder literarischen Produktionen vorstellen. Die junge Konstellation sorgte für frischen Wind. Janni konnte durch seine vielfältigen Kontakte aus dem Arbeits- und Sportbereich und auf dem Kinderspielplatz Gäste hinzugewinnen. Mit den meisten ist er gut bekannt. Zum Beispiel verkehrt ein St.-Pauli-Fanclub mit dem Namen »Wer hat die Fahne« im »Nostalgia bei Sotiris«. Er kennt ihn schon seit über zehn Jahren. Sie sind inzwischen Freunde und unternehmen einiges zusammen. Mal gehen sie woanders essen, mal zum Kegeln. Eine Bereicherung in der Taverne sind die neuen Gerichte. Im Kern entschieden sie sich für Qualität. Janni:

»Das Fleisch ist von sehr guter Qualität. Die Spieße machen wir mit Filetfleisch, andere nehmen Nacken- oder Steakfleisch. **Preislich liegen wir niedrig. Weil ich teuer einkaufe, wir aber viel arbeiten, haben wir die Preise in den letzten drei Jahren halten können.** Wir können die Produkte günstig verkaufen, weil ich alles selbst einkaufe. Wir sind auch an keine Brauerei gebunden. Bei uns läuft Fleisch, Fisch und Vegetarisches gleichermaßen gut. Gegrillter Fisch mit Kräutern und frischem Knoblauch ist sehr lecker. Wir haben einen guten Lava-Grill; die Sachen vom Grill schmecken einfach gut. Aus dem Topf machen wir ab und zu Kokkinisto, das ist Rindergulasch, und aus dem Backofen Pastizio, das sind Makkaroni und Hack mit Béchamelsauce, Moussaka und Lammhaxen – die sind im Winter besonders gut.«

Die traditionellen Gerichte gibt es in der Taverne immer. Das Team geht jedoch auch auf die Bedürfnisse der Gäste ein. So gibt es beispielsweise ein umfangreiches Angebot an vegetarischen Speisen. Pastizio und Moussaka lässt sich auf Wunsch auch vegetarisch herstellen. Und es gibt Gorgonzola- und Pfeffersaucen, was nicht unbedingt typisch griechisch ist. Janni:

»Ich bin flexibel. Wir haben einen Gast, der häufig kommt, der immer Spinat mit Spiegeleiern, Knobi-Kartoffeln und ein bisschen Schafskäse isst. Er ist Nachbar; das machen wir gern für ihn.«

Bevorzugt wird Lammfleisch in allen Variationen gegessen, Lammfilet, Spieße, Koteletts mit Beilagen nach Wahl, zum Beispiel griechische Ofenkartoffeln. Den hausgemachten Krautsalat gibt es immer vorweg, und wie es Janni an einem seiner früheren Arbeitsplätze gelernt hat, ist der Nachtisch, warmes Schmalzgebäck in Honig, eine Gabe des Hauses. Ab und zu gibt es eine kleine Vorspeise zum Probieren und selbstverständlich den einen oder anderen Ouzo. Die Portionen sind reichlich, und die Entscheidung für hohe Qualität beim Fleisch wird von den Gästen goutiert. Ebenso attraktiv sind die zahlreichen warmen und kalten Vorspeisen, von Zeit zu Zeit eine gute Alternative zum Hauptgericht. Viele Griechen lieben diese Art zu speisen. Es gibt rosafarbenes Püree aus Fischrogen, Calamares oder Oktopus; er wird zunächst in Rotwein gekocht, dann gegrillt und anschließend mariniert; oder gegrillten Schafskäse, hausgemachten Auberginensalat und gebratene Auberginen sowie gebratene Zucchinipuffer. Alles in allem können die Gäste hier preiswert und gut essen. Das Publikum ist gemischt. Janni:

»Es kommen Lehrer, Maler, Autoren, Studenten, Jung und Alt, auch sehr junge Leute, die gerade 19 sind. Insgesamt haben wir mehr ältere Gäste. Manchmal schicken Eltern ihre Kinder, die etwas zu essen holen sollen, oder umgekehrt. Gestern kam ein Vater, geschickt von seiner Tochter. Sie wollten sich beide nach einem schlechten Spiel von St. Pauli belohnen, er holte Fleischspieße ab. Viele Leute sind aus Ottensen. Es gibt Gäste, die um die Ecke wohnen, die sagen: Janni, ruf mich an, wenn ein Tisch frei ist. Die sitzen zu Hause und warten auf meinen Anruf. Dann kommen sie. Das ist cool.«

Janni ist mit seinen Ottensener Gästen zufrieden:

»Ich habe nur gute Erfahrungen mit unseren Gästen. In der Schanze kommen inzwischen Leute aus anderen Stadtteilen, weil das Viertel ›in‹ ist. Dann machen sie ihre Touren und ihren Dreck. Menschen, die in ihrem Viertel ins Restaurant gehen, in dem sie auch leben, benehmen sich besser, sind vernünftig. Ich habe mehr von denen und viele Stammgäste. Allein, dass ich sie kennenlerne, wir miteinander reden, dass sie zufrieden nach Hause gehen, das ist eine gute Erfahrung. **Toll ist es, wenn Leute zum ersten Mal in den Laden kommen, etwas misstrauisch gucken und am Ende mit mir reden und es sich zeigt, dass sie voll nett und positiv beeindruckt sind. Das ist für mich eine große Belohnung meiner Arbeit und Motivation. Da mache ich gern weiter und bleibe am Ball.«**

## Kolokithokeftedes (Zucchiniküchlein)

*(für ca. 20 Stück)*

| | |
|---|---|
| *1 kg* | *Zucchini (ergibt etwa 4 Tassen geraspelte Zucchini)* |
| *¼* | *Tasse Olivenöl* |
| *¼* | *Tasse fein gehackte Zwiebel* |
| *1* | *Knoblauchzehe* |
| *1* | *Tasse geriebener Hartkäse* |
| *¾* | *Tasse Paniermehl* |
| *¾* | *Tasse Mehl* |
| *2* | *Eier* |
| *¼* | *Tasse fein gehackter Dill oder Minze* |
| | *Salz und Pfeffer* |
| | *Olivenöl zum Braten* |

- Zucchini waschen und grob raspeln.
- Mit Salz würzen und mindestens eine Stunde lang in ein Abtropfsieb legen, damit das Wasser »ausschwitzen« kann, danach noch einmal mit den Händen auspressen.
- Zwiebeln und fein geschnittenen Knoblauch leicht in Öl anbräunen.
- Gut abgetropfte Zucchiniraspel mit den übrigen Zutaten in einer Schüssel vermengen.
- Angebratene Zwiebel und Knoblauch hinzufügen, mit Salz und Pfeffer würzen und alles gut vermischen. Wenn die Masse noch zu flüssig ist, weiteres Mehl und Paniermehl hinzufügen. Der Teig sollte eine Konsistenz wie bei Kartoffelpuffern haben.
- Aus dem Zucchiniteig flache Küchlein formen.
- Reichlich Öl in einer Pfanne erhitzen und die Küchlein vorsichtig hineingeben, von allen Seiten goldbraun braten. Das überschüssige Öl der fertigen Kolokithokeftedes auf einem Küchenpapier abtropfen lassen. Heiß servieren!

**Nostalgia bei Sotiris**
Eulenstraße 49
Hamburg-Ottensen
Mo bis Do 17–24 Uhr
Fr 12–24 Uhr
Sa und So 13–24 Uhr
Tel. 040/39907467

JEVER
Fürstenberg

## Restaurant Delhi

**Stellinger Weg 35, Hamburg-Eimsbüttel**

## Naresh Sharma

Naresh Sharma

## »Ich werde nicht reich, aber ich verstehe mich mit den Menschen«

Beim Betreten des Restaurants »Delhi« im Stellinger Weg nahm ich zuerst die angenehme Ruhe wahr, sanfte leise Klänge und den Duft von Räucherstäbchen. Dann fiel mir die Dunkelheit auf; auch Mobiliar und Vertäfelungen sind aus dunklem Holz. Ich fragte mich oft nach dem Grund. Tatsächlich gestaltete Naresh Sharma sein Restaurant typisch indisch, denn in Indien sind dunkle und kühle Räume wegen des grellen Lichts und der Hitze angemessen. Auffällig war, dass die Terrasse ein Schattendasein führte. Das hing möglicherweise damit zusammen, dass sich Inder nicht vorstellen können, beim Essen draußen zu sitzen. Das ist eine europäische Tradition. So waren es die in Hamburg geborenen Söhne Naresh Sharmas, die dem Vater angesichts der Fußball-Weltmeisterschaft im Sommer 2010 rieten, die Terrasse als geselligen Ort zum Public Viewing zu nutzen. Die Wirkung blieb nicht aus: Gäste bevölkerten bei Speis und Trank die Terrasse, saßen in den Sommernächten lange und gern draußen. Dass Naresh Sharma die Anregung seiner Söhne aufgriff, ist typisch für seine Aufgeschlossenheit.

Naresh Sharma ist eine imposante Erscheinung, groß und breit. **Unübersehbar steht er hinter dem Tresen wie ein Kapitän auf der Brücke.** Seine braunen Augen sind flink und aufmerksam, scheinen alles im Raum wahrzunehmen. Und obwohl er alles im Blick hat, wirkt er zurückhaltend und diskret. Er ist bescheiden und kümmert sich um alles: begrüßt die Gäste, entzündet die Kerze auf dem Tisch, nimmt die Bestellungen auf, reicht sie in die Küche weiter, serviert die Getränke sowie die Speisen und kassiert. Er beschreibt den Gästen sein Angebot. Dazu gehören auch indische Spezialitäten wie ayurvedische und vegetarische Gerichte. Können Gäste sich nicht entscheiden, stellt er für sie etwas zusammen. Naresh Sharma hat etliche Stammkunden, zu einigen entwickelte sich im Laufe der Zeit ein freundschaftliches Verhältnis. Dass Gäste auf ihn zugehen, etwas über ihn, seine Kultur und Küche wissen wollen, ist nicht ungewöhnlich. Er schätzt das Gespräch und gibt gern Auskunft.

Ein Mann – kurzes graues Haar, Bart, große Hornbrille, bekleidet mit Cordhose und legerer Jacke, in der Hand eine aufgeschlagene Zeitschrift – geht schmunzelnd auf Naresh Sharma zu, der hinter dem Tresen steht, und sagt, als hätte er die Lösung für seine zunehmende Vergesslichkeit gefunden:

»Naresh, ich habe gerade gelesen, dass Kurkuma (Gelbwurz) und Ingwer vor Alzheimer schützen. Kannst du mir diese Gewürze unters Essen mischen?«

»Das mache ich doch schon seit 20 Jahren, du bist völlig immun. Dir kann die Krankheit nichts anhaben.«

Der vertraute Ton mit Stammgästen ist nicht selten, einige kennt Naresh Sharma schon seit mehr als 20 Jahren. Schnell kommt er ins Gespräch. Seine Kenntnisse über die Wirkung von Kräutern und Gewürzen gibt er gern an seine Gäste weiter:

»Kurkuma ist auch hilfreich bei inneren Verletzungen. Wenn man z.B. zu heiß getrunken hat, dann sollte man Kurkuma in lauwarmer Milch auflösen und zum Trinken geben. Aber auch bei äußeren Verletzungen, wenn jemand eine Beule hat, hilft es. Kurkuma ist ein basaler Bestandteil indischer Küche. Ingwer hält den Körper warm, und man bleibt in Schwung.«

Auch weiß es Naresh Sharma zu schätzen, dass insbesondere Vegetarier, die ein Mal bei ihm waren, immer wieder zum Essen kommen. Hier können sie mit einer ausgewogenen und schmackhaften Küche rechnen; vegetarisches Essen hat in Indien, im Vergleich zu Deutschland, eine lange Tradition, denn viele Inder sind aus religiösen Gründen Vegetarier. Von einem langjährigen Gast glaubt Naresh Sharma, dass er häufig komme, weil er ihm einst ein altes Hausmittel gegen Übelkeit empfohlen hat:

»Schwefelsalz. In einem halben Glas Wasser Schwefelsalz, Zitrone und zum Schluss Natron hinzufügen, dann schnell trinken. Das hilft bei Übelkeit, zu viel Säure oder Luft im Bauch.«

**Die Gäste des »Delhi« legen Wert auf eine gesunde Ernährung. Sie kommen aus aller Herren Länder und stammen primär aus der gebildeten Mittelschicht: Akademiker, Studenten, Lehrer, Heilpraktiker, Angestellte.** Doch woher kommt Naresh Sharma, der selbst ausgebildeter Lehrer ist? Wer sind seine Eltern, und was verschlug ihn nach Hamburg?

Naresh Sharma ist Inder und gehört der drittgrößten Religionsgemeinschaft der Welt an: dem Hinduismus. Er wurde 1954 in Rohtak, im Bundesstaat Haryana, einer Stadt nordwestlich von Delhi, geboren und stammt aus einer Kaufmannsfamilie. Er hat einen Bruder und zwei Schwestern, von denen eine schon verstorben ist. Die Mutter wurde 1936 geboren. Der Großvater mütterlicherseits war Ingenieur bei der von der britischen Kolonialmacht betriebenen Eisenbahn. Der Großvater väterlicherseits starb früh, vermutlich an Tuberkulose. Naresh Sharmas Vater war damals erst zwei Jahre alt. Er wurde 1933 geboren und ist vor einigen Jahren an einem Schlaganfall gestorben. Auch er war Kaufmann. Der Großvater betrieb ein Bauholzgeschäft. Mit dem Holz wurden in erster Linie Fenster, Türen und Dächer gefertigt.

Naresh Sharmas Vater und dessen Bruder übernahmen das Geschäft und führten es weiter. Das Gebiet, in dem der Großvater einst das Holz schlagen ließ, ist inzwischen wieder aufgeforstet worden, was alles andere als selbstverständlich ist. Denn eines von vielen Problemen in Indien, wie z.B. Wasserknappheit und zu wenig Energie, ist die zunehmende Abholzung der Wälder. Entwaldung führt zu Erosion, lockere Bodenteile werden von der Kraft des Monsuns leicht weggespült.

In der Hauptstadt Dehradun im Bundesstaat Uttaranchal, der bis zu seiner Teilung im Jahre 2000 zu Uttar Pradesh gehörte, hatte der Großvater ein Haus gebaut, und ein Teil der Familie war dort tätig. Diese Gegend ist ein Berggebiet. Dort wurde das Holz gefällt, zersägt und eingelagert bis zum Transport mit der Bahn oder dem Lkw nach Rohtak. Es war ein erfolgreiches Familienunternehmen. Rohtak ist eine Kreis- und Verwaltungsstadt, die während der letzten Jahrzehnte stark gewachsen ist. Viele wollen in die Stadt, weil sich die Menschen dort Arbeit und ein besseres Leben erhoffen.

**Naresh Sharma hat seinen Vater als freundlichen und ausgezeichneten Verkäufer in Erinnerung. Er konnte gut mit Leuten umgehen und arbeitete hart, denn der Konkurrenzdruck war erheblich.** Holz wurde nach Volumen verkauft, und das konnte sein Vater im Kopf berechnen – damals wurde noch in den britischen Maßeinheiten feet und inch gemessen und gerechnet. Der Bruder seines Vaters hingegen, der in Großbritannien lebt und schon 1965 auswanderte, war alles andere als ein guter Verkäufer. Als Ingenieur war das Holzgeschäft seine Sache nicht. Er schrieb ein Buch, das die komplizierten Holzberechnungen vereinfachen sollte. Naresh Sharma bewundert ihn offenkundig sehr. Der Onkel soll auch als Firmenberater tätig gewesen sein und komplizierte Probleme gelöst haben. Seine Fähigkeiten wären in der

Holzfirma nicht zum Tragen gekommen, deshalb traf er mit dem Entschluss zur Auswanderung sicherlich die richtige Entscheidung.

Zwischen Naresh Sharma und seinem Vater gab es nur wenig Kontakt; sie führten keine Gespräche, die über Alltägliches hinausgingen. Er soll nach außen sehr beliebt, aber innerhalb der Familie stark auf sich bezogen gewesen sein. Um die Kinder kümmerte sich die Mutter, sie hatte alles im Griff. Die Familie war nicht streng gläubig. Die Kinder wurden zur Selbstständigkeit und zum eigenständigen Denken erzogen. Jeder sollte, besonders auch im Hinblick auf den Glauben, selbst entscheiden. Aber selbstverständlich wuchs Naresh Sharma im Kontext und mit den Werten seiner Kultur auf. So gehörte zum Beispiel die morgendliche Meditation zum festen Bestandteil des Tagesablaufs. Naresh Sharma:

**»Mein Großvater ist häufig morgens um vier Uhr aufgestanden und spazieren gegangen, weil in der Frühe die Luft am besten ist. Danach meditierte er. Ich versuche auch, täglich morgens Yoga zu machen und zu meditieren.«**

Naresh Sharma wuchs in einer Großfamilie in einem geräumigen Haus mit Lager- und Geschäftsräumen auf. Jeder Haushalt war separat, trotzdem konnte man beisammen sein. Die Türen standen allen offen. Die Kinder spielten und machten gemeinsam Schulaufgaben. Heute ist das Haus renovierungsbedürftig. Nur eine Familie lebt noch dort. Naresh Sharma hatte immer Lust, mit mehreren Personen zusammenzuleben, wahrscheinlich, weil er es aus der Großfamilie gewohnt war. Bildung rangiert in der Familie an erster Stelle. Alle Kinder werden unterstützt. Ist im engeren Familienkreis nicht viel Geld, sorgen Familienmitglieder aus dem weiteren Kreis für die Ausbildung der Kinder. Besonders der Großvater soll sich um alle gekümmert haben.

Für Naresh Sharma und seine Generation hätten die Erträge aus dem Holzgeschäft nicht mehr gereicht. Die Holzknappheit war absehbar. Seine Cousins, sein Bruder und er mussten sich anders orientierten. Es gibt noch weitere ausgebildete Lehrer in der Familie sowie eine Tante, die Ärztin ist. Teile der Verwandtschaft leben in den USA, Kanada und Australien. Das ist jedoch nur ein winziger Teil der weit verzweigten Familie. Sein Bruder arbeitet als Techniker in der Autoindustrie und ist für Qualitätskontrollen in der Fertigung zuständig. Zuvor hatte er unterschiedliche Jobs. Einige Jahre war er in einem Unternehmen beschäftigt, das kleine Metallstifte herstellte. Zeitweilig arbeitete er in einem Callcenter, da er keinen anderen Job fand. Schließlich versuchte er, sich selbstständig zu machen, allerdings ohne Erfolg.

Naresh Sharmas Großvater, der das Holzgeschäft aufbaute, sein Vater, der es fortführte, und die anderen Familienangehörigen wie der Ingenieur, die Ärztin, die Lehrer und Naresh Sharma selbst: Alle gehören zur gebildeten Mittelschicht. Allerdings ist die indische Mittelschicht in ihrer Zusammensetzung und vom Einkommen her sehr heterogen. Zu ihr zu gehören heißt nicht, über ein üppiges Einkommen zu verfügen. Das Gehalt eines indischen Lehrers ist bescheiden. **Dennoch würde Naresh Sharma in Indien zur Mittelschicht zählen, und er würde sich auch dort verorten,** weil die Bedeutung von Bildung in der Werteskala der Familie ganz oben rangiert und allein die Bezahlung nicht die soziale Hierarchie widerspiegelt. Jedoch wurde Naresh Sharma weder in Indien noch in der Bundesrepublik Deutschland Lehrer. Warum nicht? Wie verliefen Kindheit, Ausbildung und Studium?

In der Rückschau sind seine Erinnerungen an die Schulzeit positiv, wenngleich er als Erwachsener merkt, was in der Schule hätte besser laufen können:

»Sie waren alle nett. Ich war fleißig. Die Lehrer kannten meine Familie. Es ging damals mehr wie in einem Dorf zu. Dort machte ich meinen Schulabschluss nach elf Jahren, jetzt sind es zwölf. Dann drei Jahre am College Physik, Chemie und Mathematik studiert und mit dem Bachelor of Science abgeschlossen. Dann legte ich den Magister in Mathe ab, angewandte Mathematik. Danach studierte ich ein Jahr Pädagogik, damit hatte ich die Lehrerausbildung, Bachelor of Education. **Ich wollte unbedingt weiterstudieren, das war meine Entscheidung. Mit 18 den Bachelor. Mit 21 war ich mit dem Studium fertig.** Dann eine einjährige Ausbildung in Pädagogik. Ich habe einen sehr guten Studienabschluss gemacht. Aber der Markt war nicht gut. 1976 war ich fertig. Ich hatte versucht, eine Lehrerstelle zu bekommen. Das klappte aber nicht, weil alle Stellen besetzt waren.«

Obwohl alle Stellen besetzt waren, herrschte in Indien großer Lehrermangel, besonders in den Grundschulen. Die Ausgabenpolitik und Prioritätensetzung der Regierungen galten anderen Politikfeldern. Wirtschaftlich bedeuten die Ausbildung und das Studium zum Beispiel eines Lehrers, der nicht eingestellt wird und auswandert, eine enorme Verschwendung von gesellschaftlichen Ressourcen. Viele hoch qualifizierte Inder, zum Beispiel IT-Spezialisten, arbeiten und leben in den USA.

Nach Abschluss seiner Ausbildung sah sich Naresh Sharma auf dem Arbeitsmarkt um und fand 1976 eine Stelle als technischer Assistent bei der Food Corporation of India, einem staatlichen Unternehmen. Allerdings hätte er sie auch lediglich mit dem Bachelor-Abschluss bekommen können. Er galt als überqualifiziert:

»Meine Aufgabe war es festzustellen, ob in den Lagerräumen das Getreide ordnungsgemäß gelagert wurde und ob keine Feuchtigkeit vorhanden war. Die Insekten mit Pestiziden töten, damit das Getreide erhalten bleibt. Zu jener Zeit war noch die ›Grüne Revolution‹ im Gange. Indiens Ziel war es, so viel Getreide zu erwirtschaften, dass es zur Ernährung der Bevölkerung keins zu importieren brauchte. Der Staat hatte in die Infrastruktur viel investiert, Bewässerungssysteme gebaut, damit der Bauer nicht allein vom Regenwasser abhängig ist, Agrarflächen ausgebaut. Das hatte Erfolg, deshalb bekam ich dort einen Arbeitsplatz. Davor gab es nur eine Ernte, dann vier im Jahr.«

»Schlagt die Armut« war die Losung im Wahlkampf von Indira Gandhi 1971. Seither hat die Regierung umfangreiche Programme aufgelegt, um die Armut der ländlichen Bevölkerung zu verringern. Im Laufe der folgenden Jahrzehnte gelang es mit ertragreicheren Getreidesorten, Kunstdünger, Ausweitung der Anbauflächen, Brunnenbohrungen und Staudämmen, die Selbstversorgung der Bevölkerung zu sichern. Nach der »Feldarbeit« arbeitete Naresh Sharma in Delhi im Büro der Zentrale der Food Corporation of India. Bald darauf ließ er sich beurlauben. Er wollte noch einmal einen Neuanfang wagen und an seine Fähigkeiten anknüpfen, die er im Studium erworben hatte.

Ende 1978 kam er nach Deutschland. Dass die Wahl auf Deutschland fiel, hatte pragmatische Gründe. Er benötigte kein Visum. Außerdem lebten in Hamburg schon Inder, die der Familie weitläufig bekannt waren. Es gibt immer jemanden, der schon vor Ort ist, an den man sich wenden kann und der einen in der Fremde mit den örtlichen Verhältnissen vertraut macht. **Naresh Sharma erhielt eine Studienzulassung für Mathematik an der Universität Hamburg.** Sein abgeschlossenes Studium in Indien wurde in Deutschland nicht anerkannt, und es gab damals keine Möglichkeit, Mathematik in englischer Sprache zu studieren. Die ersten zwei Jahre lernte er intensiv Deutsch. Von der Mathematik entfernte er sich jedoch immer mehr. Er scheute den Aufwand, sämtliche Prüfungen zu wiederholen, und fand wohl auch keinen rechten Zugang mehr zu dem Fach:

»Ich hätte hier alle Prüfungen noch mal machen müssen, die ich in Indien schon gemacht hatte; das wollte ich nicht. Sie haben hier nur einen Teil des Studiums akzeptiert, es als Vordiplom anerkannt. **Ich hätte mehr überlegen sollen, ob Mathe noch das Richtige war. Aber hinterher weiß man es immer besser.** Ich hatte keine Lust mehr auf die Prüfungen. Im Wohnheim in der Grindelallee wohnte ich sechs Jahre, von 1982 bis 1988. Davor habe ich bei Bekannten gelebt. Es waren keine Studenten. Unter Indern. Vorher war kein Platz im Wohnheim. An der Uni Intensivkurse in Deutsch gemacht; ohne sie konnte man nicht anfangen zu studieren. Im Von-Melle-Park und im Philosophenturm und am Abend noch Spezialkurse besucht.«

Lehrer und Professoren behielt er in guter Erinnerung, ebenso das soziale Leben. In Kneipen ging er manchmal, aber nicht gern. Er raucht und trinkt nicht. Naresh Sharma kommt mit allen zurecht. Mit einigen Studenten von damals ist er noch immer befreundet. Der Onkel, der in London lebt, unterstützte ihn finanziell. In den Ferien jobbte er ab und zu in einer Tischlerei. Handwerkliche Arbeiten waren sein Hobby, die machte er schon in Indien gern. Immer wenn er Zeit hatte, ging er zu dem Tischler.

Wenngleich die sozialen Rahmenbedingungen stimmten, war Naresh Sharma enttäuscht und deprimiert im Hinblick auf den Verlauf seines Studiums in Hamburg, weil es nicht voranging. Dabei mangelte es ihm nicht an Ideen. Immer zog es ihn nach Indien, jedoch waren dort die Arbeitsmöglichkeiten rar. Dennoch versuchte er dreimal einen Neuanfang in Indien, die jedoch alle scheiterten. Einmal wollte er mit seiner Schwester, die inzwischen gestorben ist, eine Spedition aufbauen. Als sie krank wurde, floss das Geld in ihre Versorgung. Das zweite Mal versuchte er, mit Freunden eine Industrieanlage für Werkzeuge aufzubauen. Eine Überschwemmung, verursacht vom Monsun, vernichtete sie. Die Stadt stand 1996 unter Wasser. 1960 gab es schon einmal eine große Überschwemmung. Dann startete er mit seinem Bruder den dritten Versuch. Diesmal hinterließ der 11. September 2001 seine Spuren: Die Aufträge gingen zurück, und sie machten pleite. Der Bruder ist Autotechniker und arbeitet jetzt als Angestellter. Wegen all dieser Rückschläge wollte Naresh Sharma nicht zurück nach Indien, obwohl es nach 2000 auch in Deutschland ökonomisch schwieriger wurde. Auf der Suche nach dem Glück verschlug es ihn 1982 auch einmal für drei Monate nach Nordamerika. Er kam zurück nach Hamburg, denn das Leben und das soziale System gefielen ihm hier besser, und auch das Studium kostete damals nichts. Außerdem ist Indien von Deutschland aus nicht so weit entfernt wie von Nordamerika, denn von Flugreisen ist Naresh Sharma nicht so begeistert.

1986 fasste er den Entschluss, dem Studium endgültig den Rücken zu kehren und sich in der Gastronomie zu versuchen. Gemeinsam eröffnete er mit seiner langjährigen deutschen Freundin im Stellinger Weg ein kleines Café. 1989 gründeten sie das Restaurant »Delhi« im Stellinger Weg. Sie lebten zu viert zusammen in einer Wohngemeinschaft, bis die Freundin 2001 in ihre Heimatstadt Freiburg zurückkehrte. Sie besuchen sich jedes Jahr, denn sie ist auch die Patentante von Naresh Sharmas Kindern und mit seiner Frau ebenfalls gut befreundet:

**»Dann kam meine Frau aus Indien und zog in die Wohngemeinschaft. Erst hatte sie in Indien ihren Bachelor-Degree gemacht und dort die deutsche Sprache gelernt.** 1994 haben wir geheiratet. Der ältere Sohn ist in der WG aufgewachsen. Wir wohnten im Grindelviertel. Ich hatte nie ein Problem, mit mehreren zu leben, das mag von meinen Großfamilienerfahrungen herrühren. Man wird da tolerant. Meistens kochte ich, gegessen habe ich nie allein. Es gab keinen Ärger mit dem Putzen oder dem Abwasch. Ich machte das meistens. Wenn etwas stört, muss man es selbst machen. Wenn man es fordert, klappt es nicht. Ich denke nicht in Kategorien von Geben und Nehmen, also wenn man gibt, auch zu nehmen. Meine Mentalität kam bei anderen gut an. Meiner Frau gefiel es auch. Wir haben bis 2000 in der WG gewohnt. Eine Französin ist schon 1993 ausgezogen. Sie hatte Germanistik studiert und arbeitet in einem Berliner Verlag. Der vierte WG-Bewohner hatte Informatik studiert, sein Studium nicht beendet, sondern sich selbstständig gemacht. Er ist 1998 ausgezogen und gründete eine Familie. Der hat in der Wohngemeinschaft sozial dazugelernt und sein Leben verändert.

Meine Partnerin wollte auch raus, denn ihr Vater war erkrankt. Sie hat einen Freund, sie leben aber nicht zusammen, sie will unabhängig sein. Sie ist mit meiner Frau in Indien gereist, und die beiden wollen das wiederholen. Ich finde es gut, dass meine Freundin auch die Freundin meiner Frau ist; sie ist sozusagen ein Familienmitglied. Meine Kinder reden mit ihr stundenlang. Sie hat keine. Sie geht mit ihnen wie mit eigenen Kindern um. **Man sollte die Kulturen nicht trennen, sondern versuchen, sie miteinander zu verbinden.**

Naresh und Pramila Sharma mit den Söhnen Nikhil (rechts) und Akhil

**Man kann nur profitieren. Diese Haltung liegt in meiner Kultur und Tradition begründet. Wir haben in unserem Glauben keine Mission und keinen Verbreitungswillen. Wir ziehen uns das raus, was wir als gut und richtig erachten.** Ende der 1990er Jahre waren meine Frau und ich allein in der Wohnung, die inzwischen zu groß war und viel Miete kostete. Wir kauften eine Eigentumswohnung in Stellingen. Mein erster Sohn ist 1995 geboren, der kleinere im Jahr 2000.«

Im Aufeinandertreffen zweier Kulturen gelang es Naresh Sharma, die von ihm positiv empfundenen Aspekte der westlichen Kultur in sein Leben zu integrieren. Seine Religion und Tradition begünstigen wegen ihrer Offenheit und fehlendem Missionswillen die Integration unterschiedlicher Kulturen. Interessant ist, dass er in den 1970er Jahren in Hamburg auf ein universitäres Milieu stieß, in dem erst seit wenigen Jahren alternative Wohnformen ausprobiert wurden. Ein Teil der Studenten löste sich von traditionellen Familienmustern und suchte sich selbst eine »Familie« im Sinne einer »Wahlverwandtschaft«. Für die westlich geprägten Studenten war es eine völlig neue Erfahrung. Sie stritten nicht nur über den Abwasch und das Putzen, sondern experimentierten mit sozialen Verkehrsformen und Strukturen, die von Respekt und Verantwortung füreinander getragen sein sollten. Naresh Sharma schien sich mit seiner Großfamilienerfahrung nicht nur umstandslos in diesem Kontext zurechtzufinden, sondern er übernahm sogar eine Vorbildfunktion, indem er sich nicht vor ungeliebten Aufgaben und Verpflichtungen drückte oder diese in unendlichen Diskussionen zerredete, sondern mit gutem Beispiel voranging. Nur an einem existenziellen Punkt besann er sich auf seine Kultur und Normen. **Die hohen Scheidungsraten in Deutschland führten ihm die Zerbrechlichkeit der Institution »Familie« vor Augen,** eine Unsicherheit, die ihm in seiner von wirtschaftlichen Rückschlägen begleiteten Existenz bedrohlich erschien. Im Bedürfnis nach Sicherheit zumindest im Familienumfeld heiratete er eine Frau aus dem vertrauten Kulturkreis, von der er sich Geborgenheit erhoffte.

Das Restaurant lief anfangs gut. Die Motivation war hoch, und Naresh Sharma war jung. Er renovierte alles selbst. In letzter Zeit schwinden die Kräfte etwas, weil das Geschäft nicht gerade blüht, besonders seit der Euro-Einführung. Es ist härter geworden. Die Ausgaben steigen, besonders wenn man Kinder hat. Die Verantwortung ist gewachsen. Aber irgendwie geht es immer weiter:

**»Es gibt immer Glück und Unglück** *(er lacht)*. **Ich werde nicht reich. Ich weiß es. Aber ich verstehe mich mit den Menschen, das ist sowieso das Beste. Und arbeiten ist mein Karma.«**

»Karma« ist Bestimmung. In der Lehre von der Wiedergeburt, der permanenten Folge von Schöpfung und Vergehen, liegt die Wurzel des indischen zyklischen Denkens. Jede Ursache hat ihre Wirkung, nichts geht verloren. Jede Tat hat eine Konsequenz. Das Karma für zukünftiges Leben lässt sich nur verbessern, indem man seine Aufgaben in der Gegenwart so gut wie möglich erfüllt. Dem Karma selbst kann man nur durch Askese, Abkehr von Taten und durch Erleuchtung entrinnen. So gesehen ist die vermeintlich schlichte, lachende Bemerkung »Es gibt immer Glück *und* Unglück« von einer tiefen Einsicht geprägt, und sie unterscheidet sich von westlichen Vorstellungen. »Ich habe Glück gehabt« oder »Ich bin vom Pech verfolgt«, beide Redewendungen sind eher üblich und sagen zugleich etwas über eine eindimensionale Denkweise aus. Man hat entweder Glück oder Pech und kann sich nur freuen oder ärgern und nicht zugleich das Positive und das Negative sehen.

Seine Frau, Pramila Sharma, wurde 1965 geboren. Sie ist in Delhi zur Schule gegangen und studierte in Südindien. 1994 heirateten sie. Es war eine arrangierte Hochzeit. Als dieser Satz fiel, dachte ich sofort an Zwangsehen und war irritiert und verunsichert. Denn vor mir saß dieser sympathische, tolerante Mann, der seit über 30 Jahren in Deutschland lebt, auch in alternativen Wohnformen gelebt hat, und berichtete mir von seiner arrangierten Hochzeit. Ich sah seine Frau im Restaurant, freundlich, offen, lächelnd, selbstbewusst. Ich bekam meine Bilder von Indien mit denen, die ich sah, nicht zusammen. Irgendetwas stimmte mit meiner Wahrnehmung nicht. Ich nahm mir vor, ihn genauer zu befragen, und erzählte ihm von meiner Verunsicherung. Die schien ihn nicht zu wundern, denn viel habe er ja gar nicht erzählt, erwiderte er. Wie konnte ich nach nur einigen Stunden Gespräch erwarten, die Kultur eines Subkontinents zu erfassen? In einem darauffolgenden langen Gespräch über unterschiedliche kulturelle Normen sagte er, dass gerade sie der Grund seien, weshalb er eine Frau aus seinem Kulturkreis gewählt habe. Die arrangierte Hochzeit ist in Indien die bevorzugte Form der Eheschließung. Sie ist Angelegenheit der gesamten Familie und nicht allein die der Ehepartner. Der Grundgedanke der Beständigkeit spielt dabei eine große Rolle. Die Scheidungsraten sind (noch) relativ gering. Die Kinder wachsen im Kreis der

Familie auf, auch der erweiterten, also bei Tanten, Großeltern und Onkeln, und sie werden auch durch sie gefördert. Die Frau der indischen Mittelschicht ist in der Regel berufstätig. Sie schätzt die Stabilität der arrangierten Ehe. Für die Familien spielten ihre Ausbildung und Berufserfahrung eine große Rolle. Die Partner können sich vor der Eheschließung kennenlernen, und nach dem Gespräch kann von der geplanten Verehelichung auch Abstand genommen werden. Naresh Sharma:

»In Indien ist die arrangierte Ehe üblich. Mein Schwager hatte vermittelt. Er arbeitete mit ihrem Vater zusammen. Es gab unter den Familienmitgliedern Gespräche. Ich war zu der Zeit in Indien im Urlaub. Das war so 1991/92. Wir haben uns dort kennengelernt. Das läuft so in Indien. Es kennen sich Familien untereinander, die eine mögliche Heirat ausloten und arrangieren. Standesamt ist in Indien keine Pflicht. Die Familienangehörigen sind quasi die Zeugen. Die Geburt von Kindern allerdings muss registriert werden von der Behörde. Die Scheidungsrate in Indien wächst, vielleicht wird bald auch die Ehe registriert werden. **In Indien wird erst geheiratet, dann beginnt die Liebe.** Wenn sich einer scheiden lassen will, muss das gerichtlich gemacht werden. Dann gibt es ein Papier. Das Sorgerecht für die Kinder wird auch gerichtlich geklärt. Vielleicht hat mir die arrangierte Ehe mehr Sicherheit gegeben. Vielleicht hatte ich Angst vor Beziehungen hier, die nicht so stabil sind. Man hört von so vielen Scheidungen. Dann fängt wieder alles von vorn an. Vielleicht hatte ich davor Angst. **Ich brauche im Leben Sicherheiten. Ich bin nicht der, der mal so und mal so ist. Das bin ich nicht.** Ich war davon überzeugt, eine Frau aus demselben Kulturkreis zu wählen. Ich kann Kompromisse machen. Wir waren beide einverstanden. Wir haben in Indien eine kleine Zeremonie bei ihren Eltern zu Hause veranstaltet mit Familienangehörigen und ein paar Freunden. Weil die Zeremonie in Deutschland rechtlich nicht anerkannt ist, sind wir nach Dänemark, damit wir das Papier bekommen. Bei unserem Arrangement spielte Geld keine Rolle. Wir sind gegen das Mitgiftsystem in Indien. Es wurde auf eine gute Ausbildung Wert gelegt. Das war für die Familien von beiden Seiten die wichtigste Frage. Bildung ist ein Hinweis, ob man später zurechtkommt. Wir sind ja keine Großgrundbesitzer. Meine Frau kam zwei Jahre später nach. Sie wollte in Indien erst Deutsch lernen.«

Pramila Sharma hat Wirtschaftswissenschaft in englischer Sprache studiert, abgeschlossen mit dem Bachelor of Commerce, und in Indien in der

Grundschule vier Jahre Englisch unterrichtet, und zwar alle möglichen Fächer. In Hamburg arbeitet sie aushilfsweise an englischsprachigen Schulen.

Naresh Sharma beliefert einen Kinderhort mit Essen, in den sein jüngster Sohn ging. Er aß dort nichts, und die Erzieher hatten nachgefragt. Seitdem essen die Kinder im Hort zweimal in der Woche indisch. Manchmal bereitet Naresh Sharma Nudeln auf indische Art, weil sie bei den Kindern gut ankommen. Die älteren Kinder essen, was angeboten wird. Indisches Brot, Nan oder Chapati, ist beliebt. Auf diese Weise lernen die Kinder im Kindergarten unterschiedliche Essgewohnheiten kennen. Naresh und Pramila Sharmas Kinder wachsen mit unterschiedlichen kulturellen Normen auf. Die indische Familie passt sich auch deutschen Traditionen an. So wird beispielsweise Weihnachten gemeinsam mit der langjährigen deutschen Freundin gefeiert, und die Kinder erhalten Geschenke, damit sie sich gegenüber den anderen nicht benachteiligt fühlen. Einen Weihnachtsbaum haben sie zu Hause nicht, aber sie stellen im Restaurant Gestecke und Kränze auf.

In der indischen Kultur gibt es ein hohes Fest (zwischen Ende Oktober und Anfang November), das von seiner sozialen Bedeutung mit Weihnachten in der westlichen Welt vergleichbar ist: Diwali, Lichterfest. Die Kinder erhalten Geschenke, es wird ein besonderes Essen gekocht und ein Gebet gesprochen. Je nach Landesteil gibt es unterschiedliche mythologische Bezüge zu Diwali. In Nordindien wird die Rückkehr des Rama gefeiert. Rama ist eine populäre Verkörperung des Gottes Vishnu, dem Erhalter. Als Erhalter ist es seine Aufgabe, sein Dharma, die Welt im Gleichgewicht zu halten. Naresh Sharma:

»Es gibt sowohl im islamischen wie christlichen und unserem Glauben große Parallelen. Viele Geschichten hängen miteinander zusammen. Diwali feiern wir zu Hause etwas kleiner, Weihnachten größer. Man kann nicht zweimal groß feiern und Geschenke machen, das gibt's nicht. Wir erklären unseren Kindern die Unterschiede. **Woran man letztlich glaubt, ist nicht so wichtig. Entscheidend ist es, eine Frage zu durchdenken, Erkenntnis zu haben, Strukturen zu durchschauen, weltliche und religiöse Machtstrukturen, das ist das Ziel. Unsere Kinder lernen in deutschen Schulen, und wir erzählen von unseren Erfahrungen und von unseren Erkenntnissen. Das ist gut so. Sie sind noch jung, sie haben Zeit. Aber wofür sie sich entscheiden, das ist ihre Sache.**

Natürlich versuchen wir, die Kinder zu lenken, indem wir ihnen sagen, dass sie nicht rauchen und nicht kriminell werden sollen. Aber letztlich ent-

Akhil im *Delhi*

scheiden sie über ihr Leben selbst, da können wir nichts ändern. Alle haben ihr Karma.

**Ich bin Inder und werde Inder bleiben, ob ich die deutsche Staatsangehörigkeit habe oder nicht. Ich bin als Inder akzeptiert worden, nicht als Deutscher.** In meinem Umfeld spüre ich keine Ressentiments. Doch, einmal spürte ich ein Ressentiment, es kann aber auch Unzufriedenheit gewesen sein. Ich hatte Streit mit einer Nachbarin. Sie schimpfte immer und meinte, die Küche rieche. Ich war schon da, bevor sie einzog. Sie wusste, dass es ein Lokal gab. Ich habe sie gefragt, was wir machen sollen. Aber sie hat immer geschimpft. Sie erstattete Anzeige. Es kam jemand vom Wirtschaftsamt. Ich sagte ihm, dass von mir die Gerüche nicht kämen. Sie kamen vom Restaurant nebenan, wenn die grillen und Leute sitzen auf dem Balkon, dann riechen die es natürlich. Die Nachbarin war ein unzufriedener Mensch, und das habe ich gemerkt und die Polizei auch. Deshalb konnte ich gelassen sein. Dann ist sie ausgezogen, ich bin immer noch hier *(er lacht)*.«

Seit 2005 haben Naresh Sharma und seine Frau die deutsche Staatsangehörigkeit. Er wollte eigentlich keine, weil er weiß, dass er immer Inder bleiben wird. Es nützt aber im Alltag, z.B. wenn man ins Ausland reist. Das Ehepaar hat Freunde in den USA und Kanada. Beide können jetzt zur Wahl gehen. Die Kinder sind Deutsche, weil sie hier geboren wurden. Sie verfügen nicht zugleich über die indische Staatsbürgerschaft. Auch nach indischem Gesetz darf man nur eine Staatsbürgerschaft besitzen. Sie erhielten ein Papier (PIO, Person of Indian Origin), das ihnen die Einreise ohne Visum nach Indien erlaubt. Die Kinder können, wenn sie 18 sind, entscheiden, ob sie die deutsche Staatsangehörigkeit behalten oder die indische annehmen wollen.

Akhil, der jüngere Sohn, hat großen Spaß am Sport. Er trainiert für den Marathonlauf. Nikhil, der Ältere, möchte Mathematik und Physik an der TH in Harburg studieren. In diesen Fächern ist er in der Schule besonders gut. Später möchte er Ingenieur werden. In Indien war er schon oft. Es gefällt ihm dort, wenngleich er Probleme mit dem ungewohnten Klima hat. Das elterliche Restaurant möchte er später nicht übernehmen, da die Konkurrenz in der Gastronomie sehr hart und es schwer sei, sich zu behaupten und ein regelmäßiges Auskommen zu erwirtschaften. Da Nikhil sowohl Deutsch als auch Hindi beherrscht, kämen für ihn beide Länder als künftiger Arbeits- und Lebensmittelpunkt infrage, je nachdem, wo die Chancen am besten sind.

Vom Gefühl her will Naresh Sharma immer nach Indien zurück. Vielleicht klappt es im Rentenalter. Erst einmal sollen die Kinder ihre Ausbildung machen. Seine Frau fühlt sich hier wohl, in Indien allerdings auch. Für sie spielt der Gedanke an Rückkehr keine so große Rolle wie für ihn. Er würde gern in Indien eine soziale Aufgabe übernehmen. Wenn die Zeit gekommen ist, wird er zurückgehen. Eine Lebensweisheit und Redewendung von Naresh Sharmas Großvater war:

**»Man soll an seinem Stuhl kleben! Nur der Wartende hat Erfolg.«**

## Gemüse Jalfrezi *(für 4 Personen)*

*4 Karotten*
*2 rote oder gelbe Paprika*
*5 mittelgroße Tomaten*
*250 g grüne Bohnen*
*250 g Weißkohl*
*200 g Kartoffeln*
*250 g rote Zwiebeln*
*2 frische grüne Chilischoten*
*1 Stück frischer Ingwer (ca. 6 cm)*
*4 EL Ghee (erhältlich im Asia-Markt, ersatzweise Butaris)*
*1 TL ganzer Kreuzkümmel*
*1 TL gemahlener Koriander*
*1 TL gemahlene Gelbwurz (Kurkuma)*
*(1 – 2 Knoblauchzehen)*
*(½ TL gemahlener Zimt)*
*(¼ TL gemahlene Nelken)*
*½ Bund frischer Koriander*
*Zitronensaft, Salz, schwarzer Pfeffer*

- Das Gemüse waschen, putzen und in kleine Stücke schneiden. Aus den Tomaten Kerne und Wasser entfernen.
- Fett in der Pfanne erhitzen, den Kreuzkümmel und den Ingwer kurz darin rösten, die gehackten Zwiebeln hinzugeben und anschwitzen.

- Die von Kernen befreite Chili klein schneiden und mit gemahlenem Koriander und Kurkuma kurz mitrösten. Wer möchte, kann auch klein geschnittenen Knoblauch, Zimt und Nelken hinzugeben.
- Das Gemüse in die Pfanne geben, kurz scharf anbraten, dann mit wenig Wasser verrühren und unter häufigem Rühren gar dünsten lassen.
- Mit Salz, Zitronensaft und schwarzem Pfeffer abschmecken.
- Zum Schluss mit frischem gehackten Koriander garnieren.
- Dazu Basmatireis oder Chapati (nordindisches Fladenbrot) und Mango-chutney reichen.

## Delhi

Stellinger Weg 35
Hamburg-Eimsbüttel
Mo bis Fr 12–16 Uhr, 18–24 Uhr
Sa und So 17–24 Uhr
Tel. 040/40 55 54
www.restaurant-delhi.de

San Miguel
150 Spiele
APRIL 2011

## Casa Ricardo

Rambachstraße 7, Hamburg-Neustadt

## Conchita und Ricardo Lopez

Ricardo Lopez und seine Tochter Conchita Lopez

## »Ich lernte das Kochen von meinem Vater am Telefon«

Auf der Suche nach einem »Spanier oder Portugiesen der ersten Stunde« fiel mir der Hafen ein, im Jargon der Hamburger: das Portugiesenviertel. Hier hoffte ich, noch auf Migranten zu stoßen, die in den 1960er Jahren an die Elbe kamen, denn für sie war das Hafenviertel damals wegen des Arbeitsangebots, des vergleichsweise billigen Wohnraums und des internationalen Flairs ein Anziehungspunkt. Ich wünschte mir eine Familie, die mir über ihre Lebens- und Restauranterfahrungen aus zwei oder gar drei Generationen berichten konnte, eine Familie, in der sich der Wandel der Zeit abbildet. Die große Anzahl portugiesischer und spanischer Restaurants gaben meiner Entscheidung für das »Casa Ricardo« etwas Zufälliges, jedoch stellte sich bald heraus, dass das Restaurant meinen Erwartungen voll entsprach. Hinter dem Tresen in dem einladenden Lokal stand eine große dunkelblonde Frau, zugewandt, freundlich, mit sanfter Stimme. Auf den ersten Blick identifizierte ich sie nicht als Spanierin. Im Laufe eines kurzen Gesprächs erfuhr ich jedoch, dass die Wirtin Conchita Lopez heißt, die Tochter von Karin und Ricardo Lopez ist und das Restaurant von ihren Eltern übernommen hat, die mittlerweile im Ruhestand leben. **Ricardo Lopez verließ Madrid 1960 und gehörte somit zu den ersten Spaniern, die nach Hamburg kamen.** Conchita Lopez war sofort zu einem Interview bereit, und da sie ohnehin täglich mit ihren Eltern in Spanien telefoniert, die dort einen Teil des Jahres verbringen, rief sie ihren Vater an und schilderte ihm mein Anliegen. Seine Antwort lautete, ich solle genug Papier zum Schreiben mitbringen. Manchmal gestaltet sich die Kontaktaufnahme eben unkompliziert, das sollte sich auch in den folgenden Begegnungen bestätigen.

Ricardo Lopez wurde am 1. Juni 1936 in Madrid geboren. Einen Monat später begann der Spanische Bürgerkrieg, der 1939 endete. Unter Führung General Francos initiierten rechte Militärs einen Staatsstreich gegen die im Februar 1936 demokratisch gewählte republikanische Regierung und übernahmen 1939 die Macht. Der Krieg verschonte auch die Familie Lopez nicht. Ricardos

Vater Juan fuhr zu jener Zeit Taxi. Das Fahrzeug wurde von den Republikanern konfisziert. Damals enteigneten beide Kriegsparteien private Kraftfahrzeuge, da die Mobilität der Truppen kriegsentscheidend sein konnte. Familie Lopez, mit sechs Kindern, von denen eines starb, litt unter dem Krieg. Denn mit dem Taxi wurde ihr die Existenzgrundlage entzogen. Ein Grund, weshalb Ricardos Mutter Felicia, trotz der vielen Kinder, mit denen sie als Hausfrau eigentlich schon genug ausgelastet gewesen wäre, sich stets um Arbeit bemühen musste, um die Familie durchzubringen. Sie ging putzen, wo immer sie Arbeit fand, ob im Ministerium oder beim Fernsehsender, und sie arbeitete als Hausmädchen. Die Familie wohnte damals in der Innenstadt von Madrid, in einer der großen Hauptstraßen, der lebendigen Alcalá, mit all ihren Geschäften, Bars und Restaurants. In dem Haus, in dem die Familie wohnte, sollen u. a. Francos Arzt, ein Rechtsanwalt und ein General gewohnt haben. Zu diesen Gesellschaftskreisen hatten die Lopez' keinen Bezug, der Vater war Arbeiter. Anfang der 1960er Jahre mussten sie dort fortziehen, weil sie die Miete nicht mehr bezahlen konnten. Ricardo Lopez erinnerte sich an eine eindrucksvolle Kirche, an das Kino, an die Stierkämpferlokale, die Stierkampfarena, an Pferdefuhrwerke, den Platz, wo die Pferde versorgt wurden und ruhten, sowie an die sehr kleine Wohnung, in der alle Kinder geboren wurden und in der alle zusammenwohnten, auch Oma und Opa. Obwohl die Lebensumstände der Familie bescheiden waren, schilderte Ricardo Lopez die Wohnverhältnisse mit einem Lächeln:

»Es gab zwei Zimmer, Oma und Opa lebten in dem kleineren und die Kinder und Eltern im größeren, das durch einen Vorhang abgetrennt war. Eine Küche gab es nicht. Kühlschrank und Herd standen am Fenster.«

Weil sich die Großeltern um die Kinder kümmerten, konnte Ricardos Mutter mit zum Lebensunterhalt beitragen. Sie arbeitete ein Leben lang, was ihr Mann nicht immer zu würdigen wusste, da er sich in der traditionellen Rolle des alleinigen Ernährers der Familie sah. **Ricardo Lopez hat noch die Auseinandersetzungen seiner Eltern im Ohr: Sein Vater wollte unbedingt allein arbeiten, seine Frau sollte bei den Kindern bleiben.** Zwar soll Juan Lopez politisch uninteressiert gewesen sein, dennoch verbrachte er etwa zwei bis drei Jahre im Gefängnis. Es war allerdings nicht ungewöhnlich, während des Krieges im Gefängnis zu landen. Der Riss zwischen den politischen Gegnern ging quer durch die Familien. Ricardo Lopez vermutet, dass sein Vater denunziert worden ist:

**»Sagte jemand seine Meinung, dann war man unter Franco schon ein Kommunist, ob es so war oder nicht.** Wenn ein Nachbar sagte, der ist ein Roter, dann kam man ins Gefängnis. In Madrid wurden Schulen in Gefängnisse für politische Gefangene verwandelt.«

Nach seiner Entlassung aus dem Gefängnis, in dem er auch gefoltert wurde, arbeitete Juan Lopez als angestellter Lkw-Fahrer. Eine seiner regelmäßigen Touren war für die Familie von besonderer Bedeutung, weshalb sie heute noch in der Erinnerung von Ricardo Lopez präsent ist. Nach Stierkämpfen transportierte der Vater die toten Tiere von der Arena ins Militärkrankenhaus. Die Nonnen, die dort als Krankenschwestern arbeiteten, versorgten ihn mit Lebensmitteln: Brot, Milch, Zucker, Fleisch. Ricardo holte den Vater manchmal zusammen mit seinem Bruder von der Metro ab, voller Spannung darauf, was sich diesmal alles in dessen Sack verbarg. Sie trugen diesen wie einen Schatz nach Hause, denn eine ausreichende Versorgung mit Lebensmitteln war in den 1940er Jahren alles andere als selbstverständlich. Ricardos Vater blieb der Familie nicht lange erhalten. Er starb etwa 1945, mit 42 Jahren, als Ricardo noch keine zehn Jahre alt war. Gestorben ist er letztlich an einer Lungenentzündung. Karin und Ricardo Lopez vermuten, dass er glaubte, es sich nicht leisten zu können, auf seine Gesundheit Rücksicht zu nehmen. Um die Familie durchzubringen, habe er die Anzeichen für die Krankheit zu lange ignoriert.

Bis er zwölf oder dreizehn war, besuchte Ricardo Lopez vormittags und nachmittags die Schule; die Klassen sollen groß gewesen sein. Er unterstützte seine Familie, indem er zum Beispiel mit dem Fahrrad in einen ländlichen Vorort fuhr, um seinem Opa Essen zu bringen, der das Vieh für den Inhaber einer Bäckerei versorgte. Oma oder Opa gaben ihm etwas Geld dafür. Nach der Schule nahm Ricardo, ebenso wie seine Geschwister, kleine Arbeiten an. Seine beiden Schwestern saßen in einer Fabrik an einer Strickmaschine. Er arbeitete unter anderem in einem Papiergeschäft als Laufbursche, lieferte Bestellungen aus, wusch Autos oder arrangierte bei Hochzeiten die Blumendekorationen. Für seine Dienste erhielt er eine Tüte Kekse. Frau Lopez, die in Hamburg geboren wurde, hat ähnliche Erinnerungen. Als junges Mädchen arbeitete sie in einer Bäckerei. Sie mochte immer Süßes und erhielt als Lohn eine Tüte Keksbruch. Ricardo interessierte sich für den Box- und Radsport, kaufte sich auf Raten, fünf Peseten pro Woche, ein Rad, mit dem er auch Rennen fuhr. Allerdings erlitt er dabei einen schweren Unfall; aus dem Koma erwachte er erst nach einigen Wochen. Frau Lopez meint, es sei möglich, dass von jenem Unfall damals etwas nachgeblieben sei, da ihr Mann vor etwa eineinhalb Jahren einen Schlaganfall erlitt, einen Herzschrittmacher erhielt und Probleme mit dem Sehvermögen hat, weshalb er in Deutschland regelmäßig Ärzte aufsucht. Mit ungefähr 13 Jahren begann Ricardo Lopez eine Lehre in einer Tischlerei. Danach machte er sich mit einigen Nachbarn selbstständig. Sie bekamen genug Aufträge und verdienten gut. Oft sollten Bestellungen fürs Wohn- oder Kinderzimmer nach einer Woche fertig sein. Dann arbeiteten sie zügig, um fristgerecht liefern und ihren Lohn in Empfang nehmen zu können. Obwohl die Auftragslage gut war, hielt es Ricardo nicht mehr lange in Madrid. Der Grund war eine Frau. Die Familien drängten die jungen Leute, sich zu binden, sprachen von einem Wohnungskauf, wahrscheinlich, um die Eheschließung voranzutreiben. Ricardo Lopez wollte das damals nicht. Vielleicht war es noch nicht die richtige Frau, vielleicht wollte er sich in der Welt noch ein bisschen umsehen. Da kam es wie gerufen, dass ein Freund in Hamburg bei der Bundesbahn arbeitete, dessen Frau noch in Spanien war, nun aber zu ihrem Mann wollte. Ricardo Lopez verließ Madrid 1960, begleitete die Frau des Freundes nach Hamburg, besuchte den Freund, nutzte die Gelegenheit, etwas Neues kennenzulernen, und lotete seine Möglichkeiten in der Fremde aus.

**Für die Zugfahrt von Madrid über Paris nach Hamburg zahlte er 1.300 Peseten, an den Preis erinnerte er sich genau.** Seine erste Nacht in Hamburg verbrachte er in einem ausrangierten Waggon auf einem Abstellgleis der Bahn am Hamburger Hauptbahnhof. Dort soll noch manch anderer seine ersten Nächte in Hamburg verbracht haben. Als der Zug einrollte, standen auf dem Bahnsteig schon einige Dolmetscher. Sie fingen die potenziellen Arbeitskräfte am Bahnhof ab, denn sie wussten, wann sie mit dem Nachtzug aus Madrid ankamen. Einige Dolmetscher waren bei der Firma Howaldtswerke-Deutsche Werft angestellt und fragten die Ankömmlinge, ob sie Arbeit suchten und was sie konnten. In dieser Firma waren damals viele Spanier beschäftigt:

»Der Martinez fragte mich, ob ich Arbeit suche. Du bist Tischler? Dann komm mit zu Howaldt. Der Dolmetscher nahm mich mit in die Firma. Die haben mir sogar die Reisekosten erstattet.«

Obwohl es seit 1960 zwischen der deutschen und spanischen Regierung ein Abkommen zur Vermittlung von Arbeitskräften gab, reiste Ricardo Lopez wie viele andere auf eigene Faust an. Die Tatsache, dass schon jemand aus der Heimat hier war, spielte bei der Entscheidung, in welches Land man ging, eine wichtige Rolle. Ein anderer Freund von Ricardo Lopez kam später auch nach Hamburg. Gewohnt haben die spanischen Arbeiter in Werkswohnungen – damals nannten viele sie auch Wohnheime – der Firma Howaldtswerke-Deutsche Werft in Wilhelmsburg am Neuhöfer Damm. Frau Lopez spricht heute von einem Sammellager oder von Baracken. Einige Unterkünfte waren in einem fragwürdigen Zustand. Ricardo Lopez wohnte dort mit 16 anderen Arbeitern in einem Raum. Sie kochten und aßen gemeinsam. Zwei Spanier verkauften in der Unterkunft spanische Lebensmittel. Eine Wäscherei gab es auch. Nach einiger Zeit gelang es Ricardo Lopez, in eine komfortablere Firmenunterkunft zu wechseln, die am Kurdamm in Wilhelmsburg lag, in ein Haus, in dem es schöne Einzelzimmer, eine Gemeinschaftsküche und eine Kantine gab. Ein Bus der Howaldtswerke pendelte zwischen Wilhelmsburg und dem Hafen. Ricardo Lopez machte damals etliche Überstunden:

»Wir bekamen am Ende der Woche eine Tüte mit dem normalen Lohn und eine Tüte für die Überstunden. Ich glaube 65 Mark die Woche. Ich glaube, fürs Wohnen war das Geld schon abgezogen, wenn wir überhaupt fürs Wohnen bezahlten.«

Karin Lopez lernte ihren heutigen Ehemann 1960 auf der Reeperbahn beim Tanzen im »Lido« kennen, sie gingen auch ins »Café Keese«:

**»Er kämmte sich die Haare wie Elvis Presley, trug schöne teure Anzüge mit Pepita- oder Glencheck-Muster, Krawatte mit Schiffsmotiv und schwarz-weiße Schuhe.** Weil er so gut gekleidet war, erriet ich erst zum Schluss, dass er Spanier war. Zuerst erzählte er mir nicht, dass er in diesem Rattenkeller wohnte, aber als ich dort hinkam, sah ich, dass die Spanier tolle Typen waren.«

Frau Lopez, deren Mutter aus Bremerhaven stammt und deren Vater in Hamburg geboren wurde, lernte beim Telegrafenamt in der Post an der Schlüterstraße Telefonistin und Fernschreiberin. In der Grone-Schule bildete sie sich weiter und arbeitete 25 Jahre beim Finanzamt in Hamburg. Zwischendurch gab es noch eine kleine Episode von nicht ganz einem Jahr in der Schweiz:

»Ich bin aus Abenteuerlust in die Schweiz, da war ich noch nicht volljährig. Meine Mutter arbeitete in der Stoffabteilung im ›Alsterhaus‹. Meine Freundin antwortete auf eine Annonce als Hausmädchen. Ich hatte keine Lust auf Hausmädchen, aber die suchten noch eine Serviertochter. So kam

Ricardo und
seine Frau
Karin Lopez

ich schon ein bisschen in die Gastronomie. Meiner Mutter erzählte ich freudestrahlend im ›Alsterhaus‹, dass ich beim Telegrafenamt gekündigt habe. Ich bekam eine geklebt, dass ich ein paar Stofftische weiter flog. In ihren Augen hatte ich einen guten Job aufgegeben, außerdem war ich noch nicht volljährig. Ich hatte gerade ausgelernt, aber wenig verdient. Das war so bei mir: Ich wollte ins Ausland, weil ich reiselustig war, außerdem verdiente ich gut in der Schweiz. Zwar alles auf Trinkgeldbasis, aber Kost und Logis frei. Als ich in der Schweiz noch einen Job als Model für Brillen annehmen wollte, bekam ich die Anweisung, sofort zurückzukommen. Dann bin ich zurück. **Ich wäre auch noch nach Amerika gegangen, aber dann lernte ich Ricardo kennen.«**

In diesem Zitat fallen die jugendliche Abenteuerlust und Reisefreude auf. Eine Haltung, die Frau Lopez mit ihrem Mann teilt, denn auch er war bei seiner Ankunft in Hamburg voller Optimismus, zweifelte keine Sekunde daran, dass er Arbeit finden würde. Sicherlich spielte das Alter eine Rolle. Beide waren jung und wollten sich ausprobieren, aber vor allem bot ihnen die Gesellschaft zahlreiche Möglichkeiten. Die 1950er und 1960er Jahre waren die Zeit des »Wirtschaftswunders«. Es gab einen großen Nachholbedarf und eine entsprechend arbeitsbereite und aufstiegsorientierte Bevölkerung. Der Nachkriegsgeneration boten sich ungeahnte Berufschancen und Verdienstmöglichkeiten. Herr und Frau Lopez waren im richtigen Alter und trafen auf günstige Rahmenbedingungen, die den Optimismus der beiden nachvollziehbar erscheinen lassen. Frau Lopez erlernte einen Beruf, nahm aber auch andere Chancen wahr. Sie ging ins Ausland, weil sie dort Jobs angeboten bekam; später bildete sie sich weiter und nahm einen guten Job beim Finanzamt an, den sie auch dann noch beibehielt, als sie und ihr Mann sich selbstständig machten und das »Casa Ricardo« eröffneten. Und Ricardo Lopez setzte sich einfach in den Zug, fuhr nach Hamburg, wo er und andere am Bahnhof erwartet und angesprochen wurden und ihnen noch auf dem Bahnsteig Arbeit angeboten wurde. Die Firmen suchten händeringend nach Arbeitskräften, rollten ihnen sozusagen den roten Teppich aus, schickten Spanisch sprechende Angestellte zum Hauptbahnhof, um die Arbeitssuchenden zu hofieren; dazu gehörte auch, dass Ricardo Lopez die Bahnfahrt erstattet bekam. Und der Dolmetscher begleitete ihn zur neuen Arbeitsstelle, vielleicht nicht nur deshalb, weil sich Ricardo Lopez in der fremden Stadt nicht auskannte, sondern auch, damit er es sich nicht noch anders überlegte. Und selbstverständlich erhielt der Dolmetscher von seiner Firma eine Provision für die Anwerbung. Die wirtschaftliche Situation war so gut, dass alle profitierten. Ricardo Lopez, gelernter Tischler, wechselte einige Male die Jobs. Nur anfangs arbeitete er als Tischler, dann verbrachte er einen Großteil seines Berufslebens als Fahrer für unterschiedliche Firmen, wo er deutlich besser bezahlt wurde als in seinem erlernten Beruf. Den Führerschein für Pkw und Lkw machte er in Hamburg. Mit dieser Entscheidung begab er sich in die Fußstapfen seines Vaters, der auch als Fahrer gearbeitet hatte. Schließlich aber entschied er sich für ein Leben in der Gastronomie und damit für die Selbstständigkeit, denn das Ehepaar konnte es sich inzwischen leisten, das »Casa Ricardo« zu kaufen. Die Chancen, die sich dem Ehepaar boten, haben sie genutzt. Im Vergleich zur heutigen Wirtschaftssituation erscheint dieser kontinuierliche Aufstieg kaum vorstellbar.

Nach etwa zwei Jahren bei der Firma Howaldtswerke-Deutsche Werft wechselte Ricardo die Arbeit. Er fing als Fahrer bei den Alstermilch-Werken an, wo er gut verdiente und etwa acht Jahre blieb:

**»Ich war da der erste Ausländer.«**

Das war die Lebensphase, während der er teilweise drei Jobs gleichzeitig machte:

»Abends zu Alstermilch in Norderstedt, um 22 Uhr musste ich da sein. Die Milch wurde nachts ausgeliefert, Glasflaschen in Kisten. Dann Feierabend und morgens für die Bäckerei Mordhorst in Dehnhaide Brot und Brötchen ausgeliefert, heute ist dort McDonald's drin. Meistens war keine Zeit, nach Hause zu fahren. Dann schlief ich im Lkw vor der Tür der Bäckerei. Brot liefern war schwerer als Milch ausfahren. Morgens gegen sechs Uhr bekamen erst die Hotels die Brötchen. Die wollten Mohnbrötchen, Sonnenblumenbrötchen, Croissants usw.; ich schrieb mir alles auf Spanisch auf. Zurück in die Bäckerei, weil ich dann das Meterbrot und Kuchen auslieferte. Und bei der dritten Tour die Torten. Zum Frühstück kam ich erst gegen zehn oder zwölf nach Hause. Irgendwann später fuhr ich noch Dosensuppen von Lacroix aus. Der Chef hatte seinen Sitz in Frankfurt, da musste ich einmal im Monat hin; meine Frau ist auch mal mitgefahren. **Dann kellnerte ich auch noch am Spielbudenplatz im ›España en Hamburgo‹, Spanien in Hamburg, und im ›Flamenco‹ auf der Hoheluftchaussee.** Dort wurde Flamenco getanzt. Ich bediente in landestypischen Klamotten. Manchmal arbeitete ich als Schauermann; die arbeiteten in Schichten, die Seeschiffe beladen und entladen. Dann hatte ich mal einen

Job bei der Lufthansa in der Ausgabe. Wenn zum Beispiel Schlosser kamen und irgendwelche Teile brauchten, gab ich sie ihnen. Ich fuhr dort auch Muli, brachte den Arbeitern Werkzeug und Maschinenteile. Ich habe dort auch geschlafen. Ich fuhr ja noch die Milch aus, habe auch die Lufthansa mit Milch beliefert. Morgens kam ich rein, ich war manchmal so müde, dass ich einschlief. Schöne Arbeit. Ich bekam dort gutes Essen. Beiersdorf belieferte ich auch mit Milch; da bekam ich mal eine Tüte mit Creme. Die Polizei bekam auch Milch; die hielten mich manchmal an, weil ich zu schnell fuhr. Ich musste aber schnell fahren, ich hatte 84 Kunden, 1.000 Kisten Milch. Manchmal bei Glatteis kam ich ins Rutschen. **Ich heiße bei vielen ›El Lechero‹, der Milchmann, so wurde ich von den Spaniern gerufen, auch mal in einem kleinen Dorf in Galizien, wo wir mal waren, der kannte mich aus Deutschland.«**

Ricardo Lopez verdiente gut. Aber inzwischen musste er auch Geld verdienen, denn im Juli 1961 heiratete das Paar, und bald darauf kamen drei Kinder. 1962 die erste Tochter Carmen, 1963 Conchita und 1964 Ricardo jr. Dabei war das Heiraten nicht so einfach. Frau Lopez war evangelisch, ihr Mann katholisch. Sie musste bei einem Priester einen Schnellkursus absolvieren, um den katholischen Glauben annehmen zu können. Dann konnte die Trauung vollzogen werden, gerade noch rechtzeitig, 14 Tage vor der Geburt ihrer ersten Tochter. Die Reihenfolge: erst heiraten, dann Kinder, war Frau Lopez wichtig, da war sie »ein bisschen altmodisch«. Das Paar bezog in Alsterdorf in Bahnhofsnähe eine Wohnung. Frau Lopez:

»Das nannte sich Lager, obwohl es aus Steinen gebaut war. Ricardo konnte von dort gut überall zur Arbeit kommen, erst später machte er den Führerschein. Dort wohnten gute Leute, kein Pack. Danach zogen wir in eine sehr schöne 4-Zimmer-Wohnung nach Wilhelmsburg. Die wurden von der SAGA nach der Flutkatastrophe von 1962 gebaut. Ich konnte mit drei kleinen Kindern nicht mehr arbeiten. Dann arbeitete ich mal nachts bei der Lufthansa im Werksbüro, da habe ich noch mein Kind gestillt. Mit Kindern ist es schön, wenn man jung ist, aber es war auch eine arme Zeit.«

Offenbar legt Frau Lopez großen Wert auf die Feststellung, dass es sich bei ihrem Wohnumfeld um »anständige« Leute handelte, da Bewohner von Lagern in der Bevölkerung oft einen zweifelhaften Ruf hatten. Der Begriff Lager fand in der Nachkriegszeit für alle Arten von Provisorien Verwendung, um die Vorläufigkeit der Lebensumstände zum Ausdruck zu bringen. In Lagern waren Menschen untergebracht, die aus den deutschen Ostgebieten geflüchtet oder vertrieben, in Hamburg ausgebombt oder aus anderen Gründen an der Elbe hängen geblieben waren. Die Hervorhebung, dass in Alsterdorf kein »Pack« wohnte, deutet auf die große Wohnungsnot nach 1945 hin, als sich die Menschen in der Regel zunächst nicht aussuchen konnten, wo sie leben wollten. Eine vorübergehende Unterbringung in einer Notunterkunft konnte Menschen aus unterschiedlichen sozialen Schichten treffen.

**Nach gut zehn Jahren in Hamburg entschied sich Ricardo Lopez für die Gastronomie. Das Hafenviertel war eine Anlaufstelle, nicht nur für ihn, sondern für viele Spanier und Portugiesen.** Man traf sich dort, hörte die vertraute Sprache, war unter sich, tauschte sich aus, trank und aß zusammen. Es entstand ein Heimatgefühl. Bevor das Ehepaar Lopez das heutige »Casa Ricardo« kaufen konnte, sammelte es Erfahrungen in einigen anderen Lokalen im Viertel. Da war zunächst der kleine Imbiss, den Ricardo Lopez von zwei deutschen Frauen mietete. Die eine wohnte direkt über dem Imbiss, und Ricardo stieg jeden Morgen die Treppe hinauf und zahlte 50 DM bar auf die Hand, das war die Abmachung. Er gab dem Imbiss in der Karpfangerstraße den Namen »La Campana«, die Glocke. Ricardos Mutter besuchte ab und zu den Lieblingssohn und die Schwiegertochter. Einmal kam sie und brachte große Kartons mit Geschirr mit, die den Schriftzug »La Campana« trugen. Sie hatte das damals typische braune Tongeschirr extra für das Lokal anfertigen lassen. Und weil sie ihr Leben lang zu arbeiten gewohnt war, half sie der Köchin Lola in der Küche. Manchmal hatte Ricardos Mutter den Eindruck, dass die Schale der Kartoffeln durchaus dünner hätte geschält werden können. Das »La Campana« war sehr klein und ohne sanitäre Anlagen. Um zur Toilette zu gelangen, musste man eine Luke aufklappen; in den Keller führten Stufen. Deshalb konnte das Lokal lediglich als Imbiss angemeldet werden. Es soll ziemlich verrottet, aber trotzdem eine Goldgrube gewesen sein. Im Raum standen kleine Tische, an denen gegessen, und im Keller gab es Tische, an denen gespielt wurde. Das war verboten. Deshalb dämpfte die sonst so resolute und selbstbewusste Frau Lopez ihre Stimme, als könne sie jemand hören und sie noch heute, nach etwa 40 Jahren, zur Rechenschaft ziehen. Herr Lopez meinte, es sei nicht so »doll« gewesen. Man habe nur um kleine Beträge gespielt, wobei der Verlierer eine Runde Getränke schmiss. Frau Lopez:

»Wenn die Matrosen ihre Heuer bekamen, dann spielten sie im Keller. Musste einer hoch, klopfte er von unten. Einmal hatten wir Kontrolle. Der sagte: Ich höre, dass bei euch gespielt wird. Ich stritt es ab. Sehen Sie jemanden? In diesem Moment hoffte ich, dass keiner von unten klopfen würde. Die Luke bemerkte der Kontrolleur nicht.«

Im »La Campana« verkehrten zunächst viele Spanier. Die Leute guckten von außen durch die Fenster und sahen, dass es voll war; das zog sie an. So kamen langsam auch Hamburger in den Imbiss. Auch erste Urlaubserfahrungen in Spanien schufen das nötige Vertrauen. In der Regel kamen Seeleute, zum Beispiel von der Deutschen Shell und der Hapag. Ricardo Lopez hatte für spanische Landsleute und Südamerikaner darüber hinaus noch eine weitere Funktion. Er vermittelte zwischen den Seeleuten und den Reedereien:

**»Die Reederei rief mich an und sagte: Wir brauchen zwei, drei oder vier Matrosen. Die habe ich vermittelt, und die Reederei zahlte eine Vermittlungsgebühr.«**

Am Monatsende machte er die Abrechnungen für die jeweiligen Reedereien. Das meiste konnte er in Rechnung stellen, einiges nicht. Die Seeleute aßen bei ihm, und später, als er noch eine kleine Pension am Rathausmarkt hatte, übernachteten sie auch bei ihm. Insgesamt ein lukratives Geschäft. Er erledigte jedoch noch andere Dienste und Gefälligkeiten. Manchmal half er mit kleinen Beträgen aus, die seine Landsleute für Übernachtungen und Essen hatten zahlen müssen. Die Seeleute zahlten ihm später das Geld zurück, wenn sie von der Fahrt zurückkamen. Nach zwei oder drei Monaten, manchmal nach einem Jahr. Er half den Seeleuten bei ihren Verträgen, riet ihnen, wo und wie sie Verträge abschließen sollten. Er dolmetschte und begleitete sie zu den Reedereien, holte sie vom Flughafen ab oder fuhr sie an den Platz, wo die Schiffe lagen, nach Brunsbüttel oder Bremerhaven. Er zeigte ihnen den Weg zu den Ärzten, denn Seeleute mussten sich regelmäßig untersuchen lassen. Jeder Matrose hatte eine Gesundheitskarte, die ein oder zwei Jahre gültig war. Immer wenn ein Schiff einlief, mussten die Matrosen zum Arzt und einen Gesundheitscheck machen lassen. Die Ärzte hatten ihre Praxen im Hafenviertel. Und es gab einen kleinen Kasten im Lokal, in dem die Post an die Seeleute gesammelt wurde. Aber das Entscheidende war, dass sie zu ihm Vertrauen hatten und er zu ihnen. Das war die Basis. Herr Lopez:

»Natürlich vertraute ich ihnen, ich habe mein Geld immer von den Seeleuten bekommen. Ich half ihnen mit den Papieren, manchmal mit Geld. Die sprachen doch kein Wort Deutsch, und ich brachte sie dorthin, wohin sie mussten.«

Und Frau Lopez:

**»Er war hier der Don Ricardo. Er war korrekt, ehrlich, hilfsbereit, wies auch die Spanier zurecht. Wenn sie unehrlich waren, kriegten sie was auf die Wusche.** Weil er einer der Ersten hier war und weil er gut verdiente, wurde er respektiert. Es gab noch andere Spanier, die eine ähnliche Rolle wie er spielten. Früher waren im Viertel mehr Spanier als Portugiesen. Das änderte sich im Laufe der Zeit.«

Den Namenszusatz Don, der eigentlich nur Vertretern des Königshauses und des Adels zusteht, hört Ricardo Lopez nicht gern. Er sagt: »Das ist Quatsch«.

Er ist kein Mann großer Worte, sondern bescheiden und geerdet. Seine Stärke liegt in seiner ruhigen Ausstrahlung. Er mag keine Überhöhungen und will sich nicht mit falschen Federn schmücken. Seine damalige Funktion übte er gern und selbstverständlich aus.

Die Zeiten, als viele Seeleute kamen, sind inzwischen längst vorbei. Die meisten Beschäftigungsmöglichkeiten für niedrig qualifizierte Arbeiten auf den Schiffen und im Hafen sind durch die Technisierung entfallen. Das zog eine erhebliche Reduzierung von Seeleuten und Hafenarbeitern nach sich. Die Seeleute von einst sind im Rentenalter, Bekannte von früher sieht Ricardo Lopez nur noch selten. Manchmal kommt jemand nach Hamburg, um seine Papiere für die Rente einzureichen; dann schaut er im »Casa Ricardo« vorbei. Die meisten Seeleute gingen zurück nach Spanien oder Südamerika, wenn sie dort Familie hatten. Manche kamen auch wieder nach Hamburg, weil sie in ihren Heimatorten nichts mehr hielt. Die alten Bindungen trugen nicht, nichts war mehr so, wie sie es erwartet hatten. Und einige hatten sich an deutsche Lebensgewohnheiten gewöhnt.

Das »La Campana« war so erfolgreich, dass die Lokalitäten im Laufe der Zeit größer und komfortabler wurden, allerdings blieb Ricardo Lopez immer im gleichen Viertel. Ein Lokal war das »Rincon«, ein anderes das »Gallego«, der alte ehemalige Hochbunker am Baumwall. Den renovierte er zusammen mit Freunden. Weil das Angebot gut angenommen wurde, blieb die Speisekarte unverändert. Es war eben das typisch spanische Essen, Gerichte wie

Hähnchen und Kaninchen in Knoblauch, Paella, Cocido – ein Eintopf – und Kutteln. Frau Lopez:

**»Meine Schwiegermutter hatte Kutteln früher richtig weiß gewaschen, dann lange gekocht; das war eine Spezialität. Viel Arbeit. Wenn gewisse Gerichte auf der Karte standen, meldeten sich die Gäste an.«**

Herr Lopez: »Ins Cocido, den Eintopf, kommen Kichererbsen, die zuvor eingeweicht werden, Rind- und Schweinefleisch, fetter Speck, Hühnchen, Knochen und Schinken – das ist wichtig für die leckere Brühe. Lorbeer, Zwiebeln, Karotten, Kohl, Chorizo – die rote Wurst, Reis. Ein Winteressen. Die Brühe wird von Spaniern gern als Suppe vorweg gegessen, dann das Fleisch und das Gemüse mit einem Schuss Olivenöl darüber. Das ist Madrider Eintopf. Bei der Paella muss man darauf achten, dass zuerst die Scampi in Knoblauch angebraten werden. Damit sie nicht hart werden, müssen sie zur Seite gelegt werden. Ihr Geschmack ist im Öl. Keine Zwiebeln dazugeben, weil sie den Reis zu weich machen. Danach das Fleisch anbraten. Dann den Reis zugeben und etwas Colorante – verwendet als Safranersatz –, weil Safran zu teuer ist. Ein bisschen Wasser. Wenn der Reis in der Paella ein wenig ansetzt, mag ich es besonders gern. Dann kommt sie etwa 20 Minuten in den Ofen, er macht sie von oben trocken. Man kann nach Belieben noch ein paar Erbsen, grüne Bohnen oder ein paar geschälte Tomaten dazugeben. Zum Schluss kommen obendrauf die Scampis, rote Paprika und eine Zitrone in die Mitte.«

Das Ehepaar Lopez war immer ein gutes Team. Ihre Stärken lagen besonders im kaufmännischen Bereich; sie machte die Buchhaltung und schloss Verträge. Seine Qualitäten lagen vor allem in der Kommunikation; er stand hinter dem Tresen und verstand sich gut mit seinen Gästen, besonders mit den Spaniern. Jedoch war das Privatleben des Paares zeitweise überschattet. Es trennte sich wiederholt und war über acht Jahre auch geschieden, um dann 1986 erneut zu heiraten. In der Zeit der Trennung waren die drei gemeinsamen Kinder noch im jugendlichen Alter; als das Paar ein zweites Mal heiratete, waren sie erwachsen. Ricardo Lopez kehrte in der Phase der Trennung für Jahre nach Madrid zurück, eröffnete dort ein Restaurant, fuhr wieder Lkw und kaufte dort eine Wohnung. Frau Lopez:

**»Nach Jahren der Trennung trafen wir uns in Spanien wieder. Alles Schmutzige war vergessen.** Wir zogen durch die Lokale. Dann fuhren wir nach Madrid; ich hatte Lust, die Familie zu sehen. Ricardo wollte, dass ich nach Spanien komme. Das wollte ich nicht. Ich hatte mir eine Position in Hamburg beim Finanzamt aufgebaut, dort Leute angelernt, gut verdient, einen guten Job gehabt. Wir versöhnten uns. Er verkaufte seinen Lkw, behielt die Wohnung in Madrid und kam nach Hamburg. Jetzt war er mit einem Mal ein Ausländer. Es musste alles neu geregelt werden. **Wir haben 1986 wieder geheiratet; da war im Grunde unsere Silberhochzeit, denn nach spanischem Recht waren wir nicht geschieden, aber nach deutschem.** Ich hätte nicht unbedingt wieder heiraten wollen, aber es ging nicht anders. Die wollten keine Ausländer mehr. Dass er etwa 20 Jahre hier gelebt hatte, wurde nicht anerkannt. Er hätte immer nur drei Monate bleiben können und dann wieder ausreisen müssen. Durch die Heirat konnte er bleiben und war hier versichert. Er bekam Zähne, Brille, alles, was er wollte.«

Ricardo Lopez begann 1986 im »Rincon« zunächst wieder von vorn, das Wischen des Fußbodens eingeschlossen. Das blieb allerdings nur eine kurze Episode. Das Ehepaar entschied sich, noch einmal neu durchzustarten. Erst mietete es ein Restaurant in der Reimarusstraße und nannte es »Casa Ricardo«. Das lief gut. Später kaufte es eine der letzten deutschen Seemannskneipen in der Rambachstraße, ein altes Lokal, in dem lange nicht renoviert worden war. Es war teuer; Ricardo musste dafür seine Wohnung in Madrid verkaufen. Frau Lopez wurde die Arbeit zu viel. Sie entschied sich, nur noch zehn Tage im Monat im Finanzamt zu arbeiten, denn ganz wollte sie ihre Beschäftigung dort nicht aufgeben. Heute bezieht sie aus dieser Tätigkeit eine Rente. Ihr Mann arbeitete mit dem gemeinsamen Sohn Ricardo jr. zusammen. Er kellnerte, war Geschäftsführer und von Anfang an dabei, bis zur Übergabe an Tochter Conchita. Abends und am Wochenende stieß Frau Lopez dazu. Nach wie vor ergänzten sie sich gut in der Zusammenarbeit, und über Geld gab es keinen Streit. Herr Lopez:

»Ich renovierte hier monatelang. Es gab schon Auflagen wie Personaltoilette, Dusche, Schränke. Die Hausverwaltung hat die Arbeiten finanziell unterstützt. **Ich habe den Tresen gemacht; die Steine sind sehr schön. Wir mussten viel Geld reinstecken, im Grunde sieht man es nicht.** Wir mussten Ablösesummen an den vormaligen Besitzer und an die Brauerei zahlen. Aber wir konnten uns bald ein Haus kaufen, und nach zehn Jahren war alles abbezahlt. Wir jonglierten mit dem Geld und arbeiteten viel. Einen BMW und einen Mercedes konnten wir uns auch leisten.«

LA MARTINA
3

Im »Casa Ricardo« verkehrten jetzt viele Deutsche. Reichlich Knoblauch im Essen war für sie kein Problem mehr. Es kamen Schauspieler, Personen des öffentlichen Lebens, Wohlhabende aus den westlichen Vororten Hamburgs, Studenten und Leute aus der Hafenstraße mit pinkfarbenen Haaren. Jung und Alt. Die Betreiber schätzten das gemischte Publikum und die gute Stimmung:

**»Es wurde viel getrunken, noch geraucht, es war gemütlich. Wir hatten auch täglich Gitarrenspieler.** Aber bald merkten wir, dass sich die Leute auch unterhalten wollten; dann spielten sie nur noch am Wochenende für eine oder zwei Stunden. Manchmal hatten wir spanische Studenten. Die kamen in größeren Gruppen, sechs bis acht Leute, sie traten in regionaler Tracht auf. Woher sie kamen, sah man an ihren Schärpen. Sie spielten spanische Folklore.«

In die traditionelle Speisekarte nahmen die Wirtsleute nun die eine oder andere Spezialität mit auf wie etwa flambierte Wachteln oder Schnecken. Das Niveau wurde auf diese Weise angehoben, was Spanier, Deutsche und Touristen gern annahmen. Frau Lopez empfand es allerdings als übertrieben, da das Angebot auf der Speisekarte, die sie mit entwarf und mit kleinen Zeichnungen versah, ohnehin üppig war. Es verkehrten viele Stammgäste im »Casa Ricardo«. Da der Hafen und die Landungsbrücken eine Attraktion sind, kommen auch Touristen, und wenn Schiffe einlaufen, Hafengeburtstag oder Messe ist, hat die Gastronomie ohnehin Hochkonjunktur. Nach dem Fall der Mauer kamen auch Gäste aus der ehemaligen DDR. Anfangs hatten sie Schwierigkeiten mit der Speisekarte, weil ihnen vieles unbekannt war. Frau Lopez:

»Als die ersten Ossis kamen, blätterten sie in der Speisekarte vor und zurück und vor und zurück. **Dann wollten sie ein Schnitzel und eine Coca Cola, weil sie das kannten. Ich fragte, ob sie nicht mal Hähnchen in Knoblauch probieren wollten; wenn sie es nicht mögen, zahle ich das Essen.** Eigentlich waren sie danach begeistert.«

Schlechte Erfahrungen machten die Wirtsleute nur selten. Manchmal soll ein betrunkener Deutscher über Ausländer gepöbelt haben, und einmal stellten sie einen jungen Spanier ein, der knapp bei Kasse war und sich am Kleingeld im Münztelefon vergriff. Am Flughafen, auf dem Weg nach Spanien, werden die Lopez' mitunter unvermittelt von Gästen gegrüßt und freundlich angesprochen. Allerdings scheint sich die Zeit des Pendelns als Rentner zwischen Spanien und Deutschland ihrem Ende zu nähern. Denn obwohl die Lopez' ein schönes Haus mit Pool haben – vorn der Blick aufs Meer und hinten die Berge, wovon viele nur träumen können – fehlt ihnen etwas Entscheidendes: die Familie. Die deutschen Bekannten in Spanien, die Treffen in Cafés und das Engagement für ein Tierheim reichen Frau Lopez nicht mehr aus. Außerdem wird die ärztliche Versorgung in Deutschland, besonders nach dem Schlaganfall von Herrn Lopez, immer wichtiger. Er ist heute stärker auf Hilfe von außen angewiesen. Das zu akzeptieren, fiel ihm nicht leicht; selbst beim Überqueren der Straße ließ er sich anfangs nicht an die Hand nehmen, nur von seinen Enkelkindern mochte er diese Geste akzeptieren. Auch Conchita Lopez vermutet, dass ihr Vater sich in Hamburg wohler fühlen wird. Nicht allein wegen der ärztlichen Versorgung, sondern weil er sich gern im »Casa Ricardo« aufhält, dem Ort, den er aufgebaut hat. Sein Lebenswerk, das zum Treffpunkt vieler Spanier wurde, fortgeführt von der Tochter. Conchita Lopez:

»Er weiß genau, wie er mit dem Bus fahren muss, wenn er in den Laden will. Bis vor zwei Jahren wusste er nicht, wie ein Bus von innen aussieht. **Er braucht sich nur in den Laden hinzusetzen. Bald kommt jemand, den er schon lange kennt,** Ältere und Jüngere, die sitzen zusammen, trinken Kaffee und klönen. Sie haben sich etwas zu sagen, und sie erzählen gern. Sie haben eine ähnliche Geschichte. Spanier, einige Südamerikaner.«

Conchita Lopez und ihre Geschwister wuchsen in Wilhelmsburg auf. Bruder Ricardo soll als einziger Sohn von den Eltern in den Mittelpunkt gerückt worden sein; beruflich pendelt er zwischen Gastronom und Kaufmann. Schwester Carmen arbeitete mehr als 30 Jahre bei der Telekom. Im Jahr 2010 traf die Familie ein besonders harter Schicksalsschlag: Carmen, die erste Tochter, verstarb. Sie soll viel Temperament gehabt haben und die »eigentliche Spanierin« in der Familie gewesen sein. Conchita ist das mittlere Geschwisterkind. Im Nachhinein empfindet sie diese Position als angenehm; sie sei immer so mit »durchgerutscht«. Conchita Lopez ist in die Rolle der besonnenen, diplomatischen Frau hineingewachsen. Darüber hinaus ist sie eine gute Beobachterin. Sie hat nicht das Gefühl, dass sie sich in jungen Jahren etwas erkämpfen musste. Sie ist gelassen. Erst als sich ihr die Möglichkeit, in die Gastronomie zu gehen, bot, griff sie zu und arbeitete sich »richtig rein«.

Als Kind besuchte sie neben der Hauptschule zweimal in der Woche die Katholische Bonifatiusschule und lernte dort Spanisch. Sonntags ging es in die Kirche. Sie erhielt Kommunionsunterricht und musste zur Beichte:

»Ich finde die Kirche wichtig wegen des Zusammenhalts, bin aber gegen die Beichte. Ich glaube nicht, dass ein achtjähriges Kind entscheiden kann, ob es etwas Böses getan hat. Leider wurden wir von den Nonnen gezwungen, in den Beichtstuhl zu gehen. Für mich war der Zwang eine echte Last. Ich trat aus der Kirche aus. Als wir heiraten wollten, wollte ich wieder eintreten, wegen des kirchlichen Segens. Ich erzählte dem Pastor von meinem Problem als Kind mit dem Beichten. Nach einer Stunde Gespräch sagte er, dass ich gern der Kirche wieder beitreten könne, wenn ich als Erstes beichten würde. Ich hatte das Gefühl, dass er mir nicht zugehört hatte. Dann haben wir in der wunderschönen evangelischen Kirchsteinbeker Kirche geheiratet.«

In ihrer Kindheit ging es zu Hause turbulent zu, da sich die Eltern lange aneinander abarbeiteten und keiner nachgeben wollte. Zwei Welten stießen aufeinander. Conchita Lopez:

»Meine Mutter kannte es nicht, dass er sich Rechte nahm, und er kannte es nicht, dass eine Frau Entscheidungen fällte. Es war von Anfang an eine komplizierte Beziehung. Meine Mutter ist eine temperamentvolle Frau, er ist eher ruhiger. Ich glaube, dass meine Mutter anfangs keine Ahnung von Spaniern hatte, wie auch. **Ich kann mich erinnern, dass sie ständig Spaghetti kochte, bis er ihr erklärte, dass er kein Italiener sei. Er brachte ihr bei, was Spanier essen.** Meine Mutter war anfangs auch nicht bei ihrer spanischen Familie beliebt. Ich glaube, weil sie der Ansicht war, dass es sich nicht gehöre, eine deutsche Frau zu nehmen; vielleicht fürchtete sie eine gewisse Freizügigkeit. Wir hatten schon eine kräftige Geschichte. Meine Mutter trennte sich von meinem Vater, denn während sie mit drei kleinen Kindern zu Hause saß, nutzte er die Gelegenheit. Er lernte viele Frauen kennen, war begehrt, sah gut aus, verdiente viel Geld. Er war ein Hallodri. Er hatte das Recht auf die Kinder, weil sie ging. Er schickte uns nach Madrid, wo wir auf die Tanten verteilt wurden. Mein Bruder war da drei Jahre, meine Schwester sieben Jahre und ich sechs Jahre alt. Wir wurden in Madrid eingeschult, dann wieder ausgeschult. Dann ging es bald wieder zurück nach Hamburg, weil es zwischen ihnen wieder eine Weile gut ging, bis sie sich dann scheiden ließen und dann erst nach ungefähr acht Jahren wieder heirateten.«

Conchita Lopez erinnerte sich an ihre Jugend:

»Mein Vater war streng. Meine Schwester und ich lernten, dass man mit Jungs nicht spielt, Schminken war nicht erlaubt, kurze Röcke auch nicht, da gab es den Spruch zu hören: Ich dachte, ich hätte dir genug Geld gegeben, damit es für einen langen Rock reicht. Mein Bruder hatte alle Freiheiten. Wir hatten spät Freunde, und das war problematisch. Als ich meinen Vater mit meinem Freund in Spanien besuchen wollte, war die Antwort, dass ich es lassen sollte, er würde nicht lebend nach Deutschland zurückkehren. Das war sehr extrem. Ich brachte ihn aber mit, wollte sehen, was passiert. Meine Schwester war da ängstlicher. Mein Freund, der Spanier war, ist vor Angst fast gestorben. Aber er wusste, wie er mit meinem Vater umgehen musste. Er lernte ihn kennen, wir wohnten jedoch getrennt. Da war ich schon 18 Jahre alt. **Meinem Vater haben wir nicht wirklich widersprochen. Was er sagte, wurde gemacht.«**

Die Erfahrungen von Conchita Lopez mit ihrem Vater teilt sie mit anderen jungen Mädchen und Frauen, die in den 1960er Jahren heranwuchsen. Väter unternahmen nicht selten den Versuch, ihre Töchter mit Strenge und autoritärem Verhalten zu »erziehen«, weil sie über andere Möglichkeiten nicht verfügten, da sie meist selbst aus autoritären Elternhäusern stammten. Und die Töchter suchten Wege, sich zu entziehen. Auch dass verschiedene Messlatten angelegt wurden, die Söhne im Vergleich mehr Freiheiten genossen, war nicht ungewöhnlich.

Conchita Lopez war elf, als sich ihre Eltern trennten:

»Meine Mutter hatte es nicht leicht. Sie arbeitete. Das tat sie für uns, wir halfen zu Hause. Wir fühlten uns aber gut, denn in der Pubertät immer einen strengen Vater um sich zu haben, wäre nicht toll gewesen. Meine Schwester Carmen lernte mit 15 ihre große Liebe kennen. Mein Vater schickte sie nach Madrid, sie sollte zur Besinnung kommen. Dort hatte sie dann einen Spanier zum Freund, ohne Kontrolle. Später heiratete sie doch den Mann ihres Lebens. **Mein Vater hatte immer ein Auge auf uns. Ich glaube, er hatte ein Bild, das den spanischen Verhältnissen nicht mehr entsprach; die hatten sich auch schon verändert.** Als wir als Kinder nach Madrid fuhren, gab es noch ärmliche Verhältnisse. Wir brachten kofferweise unsere Klamotten für unsere Cousinen mit. Die waren froh, weil sie moderner waren. Aber die Zeiten änderten sich; ein paar Jahre später war das nicht mehr angebracht. Damals fuhr mein Vater Mercedes. Sie kamen alle rausgerannt, wir verteilten viele Küsse. Für uns Kinder war es eher anstrengend.«

Nach der Hauptschule begann Conchita Lopez 1979 mit 16 Jahren eine Lehre als Bürogehilfin in einer Autowerkstatt. Die Lehre brach sie ab, weil sie eine »furchtbare Chefin« hatte, die sie nicht akzeptierte, sie »triezte«. Manchmal musste sie sich morgens übergeben, aus Angst, in die Firma zu gehen. Zwar versuchte die Handwerkskammer zu vermitteln, sie woanders unterzubringen, aber es klappte nicht. Conchita fing bei der Hamburger Hochbahn an, wo sie bis 1989 blieb. Sie arbeitete als Datentypistin. Daten zum Beispiel von Lohnabrechnungen und »Schwarzfahrern« wurden damals noch auf Lochkarten gespeichert. Doch die Abteilung wurde aufgelöst, weil der Vormarsch der Computer ihre Arbeit überflüssig machte. Conchita erinnerte sich gern an ihre Tätigkeit dort und empfand es als Glück, in den Betriebsrat versetzt zu werden, um als Sekretärin zu arbeiten:

»Ich hatte einen tollen Job dort. Das Arbeitsklima war sehr gut. Damals hatte man als Hauptschülerin noch eine Chance unterzukommen, wenn man gut war. Das ist heute nicht mehr möglich.«

Ihre Zeit als Sekretärin im Betriebsrat war allerdings nur kurz, denn Conchita Lopez lernte ihren Mann kennen, der damals arbeitslos war. Sie wurde schwanger, und sie entschieden, sich in der Gastronomie selbstständig zu machen. Die Eltern besaßen zu dieser Zeit noch ein zweites Restaurant in Oststeinbek, das »Casa Ricardo II«, das ursprünglich für den Sohn gedacht gewesen war, der es etwa ein Jahr betrieb. Ricardo jr. war beliebt und soll ein »toller« Kellner gewesen sein, aber die kaufmännische Seite fehlte ihm. **Die Eltern wollten das Restaurant abgeben und fragten die Tochter. Das war die Chance für Conchita und ihren damaligen Mann.** Sie behielt noch eine Weile ihre Arbeit bei der Hochbahn, für den Fall, dass es mit der Gastronomie schiefgehen würde. Das »Casa Ricardo II« lief jedoch gut, sodass sie sich abends manchmal ein Kindermädchen nehmen konnte. Die Schwiegermutter kümmerte sich ebenfalls um die Tochter Jacqueline, die 1990 geboren wurde, und arbeitete im Restaurant mit. Dort arbeitete das Paar elf Jahre. Oststeinbek ist ein kleiner dörflicher Ort, wo jeder jeden kennt. Das Restaurant war Bestandteil des Sportplatzes mit Fußball- und Tennisplatz. Conchita Lopez:

»Nach dem Fußball oder Badminton aßen die Sportler überwiegend Currywurst mit Pommes, Würstchen oder Frikadellen; das war ihr Lieblingsessen. **Nach einigen Jahren konnte ich genau einschätzen, dass Helmut drei Frikadellen und Günther eine Currywurst Pommes rot-weiß bestellt.** Es gab auch Gulasch, Grünkohl, Toast-Hawaii, Mettwurstbrot und andere Kleinigkeiten. Es war okay. Es funktionierte, deutsche und spanische Küche, beides lief parallel.«

Conchita Lopez erinnerte sich an ihre erste Zeit in der Gastronomie und daran, wie der erste spanische Koch von heute auf morgen nicht mehr kam. Natürlich war das Restaurant voll:

**»Ich rief meinen Vater im ›Casa Ricardo I‹ am Hafen an. Ich lernte in endlosen Telefonaten von ihm Kochen.** Ich fragte, wie man eine Paella zubereitet, denn ich hatte keine Ahnung. Er gab mir telefonisch Anweisungen. Es funktionierte. Bis ich einen neuen Koch hatte, musste ich kochen. Das war hart. Es war nicht mein Traumjob. Mein Mann hat gekellnert und den Tresen gemacht, wir arbeiteten gut zusammen. Mit den Gästen saßen wir nachts noch zusammen. In einem kleinen Ort lernt man sich schnell kennen. Es entstand eine Mischung aus Gast und Freund. Wenn ich zurückblicke, fällt mir auf, dass sich vieles in den Familien wiederholt. Meine Tochter ist in die Gastronomie hineingewachsen. In Oststeinbek war sie im Geschäft oder auf dem Fußballplatz, heute macht sie bei mir im ›Casa Ricardo‹ im Hafen eine Ausbildung. Sie ist 20 Jahre alt. Meine Schwiegermutter kam wie mein Mann aus der Gastronomie, ebenso meine Eltern. Mein Mann hatte viel in Discotheken gearbeitet. Ich jobbte früher auch nebenbei, zum Beispiel im ›Bierdorf‹ oder ›Börsentreff‹ am Rathausmarkt. Ich war schon über 18 Jahre alt, als mein Vater da reinmarschiert kam, ich meine Sachen abgeben und mit ihm gehen musste. Er meinte, ich könne bei ihm arbeiten. Aber das wollte ich nicht. Ich war alt genug, ich wollte endlich selbst entscheiden.«

Im »Casa Ricardo II« in Oststeinbek boten sie, wie im »Casa Ricardo I«, die komplette spanische Speisekarte an. Wie ihr Vater schwärmt Conchita vom Madrider Cocido. Dagegen sei das Cocido galizischer Art etwas speziell, da es mit Schweineohren, -schnauze und -schwänzchen gekocht wird, was die Spanier angeblich mit Leidenschaft verzehren. Conchita Lopez:

»Wenn die Schweineschnauze aus dem Topf guckt, geht bei mir nichts mehr.«

Das »Casa Ricardo II« war einst auf der Ecke der einzige Spanier. Die Sportler aßen dort weniger, abends kamen andere Gäste. Sehr gern wurde Hähnchen in Knoblauch und Paella gegessen. Paella ist für Spanier ein Sonntagsessen; da sitzt am Nachmittag die ganze Familie beisammen. Conchita Lopez:

»Typisch ist die Paella Valenciana, mit Fisch, Meeresfrüchten und Hähnchen. Wenn die Leute es nicht kennen, empfehle ich, Fisch und Fleisch zu trennen. Wenn Asiaten zu uns kommen, bestellen sie immer Paella, weil ihnen Fisch, Meeresfrüchte und Reis vertraut sind.«

Das »Casa Ricardo II« in Oststeinbek lief nach Conchitas Aussagen sehr gut. Die Miete des Vereinshauses war günstig, und wenn Reparaturen anfielen, wurden sie von der Gemeinde übernommen. Der Bürgermeister war auch zufrieden. Das Ehepaar arbeitete dort bis 1999. Und dennoch spürte Conchita Lopez eine Unzufriedenheit, und es wuchs der Wunsch nach Veränderung. Das hatte etwas mit dem immer gleichen Alltag zu tun, mit denselben Menschen am Tresen und ihren Geschichten. Und sie spürte, dass ihre Ehe nicht mehr lief, wenngleich sie gut zusammenarbeiteten. Conchita Lopez:

**»Ich hatte es nicht mehr ertragen, es stimmte nicht mehr. Ich wollte Veränderung.** In jener Zeit wollten meine Eltern nach Spanien und das ›Casa Ricardo‹ am Hafen verkaufen. Sie konnten nicht mehr. Mein Vater war der Auslöser, weil sein jüngerer Bruder, der in Spanien lebte, gestorben war. Das erschreckte ihn. Mit einem Mal sah er, dass der Tod mitunter schnell kommt; der Bruder hatte auch viel gearbeitet. Sie wollten schnell verkaufen. Ich habe es ihnen abgekauft, es nicht geschenkt bekommen. Das war im Jahr 2000. Das passte gut. Ich fing gemeinsam mit meinem Mann im Hafen an. Es funktionierte zwischen uns aber nicht mehr, und der Laden konnte unsere Ehe nicht retten. Ich glaube, er wollte ganz raus aus der Gastronomie, und er hätte es lieber gesehen, wenn ich im Büro gearbeitet hätte. Dazu war ich nicht bereit. Ich verdiente in der Gastronomie besser, und es machte mir Spaß.«

Als Conchita Lopez das »Casa Ricardo« ohne einen Mann an ihrer Seite führte, machte sie schmerzhafte Erfahrungen in Sachen Akzeptanz, und das im Jahr 2000. Heute lacht sie darüber. Damals hatte sie einen außergewöhnlich guten portugiesischen Koch, der sie jedoch in der Rolle als Chefin nicht annahm. Er beanspruchte die Leitungsposition. Länger als zwei Jahre hatte sie Probleme mit ihm. Andererseits konnte sie sich nur schweren Herzens von ihm trennen, da der Ruf eines Lokals vom Koch abhängt. Conchita Lopez:

**»Ich musste meinen Vater aus Spanien einfliegen lassen, damit er meine Probleme mit dem Koch löst.** Mit seiner Frau, die in der Küche half, sprang er auch so um. Er war ein Choleriker. Ich kannte so was nicht, ich hatte immer meinen Mann an meiner Seite. Und als der nicht mehr da war, dachte wohl der Koch, er könne mit mir machen, was er wolle. Ich bekam ihn nicht in den Griff. Ein Beispiel: Das Trinkgeld wird zwischen Kellnern und Koch geteilt. Hatte der Kellner dem Koch nicht genug abgegeben, rächte sich dieser, indem er die Teller so heiß machte, dass der Kellner sie nicht anfassen konnte, sich die Finger verbrannte und sie quer durch das Restaurant flogen. Eine andere Variante war, dass er den Kellner lange aufs Essen warten ließ. Mein Vater kam aus Spanien, sprach mit ihm. Dann ging es eine Weile gut, aber im Grunde kam es für ihn nicht infrage, sich von einer Frau leiten zu lassen. Am Ende musste ich ihm doch kündigen. Es dauerte Ewigkeiten, bis ich jemand fand, der so gut kochte wie er.«

Conchita Lopez musste in der Gastronomie als Frau um Anerkennung kämpfen. Es gab Probleme, vor denen sie plötzlich allein stand, und die sie zuvor nicht kannte. Auch die Kosten explodierten, und mal musste der Kühlschrank, der Herd oder die Friteuse erneuert werden, Kosten, für die früher die Gemeinde Oststeinbek aufgekommen war. Positiv hob sie jedoch das Verhältnis zu ihrem ehemaligen Mann hervor, mit dem sie sich nach wie vor versteht, der sich um die Tochter kümmerte und zu dem sie guten Kontakt pflegt. Und auch ihre Eltern halfen ihr in den ersten Jahren immer wieder. Rief sie in Spanien an, kamen sie sofort, um die Tochter zu unterstützen. Und die Eltern freuten sich über die Abwechslung. Einen Wermutstropfen jedoch hatte die Unterstützung: Die Eltern führten das Restaurant, so wie sie es kannten und wollten, und die Tochter musste erneut um ihre Autorität fürchten. Da blieben Machtkämpfe nicht aus, die jedoch inzwischen beigelegt sind. Conchita Lopez ist gelassen:

**»Wenn mein Vater in den Laden kommt, ist er für das Personal eine Autorität. Er hat diese Ausstrahlung. Da kann ich inzwischen mit leben.** Das Personal kann mit der Situation gut umgehen. Es fragt auch, wann er kommt. Es mag ihn, weil er witzig und lebhaft ist.«

José, der Lebensgefährte von Conchita Lopez, ist seit einigen Jahren ebenfalls im Geschäft tätig. Zuvor war er fast 30 Jahre Automechaniker. Sein ehemaliger Chef soll ihn schon vermissen und besucht ihn ab und zu im »Casa Ricardo«. Abgesehen davon, dass Conchita Lopez keine Probleme mehr mit ihrem Auto hat, da José alles, was anfällt, repariert, weil er handwerklich begabt ist, fühlt er sich hinter dem Tresen wohl. Er kommt aus Galizien und schwört auf die dortige Küche und die Weine. Conchita Lopez:

»Die Scampis und Sardinen aus der Gegend sind schon fantastisch. Wir stellten den Einkauf etwas um; auch das übernahm er, weil er gut verhandelt. Er erleichtert meine Arbeit sehr, kennt sich mit Weinen aus, liest darüber viel. Für die Gäste ist es toll, weil er es verkörpert. Das spielt eine große Rolle in der Gastronomie. Es kommen oft Gäste, die sich auskennen. Dann spricht er mit ihnen über die Weine, darüber, aus welcher Region sie kommen. Wir lieben es, wenn wir ausgehen, gute Weine zu trinken; wir probieren vieles aus. Er ist nicht zu überbieten. Natürlich gab es anfangs Schwierigkeiten; er hat sich seine Rolle erst erarbeiten müssen.«

José musste sich anfangs bei Stammgästen und Personal um Akzeptanz bemühen. Conchita Lopez:

**»Einige hatten das Gefühl, dass er sich ins gemachte Nest setzt, obwohl ich ja keine Onassis bin.** Sie kannten ihn als Gast und dachten, er würde den Chef raushängen lassen. Aber die Möglichkeit hat man im Laden nicht; es gibt immer viel zu tun. Wir sind eine tolle Konstellation.«

Tochter Jacqueline absolviert in dem Lopez-Betrieb eine zweijährige Ausbildung, die sie als Voraussetzung braucht, um später Kindergärtnerin werden zu können. Die Erfahrung, mit Kindern zu arbeiten, machte ihr Spaß. Allerdings ist noch nicht sicher, ob sie sich letztlich für den Beruf entscheidet, weil die Verlockung des Geldverdienens in der Gastronomie groß ist, aber ebenso die Verantwortung. Conchita Lopez:

»Sie vertrat mich mal zusammen mit einem Kellner. Es traten Probleme in den drei Wochen auf. Ein betrunkener Koch, der nicht zur Arbeit kam, dem sie hätte kündigen müssen, der die Personalwohnung nicht verlassen wollte. Die Polizei musste eingeschaltet werden, dann noch ein Wasserrohrbruch. Das war viel Verantwortung. Sie sah, dass man eigentlich immer da sein muss.«

Jacqueline fühlt sich in der Gastronomie offenkundig wohl, die Gäste schätzen ihre freundliche Art. Dem langjährigen geschulten Blick der Mutter entgeht jedoch nichts. Sie sieht, wo die Tochter noch an sich arbeiten muss. Im Kern geht es um die Unterscheidung der jeweiligen Rolle. Im Restaurant ist die Mutter Chefin und die Tochter die Angestellte. Arbeiten sie zusammen, bleibt die Chefin zwar die Mutter, es ist aber kaum zu vermeiden, dass die verschiedenen Rollen nicht immer zu trennen sind. Zumal die Tochter nicht nur zwischen Mutter und Chefin zu unterscheiden hat, sondern auch ihr Verhalten gegenüber dem Lebensgefährten der Mutter austarieren und eine eigene Rolle gegenüber Gästen und Personal erst finden muss. Conchita Lopez meint, dass ihrer Tochter eigentlich nur Erfahrungen fehlen, die sie besser in einem neutralen Umfeld sammeln sollte, da sie gute Voraussetzungen habe, anpacken könne, und die Gäste von ihr sehr angetan seien. Manchmal mangele es ihr noch an Distanz und Respekt. Conchita Lopez:

**»Sagt sie doch glatt zu einem Kunden, der um die 70 Jahre alt ist und nach einem Löffel für seine Muscheln verlangt: Wissen Sie denn nicht, dass man Muscheln eigentlich mit den Fingern isst?** Die jungen Leute diskutieren so gern. Und wenn ich Gäste duze, heißt das nicht, dass sie es auch darf; das muss sie lernen. Gut ist ihre Neugier. Sie fragt meinen Partner, wie dieser oder jener Wein schmeckt, verkauft ihn, freut sich, gute Qualität zu verkaufen.«

Ein Restaurant hat nicht nur ein Binnenleben, sondern ist auch abhängig von seinem Umfeld. So attraktiv Hafen und Kiez für Gäste und Gastronomie sein mögen, so offensichtlich sind mitunter auch die Schattenseiten des Milieus. Ein Restaurant im falschen Umfeld oder mit falschen Freunden kann schnell in Verruf geraten. Vor einigen Jahren kamen manchmal vereinzelt Gäste, denen Conchita Lopez Drogenkonsum unterstellte, bei denen es ihr jedoch gelang, sie »auf nette Art zu entsorgen«. Auf die Frage, wie das gehe, antwortete Conchita Lopez:

»Mit Arroganz. Sie auf Abstand halten, sodass sie sich einfach nicht mehr wohlfühlen. Ich trat reserviert auf, erwähnte auch, dass ich Drogengegnerin bin, dass wir keine Probleme damit haben, einige Gäste bei der Polizei sind. Das ist die beste Methode.«

Conchita Lopez macht, wie ihre Eltern, in der Regel gute Erfahrungen mit Gästen. Sie ist stolz auf die »bunte Mischung«, die für Lebendigkeit bürgt. Vom Studenten über das junge Pärchen mit wenig Geld bis hin zu Gästen, die nicht darauf achten müssen, was sie ausgeben. Es kommen Leute, die etwas mit dem Hafen zu tun haben, Angestellte von Reedereien, Versicherungen und Touristen, die die Stadt erkunden. Fachmessen wie die Hanseboot oder die Internorga sorgen für Gäste, die gern auch das Hafenviertel besuchen. Es verkehren dort Barkassenführer, Kapitäne und Kartenverkäufer, die mitunter Touristen das »Casa Ricardo« empfehlen. **Der Anteil spanischer Gäste liegt etwa bei 20 Prozent.** Im »Casa Ricardo« verkehren Stammgäste, die im Sommer gern draußen sitzen. Das sind Nachbarn, die das Viertel mögen, Kapitäne, die in der Nähe wohnen. Der Kontakt zu den zahlreichen umliegenden portugiesischen und spanischen Restaurantbetreibern soll weniger konkurrenzhaft sein, als ich erwartet hatte, sondern eher entspannt und angenehm. Conchita Lopez:

»Es tut mir eher leid, wenn bei mir viel los ist und nebenan nichts, das kann aber am nächsten Tag andersherum sein. Woran das immer liegt, kann man nie genau sagen. Aber es spielt eine Rolle, dass der Mensch gern dort hingeht, wo schon andere sind, obwohl er nicht weiß, ob das Essen gut oder schlecht ist. Der Kontakt unter Spaniern und Portugiesen ist gut. Wenn etwas fehlt, hilft man sich gegenseitig aus. Am Sonntag ging mir der Salat aus. Es gibt auch einen Ehrenkodex, dass man kein anderes Restaurant im Viertel schlechtmacht. Einmal kamen Gäste zu mir, die in einem anderen Restaurant Stress hatten, und baten mich, die Polizei zu rufen. Das lehnte ich ab, aber ich bot ihnen mein Telefon an. Wenn sie selbst anrufen, ist es ihre Sache. Hätte ich angerufen, wäre ich in Verruf geraten. **Wenn man mal reden will, geht man ins Restaurant nebenan, isst dort, weil man sich im eigenen Laden nicht unterhalten kann; es ist immer irgendetwas.«**

Conchita Lopez hat im Vergleich zu früher auch Kleinigkeiten auf der Speisekarte und führte im »Casa Ricardo« an einem Tag in der Woche das Tapas-Buffet zu einem Festpreis ein. Der Koch hatte die Idee. Die Eltern waren anfangs skeptisch, aber die Gäste nahmen das Angebot an. Conchita Lopez:

»Die Gäste lieben das Buffet. Ohne Reservierung geht nichts mehr, das ist toll. Das Essverhalten hat sich etwas verändert, die Leute greifen gern mal hier und da zu. Und wenn ich weiß, dass die Gäste Scampis im Speckmantel lieben, dann biete ich sie an, oder wenn sie sich Paella wünschen, dann steht eine Paella-Pfanne auf dem Buffet. Es steht auch Nachtisch und Cocido auf dem Buffet. Der Eintopf ist bei Leuten, die die spanische Küche kennen, sehr beliebt. Einige Gerichte, die noch auf der Karte meiner Eltern standen, mussten wir runternehmen. Chateaubriand oder Seezunge zum Beispiel können sich nur die wenigsten erlauben. Wenn sie es wünschen und man vorher drüber redet, ist es natürlich da. Eine gute Nordseezunge mit viel Fleisch dran liegt preislich bei 28 Euro. Wenn man sie woanders für 13 Euro bekommt, kommt sie aus anderen Gewässern, und es ist nicht viel dran. Die Einführung des Euros bekam ich auch zu spüren. Viele glaubten, ich müsse mit den Preisen runter. Dann kann ich aber keine so gute Qualität liefern. Ich stelle aber fest, dass Qualität gefragt ist. Das kann sich zwar nicht jeder leisten, aber wir bieten auch Kleinigkeiten an. Datteln im Speckmantel, Tortilla, gefüllt mit Chorizo, Schinken oder Gemüse, Champignons in Knoblauch. Vegetarisches, die Nachfrage wird immer größer. Wenn Leute bei uns feiern wollen, gibt es vorweg häufig Tapas. Die entscheiden manchmal erst danach, ob und was sie noch essen wollen. Gelobt werden wir häufig für unsere Calamares. Da gibt es einen Trick, um sie zart zu machen. Die haben eine hauchdünne Haut, die abgezogen werden muss. Das ist eine fürchterliche Arbeit, die keiner gern macht. Aber dann erst sind sie zart. Paella wird nach wie vor gern und viel gegessen.«

Conchita Lopez weist auf einen interessanten kulturellen Unterschied zwischen Deutschen und Spaniern hin:

**»Der Deutsche kommt ins Restaurant, setzt sich, liest die Speisekarte und bestellt. Der Spanier kommt ins Restaurant, setzt sich an den Tresen, bestellt ein Getränk und guckt, ob ihm der Laden gefällt.** Dann fragt er, ob ein Tisch frei ist, und dann dauert es, bis er sich entscheidet. Als Kellner möchte man den Gast schnell bedienen, das braucht man bei Spaniern nicht. Ich hatte letztlich sechs Spanier, ein Geburtstag. Ich glaube, ich war viermal am Tisch. Irgendwann nahm der Sohn die Sache in die Hand und bestellte für die ganze Familie. Im Vorfeld gab es lange Diskussionen. Für mich ist das okay. Es ist toll, wenn sich die Leute Zeit fürs Essen nehmen. Das gehört dazu. Spanier sind natürlich der Meinung, dass sie die spanische Küche kennen. Deshalb wird keine Bestellung ohne Extrawünsche aufgegeben. Einem Spanier braucht man zum Beispiel kein Gemüse auf den Teller zu legen, da er an Salat interessiert ist. Ich frage immer vorher, ob sie nicht lieber eine Salatplatte wollen, weil sie daran mehr Freude als an Gemüse haben, was sie liegen lassen. Und der Spanier diskutiert immer über das Essen. Darüber, wie es zubereitet wird, über die regionalen Unterschiede, über Weine. Ich erinnere ein Gespräch zwischen einem Spanier und einem Portugiesen. Der Portugiese meinte, dass die portugiesischen Sardinen besser sind als die spanischen. **Ich fragte, ob die Sardinen an der Grenze auseinanderschwimmen würden.«**

## Paella »Valenciana« *(für 4 Personen)*

| | |
|---|---|
| 4 | *Gambas ohne Schale* |
| 4 | *Gambas mit Schale* |
| 2 | *rote Paprika* |
| ½ | *Hähnchen* |
| 2 | *Schweineschnitzel* |
| ½ | *kleine Dose geschälte Tomaten* |
| 2 | *Calamares-Tuben* |
| 1 | *Handvoll Tiefkühl-Erbsen* |
| 1 | *Handvoll Venusmuscheln* |
| 1 | *Handvoll Miesmuscheln* |
| 3 | *Tassen Paellareis* |
| 9 | *Tassen Fischfond* |
| ½ TL | *Safran (oder Safranersatz)* |
| | *Olivenöl zum Braten, Knoblauch, Salz, Pfeffer, Zitrone* |

- Hähnchen in mundgerechte Stücke teilen, Schweinefleisch in kleine Stücke schneiden.
- Die Gambas ohne Schale klein schneiden und mit klein geschnittenem Knoblauch in Olivenöl in einer ofenfesten Pfanne anbraten. Gambas herausnehmen und zur Seite stellen.
- Paprika klein schneiden und in derselben Pfanne anbraten.
- Fleisch hinzufügen und anbraten.
- Geschälte Tomaten unterrühren.
- Nach ca. 4 Minuten die klein geschnittenen Calamares-Tuben untermischen.
- Mit Salz und Pfeffer abschmecken.
- Die gesäuberten Venusmuscheln untermischen.
- Paellareis hinzufügen.
- Den Safran mit dem Fischfond vermischen und unterrühren. Evtl. etwas Wasser nachgießen, wenn die Paella zu trocken ist.
- Die Paella mit den gut gesäuberten Miesmuscheln, den grünen Erbsen und allen Gambas dekorieren und die Pfanne noch ca. 20 Minuten bei 180 Grad im Ofen zu Ende garen, bis sie oben trocken scheint.
- Mit einer frischen halben Zitrone servieren.

## Casa Ricardo

Rambachstraße 7
Hamburg-Neustadt
Mo bis Fr 15–24 Uhr
Sa 16–24 Uhr
So 12–24 Uhr
Tel. 040/314172
www.casaricardo.de

Restaurant Bangkok

Hamburg-Uhlenhorst

**Mantien**

BOLS

Mantien

## »Das Restaurant war mein Reistopf, von dem ich die letzten 15 Jahre meine Familie ernährt habe«

*»Ich habe das Gefühl, dass ich dich zum Interview mehr überredet als überzeugt habe.«*

»Musst du nicht, es ist schon okay. **Mir gehen nur viele Sachen durch den Kopf, die ich lösen muss. Außerdem sagt ein Thai immer Ja, weil er nicht Nein sagen kann.«**

*Mantien – der Name ist ein Pseudonym und war der chinesische Vorname seines Großvaters – verbrachte Kindheit, Jugend und die Zeit seines ersten Studiums in Thailand, das zweite Studium, sein Berufs- und Familienleben in Deutschland. Die Kulturen beider Länder sind ihm vertraut, sodass er sich hier wie dort auf sicherem Terrain bewegt. Mantien befindet sich in einer Umbruchsituation. Er ist 59 Jahre alt und hat in Deutschland Karriere gemacht: Studium, Promotion, leitender Angestellter in einer Bank, Restaurantbesitzer. Sein Restaurant in der Innenstadt glich einer Oase der Ruhe, geschmackvoll ausgestattet mit natürlichen Elementen wie Holz, Bambus, Figuren aus der Welt des Buddhismus. Wasser plätscherte dezent in einem Teich. Die Küche dort war überdurchschnittlich gut, das Essen leicht, die Bedienung freundlich und zurückhaltend. Ein Ort, zugeschnitten auf gestresste Angestellte und Unternehmer, die sich gern die Zeit nahmen, einen Moment in dieser Atmosphäre zu verweilen. Doch Zeiten ändern sich. Auch der Augenblick des Verweilens steht im Turbokapitalismus zur Disposition. Da Zeit angeblich Geld ist, tut es mittags auch der schnelle Imbiss. Das verlangte nach einem neuen Konzept. Schade, aber vielleicht unvermeidlich. 2006 gab Mantien das Restaurant auf und eröffnete 2008 auf der Uhlenhorst zwei kleinere Restaurants, die nicht so personal- und kostenintensiv sind. Inzwischen trennte er sich wieder von einem, und es ist fraglich, ob er sich nicht ganz aus der Gastronomie zurückziehen wird. Wahrscheinlich geht es Mantien nicht allein darum, ein neues Konzept umzusetzen. Denn ökonomische Veränderungen, gewandeltes Konsumverhalten und eine gewisse Desillusionierung nach einem erfolgreichen Arbeitsleben sind Grund genug, um über die Zukunft, die über ein Berufsleben hinausreicht, nachzudenken. Mantien weiß und fühlt es. Er ist auf der Suche.*

*Mantien wurde 1952 etwa 800 km südlich von Bangkok in einer Kleinstadt mit etwa 15.000 Einwohnern in der Provinz Surat Thani geboren. Surat Thani heißt auch die Hauptstadt der gleichnamigen Provinz. Ihren heutigen Namen erhielt die Stadt 1915 von König Rama VI. und bedeutet etwa Stadt der guten Menschen, weil ihre Bewohner buddhistischen Glaubens sind (94 Prozent der Bevölkerung sind Buddhisten). Sie liegt an der Ostküste am Golf von Thailand, inmitten einer fruchtbaren Ebene an der Mündung des Flusses Tapi. Von zentraler wirtschaftlicher Bedeutung sind heute Bergbau, Holzhandel, Fischerei und Tourismus. In den 1950er Jahren lebten die Menschen in der Kleinstadt hauptsächlich von Landwirtschaft, Fischerei und Handel. Mantien ist dort bis zur zehnten Klasse zur Schule gegangen. Eltern, Geschwister und ein Teil der Verwandten lebten im Zentrum an der Hauptstraße, die viele Einkaufsmöglichkeiten bot. Er wuchs in einer ländlichen Umgebung auf. Die Familie verfügte über ausreichend Grund und Boden sowie Vieh. Es ging ihr wirtschaftlich gut. Mantiens noch junger Vater löste sich aus seiner Familie und suchte nach einer eigenen wirtschaftlichen Existenz. Erst betrieb er vom Boot aus Handel mit Gebrauchswaren, später erlernte er das Schneiderhandwerk und eröffnete eine Schneiderei. Die zunehmende industrielle Fertigung von Textilien führte zum Entschluss, sich wieder der Landwirtschaft zuzuwenden. Auf seinen Plantagen baute der Vater vorzugsweise Kautschuk und Früchte an. In seiner letzten Lebensphase widmete er sich der Medizin, beschäftigte sich mit Naturheilkräutern. Das hatte ihn zuvor auch schon fasziniert, aber gegen Ende seines Lebens rückte das Hobby in den Mittelpunkt.* **In Mantiens Leben spielten der Vater, aber auch die Erzählungen über den Großvater, den er nicht mehr kennenlernte, eine bedeutende Rolle.** *Der Großvater war bereits sehr jung, noch vor der Geburt seines Sohnes, gestorben. Aber Mantiens Vater, der chinesischer Abstammung ist, hielt das Andenken an den Großvater aufrecht. Es entspricht der chinesischen Tradition, die Vorfahren im Geiste mit einzuschließen. Mantien erzählte von seinem Vater, der 85 Jahre alt wurde und, ebenso wie der Großvater, inzwischen längst verstorben ist:*

»Mein Vater war lernwillig und intelligent. Systematische Bildung hatte er wenig, die Schule besuchte er höchstens bis zur vierten Klasse. Er ging einige Monate in den Tempel. Jeder Thai, so unsere Kultur, geht vor der Heirat in den Tempel, um ein vernünftiger Vater zu werden. Das stammt aus einer Zeit, als die Schule noch nicht flächendeckend verbreitet war. Die jungen Männer sollten noch etwas lernen. Es wurden dort auch Moralvorstellungen und allgemeine Werte vermittelt. Das war damals Tradition.«

*Die buddhistischen Tempel sind zugleich Klöster, in denen Mönche leben. Von männlichen Thais wird mehr oder weniger – auch diese Tradition verliert mit der wirtschaftlichen Entwicklung an Bedeutung – erwartet, dass sie einige Monate dort verbringen. In Mantiens Jugend gab es noch eine enge Verbindung zu Klöstern. Sie spielten im sozialen Leben eine große Rolle, besonders in ländlichen Gebieten. Dort übernahmen sie die Funktionen von Schulen, Krankenhäusern und Altersheimen. Jedoch herrscht im heutigen Thailand prinzipiell eine strikte Trennung zwischen Staat und Tempel:*

**»Mein Vater wusste viel über Religion, Gesetze und Gesellschaft, man konnte über alles mit ihm sprechen. Er besaß Bücher und auch ein bibelartiges Buch von Opa; es lag in den oberen Gebetsräumen.** Ich las darin über Rezepturen, welche Medikamente bei bestimmten Krankheiten zu verabreichen sind. Sie sind nicht auf Papier, sondern auf Palmenblättern geschrieben und wurden auf einem Regal aufbewahrt. In dem Buch steht auch etwas über rechtliche Angelegenheiten und über die Stadtverwaltung. Sehr interessant. Auch wie man ein Haus baut, in welche Richtung, und worauf zu achten ist. Faszinierend. Es beeindruckt mich: Recht, Gesetze, ihre Auslegungen, Kultur, Mythen, sehr verschiedene Dinge, die man im Leben braucht. Ich weiß nicht, wer es aufgeschrieben hat. Das Buch ist zur Weitergabe an die nächste Generation gedacht. Das Wissen wurde bewahrt, schon von meinem Opa, der noch vor der Geburt meines Vaters verstorben ist. Mein Vater hat ihn in Gebete immer mit eingeschlossen. Besonders zum chinesischen Neujahrsfest. Das wird mit allen Familienmitgliedern groß gefeiert. In manchen Asien-Läden, auch in Hamburg, stehen auf dem Boden kleine farbenfrohe Häuschen mit Kerzen. Sie stehen dort im Gedenken an die Vorfahren.«

*Was hat dein Vater gemacht?*

»Mein Vater hat als Kind in der Landwirtschaft gearbeitet. Sie hatten 70 Wasserbüffel, das war viel. Mein Vater trieb die Herde auf den Reisfeldern, er war Wasserbüffel-Boy. Man pflügte nicht, sondern ließ die Wasserbüffel die Erde lockern, bevor man säte. Mit 20 bis 30 Büffeln braucht man keinen Pflug mehr. Da reichen ihre Hufe und ihre Schwere. Man aß auch ihr Fleisch. Die

Felder waren groß. Wir hatten damals keine Kühe. Heute schon. Im Hinblick auf Bildung hatte mein Vater keine Chance. Auf dem Land waren die Kinder als feste Arbeitskräfte eingeplant. Er war der älteste Sohn und musste es tun. Es waren wohlhabende Bauern durch die Mutter meines Vaters. Im Laufe der Zeit wurde der Besitz jedoch kleiner, durch Teilung an die Erben. Mein Vater heiratete früh, vielleicht war er 20. Sein späterer Vater war nur der Stiefvater. Er hatte noch fünf Geschwister, deshalb musste er sich zeitig eine eigene Existenz aufbauen. Ich kenne den Stiefvater nur im angetrunkenen Zustand, deshalb akzeptierte ich ihn nicht. Auf jeden Fall ging mein Vater in jungen Jahren irgendwann weg und machte sich selbstständig. Mit einem Segelboot war er unterwegs und hat Reis, Krabbenpaste und alles, was man in den Dörfern am Fluss brauchte, vom Boot aus verkauft. Es gibt dort viele Flüsse. Er musste erst einmal zum Meer, also zum Golf von Thailand. Aber im Fluss kann man nicht segeln. Und in meiner Jugend gab es keine Motorboote, also musste man mit langen Holzstangen, stehend die Kraft des Körpers einsetzend, staken. Es wird mit dem Körper balanciert, die Holzstangen sind etwa dreieinhalb Meter lang. Es erinnert ein bisschen an die Gondeln in Venedig. Die Körperarbeit und die langen Stöcke. Ich erinnere mich noch an das Boot, ich spielte darin. Am Ende haben wir das Holz des Bootes verfeuert. Es war vergammelt, weil es im Wasser am Fluss lag. Er hatte mit dieser Phase seines Lebens, also mit der Versorgung der Dörfer, mit dem Handel, abgeschlossen.«

*Erzähle mir von dem Dorf und dem Haus, wo du aufgewachsen bist.*

»Mein Vater wurde sesshaft, hat das Haus gebaut, in dem wir lebten, das Holz selbst im Wald geschlagen. Viele Jahre später ist es von einer Schwester renoviert worden. Es gefiel mir vorher besser. **Das Dorf war sehr schön. Jeder hatte vorn eine Art Terrasse, überdacht, und saß vorm Haus und zeigte somit Kommunikationsbereitschaft. Die Deutschen sitzen eher hinten im Garten, sie brauchen eine ruhige Ecke.** Wir hatten solche Ecken nicht. Heute ist es vielleicht wieder anders. Er lernte das Schneiderhandwerk und eröffnete eine Schneiderei. Er hat für Männer Hemden, kurze und lange Hosen genäht. Anzüge trug man damals bei uns in der Kleinstadt nicht. Meine Tante, seine Halbschwester, hat nebenan für die Frauen geschneidert. Mein Vater hatte ein Grundstück gekauft und es mit ihr geteilt. Sie half zunächst meinem Vater und machte sich dann nebenan selbstständig. Bei uns standen fünf Nähmaschinen, und wir brauchten fünf Beschäftigte. Die Tante durfte sie auch nutzen, auch andere Angestellte, andere Familienmitglieder. Heute gibt es in meinem Dorf keine Schneiderei mehr. Sie sind wegen der Industrialisierung nicht mehr gefragt. Mein Vater gab die Schneiderei auf. Es zog ihn wieder auf die Plantagen: Kautschuk, Orangen und Bananen, von denen er leben konnte; die Grundstücke besaß er schon. In den Schulferien habe ich auf den Plantagen geholfen, bis zum Abitur. Ich verkaufte damals. Es war mühsam. Der Verkauf war eher Frauensache. Ich ging die Straße entlang und fragte jeden, ob er Obst kaufen wolle. Die Leute kannten mich und kauften. Hinter dem Haus hatten wir Schweine und Hühner.«

*Woran kannst du dich in deiner Kindheit besonders erinnern?*

»An die Schattenspieler, den Fluss und die Wasserbüffel. Der Schattenspieler kannte unendlich viele Geschichten und spielte alle Rollen; manchmal spielte er die ganze Nacht. Er brauchte die Dunkelheit. Es war ein tolles Erlebnis. Vom Haus aus waren es nur ein paar Schritte zum Fluss. Damals konnte man in der Regenzeit in ihm spielen und schwimmen. Im Sommer hat er weniger Wasser. Es ist damals wie heute sauber, vielleicht ein bisschen biologisch unsauber, aber nicht chemisch. Der Fluss war unser Spielplatz, vor der Schule und abends. Es war gut, in ihm zu toben, wegen der Hitze. **Ich möchte gern mal in die Vergangenheit zurückreisen. Manchmal suche ich die Wasserbüffel auf den Reisfeldern, aber ich habe sie nicht mehr gefunden.«**

*Wie sah es denn mit Schule aus?*

»Mein Vater hat mich bis zum Abitur finanziert. Zunächst machte ich das Fachabitur in Landwirtschaft, auf der Landwirtschaftsschule; das war etwa 200 km von Surat Thani entfernt. Ich bin mit knapp 16 weg von meinem Vater, ich wollte zur Schule. Man muss ja weg, ich wollte was sehen. Die Frage ist doch, was man macht. Entweder ich bleibe bei meinem Vater mit knapp 16 und mache Landwirtschaft, oder ich gehe weiter zur Schule. In unserem Ort war es üblich, dass viele Kinder die weiterführenden Schulen besuchten und studierten. Das war ein Phänomen. Fast zehn Leute aus meinem kleinen Dorf haben promoviert. Das ist viel.«

*Wie erklärst du dir das?*

»Ich glaube, das hängt damit zusammen, dass das Gebiet wirtschaftlich damals wie heute interessant ist. Viele natürliche Ressourcen. Bildung genießt in Thailand hohes Ansehen, nicht nur Geld allein. Bildung stellt einen Wert dar, gehört auch zum Reichtum. 20 Meter von unserem Haus entfernt leben entfernte Verwandte, ein Arzt. Sein Bruder erhielt ein Stipendium vom Königshaus, studierte Ingenieurwissenschaften in den USA, promovierte und arbeitete zuletzt in Thailand bei einer amerikanischen Firma. Es gibt dort viele Leute mit Studium. Einer aus dem Dorf soll jetzt in Kiel sein, hat dort Medizin studiert, ist nicht nach Thailand zurück. In den 1960er Jahren und noch heute gab und gibt es das Bedürfnis nach Bildung. In Südthailand ist es anders als im Norden. Der Süden ist ein Ort der Ankunft von Chinesen und Indern. Sie kommen mit dem Boot aus ihren Heimatländern. Wir mit unseren chinesischen Wurzeln sind anders als Thais. Die Leute im Süden investieren in Bildung. Sie geben viel auf, um ihren Kindern eine Zukunftschance zu bieten. Es gibt in Thailand viele Privatschulen; der Staat allein deckt das Bildungsbedürfnis nicht. Die Familien verkaufen auch ein Stück Land, damit die Kinder in Bangkok studieren können. Ob die Kinder das nutzen, ist eine andere Frage. Die Leute im Nordosten leben mehr in Armut. **Die innere Kraft muss man selbst entwickeln. Da bin ich meinem Großvater und Vater sehr dankbar, dass sie selbst die Kraft hatten und sie sich auf mich übertragen hat.«**

*Mantien erwähnt den Süden Thailands als Ankunftsort von Chinesen und Indern. Die Mehrheit der Auslandschinesen, etwa 27 Millionen, siedelt in asiatischen Ländern, besonders in Südostasien, wo es etwa 20 Millionen sind. Diese Region ist das älteste Ziel chinesischer Migration. In Thailand leben etwa zehn Prozent Chinesen; sie bilden die größte Minderheit. Mantien bezieht sich häufig positiv auf seine Ahnen. Viele Chinesen pflegten in der Diaspora ihre Traditionen, die für einen gewissen Zusammenhalt sorgten. Buddhistische chinesische Mönche waren die Ersten, die nach Südostasien kamen. Später, vor Jahrhunderten, nutzten chinesische Kaufleute den Nordostmonsun, auch »Handelsmonsun« genannt, segelten mit ihren Dschunken nach Südostasien und steuerten andere Länder an, in denen sie längere Zeit blieben und sich auch niederließen. Es entstanden Händlerdiasporen und größere Städte, in denen Chinesen im Laufe der Zeit eine wichtige Rolle spielten. Meistens wanderten männliche Chinesen aus, die häufig einheimische Frauen heirateten, deren Kinder später die Chance eines gesellschaftlichen Aufstiegs hatten. Obwohl seit Jahrhunderten Chinesen ihr Land verließen, hielt sich ihre Anzahl in einem bescheidenen Rahmen. Die größte chinesische Auswanderungswelle begann mit der europäischen Kolonialherrschaft in Südostasien im 19. Jahrhundert. Das gewaltige Interesse der Europäer an dortigen Rohstoffen erforderte ein riesiges Heer an Arbeitskräften (Kulis), um diese abzubauen. Von nun an arbeiteten Chinesen nicht nur als Händler und Bauern in der Landwirtschaft und auf den Plantagen sowie in der Forstwirtschaft, sondern auch in den Minen und im Bergbau. Ihre Anpassungsbereitschaft ist ein wesentlicher Grund, weshalb Thailand als das Land in Südostasien gilt, wo die Assimilierung der Chinesen am besten gelungen ist. Das trifft besonders für die Kinder aus Verbindungen zwischen Thais und Chinesen zu. Man nennt sie »Lukjeen«, im Land geborene Kinder. Sie tragen thailändische Namen, sprechen Thai, bekennen sich zum Buddhismus und orientieren sich an den Normen des Mutterlandes. Dennoch gab es Zeiten, in denen Chinesen zu Opfern von Diskriminierungen wurden, z.B. nach dem Sieg Mao Tse-tungs 1949 in China und der Propagierung eines asiatischen Weges in den Kommunismus. Das löste Anti-Chinesen-Kampagnen in Thailand aus, die sich während des Vietnamkriegs verschärften. Die Regierung empfahl den Minderheiten, ihre Namen in thailändische umzuwandeln. Mantiens Familie ließ ihren chinesischen Namen entsprechend ändern.*

*Damals wie heute suchte Thailand das politische Bündnis mit den Vereinigten Staaten von Amerika. Das Militär unterstützte die USA im Korea- und Vietnamkrieg. Die Amerikaner nutzten die Flughäfen und stationierten Truppen in Thailand. Obwohl es immer wieder zarte demokratische Ansätze gab, die politisch erst durchgesetzt werden müssen, wie auch in jüngster Zeit, ist die moderne Geschichte Thailands von Militärregierungen geprägt und vom Kampf konkurrierender Eliten um Macht und Einfluss. Nach dem Vietnamkrieg hat Thailand wieder diplomatische Beziehungen zu China aufgenommen, die stetig besser werden. Vielleicht nicht zuletzt wegen der Thais mit chinesischen Wurzeln, die sich wirtschaftlich und politisch überproportional im Land behaupten können.*

*Was hat dein Vater noch gemacht?*

**»Er hatte sich in seiner letzten Lebensphase besonders intensiv mit Heilkunde beschäftigt.** Er trocknete Wurzeln und Kräuter und mahlte sie. So entstand ein Pulver. Zunächst tat er es für sich. Da viele Leute nachfragten, verkaufte er die Medizin auch. Die Pflanzen sammelte oder kaufte er. Unsere Medizin dient mehr der Prävention, auch der Heilung natürlich, aber mehr der Prävention. Ich kann dazu eine lustige Geschichte erzählen. Für den Aufbau meines Restaurants haben wir viele Handwerker aus Thailand kommen lassen. **Wir hatten Medizin gegen Kopfschmerzen, Fieber und Durchfall gekauft. Falls etwas ist, wenn die Handwerker hier sind.** Manche kamen aus Bangkok, manche aus der Provinz. Mein Halbbruder hatte die Organisation übernommen und die Medikamente gekauft. Bevor sie aus Bangkok abflogen, haben sie die Medikamente eingenommen. Alle, bevor sie etwas hatten, als Prävention, alles eingenommen. Leute aus meinem Dorf nehmen sie ein wie Vitamine. Mein Vater stellte Mittel für gute Durchblutung, Verdauung und Kreislauf her, die man ein- oder zweimal die Woche einnehmen sollte. Die Wirkung seiner Medizin hatte sich herumgesprochen. Einmal war eine Frau bettlägerig, nicht alt. Sie hatte seine Medikamente genommen und konnte nach einigen Monaten wieder aufstehen. Aus ihrem Dorf kamen Leute, um meinen Vater kennenzulernen. Sie waren dankbar, weil ihr zuvor nichts half. Mein Vater war mal in den 1990er Jahren sehr krank, lag auf der Intensivstation, kurz nach der Eröffnung meines Restaurants. Ich flog hin. Herzstillstand, er hatte keine große Überlebenschance. Aber er wurde wieder gesund. Ich vermute, dass er von den chemischen Medikamenten, die er zuvor nahm, krank geworden ist, dass sie zum Herzstillstand führten. Als er sich wieder erholt hatte, spendete er an das Krankenhaus zwei medizinische Betten, aus Dankbarkeit. Heute dürfte er keine Medizin mehr machen. Die Regierung hat die Kontrolle, damit kein Missbrauch entsteht. Nach dem Tod meines Vaters hat meine Schwester das Wissen und die Rezepturen meines Vaters übernommen. Ich denke, dass auch schon mein Großvater über dieses Wissen verfügt hatte. Er war sozusagen der Medizinmann in seinem Dorf. Mein Vater erfuhr nicht mehr, dass seine Tochter in seine Fußstapfen trat, weil er zuvor starb. Vielleicht suchte sie eine neue Aufgabe. Auf jeden Fall finde ich es gut, dass sie es macht. Das Wissen sollte nicht verloren gehen. Ich hatte ihn mal gefragt, woraus seine Medizin besteht. Er hatte mir, ohne nachzuschlagen, 42 Bestandteile aufgezählt. Das verblüffte mich, da war er schon fast 80. Diesen Zettel habe ich meiner Schwester gegeben. Sie hat sich schon im Ministerium registrieren lassen, damit sie die Medikamente mischen und verkaufen kann.«

*Hattest du ein gutes Verhältnis zu deinem Vater. Mochtest du ihn?*

»Hm, ich würde es anders formulieren. **Mein Vater war ein ehrlicher, aber autoritärer Mensch. Stur, es war schwer, ihn zu etwas zu bewegen. Aber wenn ihm jemand die Meinung sagen konnte, dann war ich es.** Wir hatten ein Vertrauensverhältnis. Ich war sein erster Sohn. Es gibt eine Redewendung:

Wenn du drei Söhne hast, kommst du in den Himmel. Vielleicht wertschätzen die Chinesen ihre Söhne mehr als ihre Töchter. Ich weiß, dass er mich geliebt hat, obwohl er es mir nie sagte. Thais sprechen nicht so oft über Liebe und Glück wie die Europäer. Wir sind nicht romantisch. Das sehen wir nur in Filmen. **Auch meine Frau wird sehr gelitten haben wegen mangelnder Romantik. Mein Vater und meine Mutter sagten uns Kindern nie, dass sie uns lieben.** Aber mir fehlte nichts. Es gab im Alltag keine Emotionalität. Thais umarmen sich in der Öffentlichkeit nicht, auch wenn sie sich lieben.«

*Du hast mir viel vom Großvater und Vater erzählt. Hast du auch eine Mutter?*

»Vermutlich *(er lacht)*. Die Erinnerung an meine Mutter ist nicht so lebhaft, weil sie als Lehrerin berufstätig war. Sie ist vor einigen Jahren gestorben. Sie wurde auch in Surat Thani geboren, nicht weit entfernt von dem Dorf, in dem ich großgeworden bin – man kann zu Fuß dort hingehen. Eine Stunde. Sie hat dort in ihrem Dorf unterrichtet.«

*Hat sie studiert?*

»Nein. Damals konnte man unterrichten, wenn man bis zur zehnten Klasse zur Schule gegangen ist. Meine Mutter war gebildeter als mein Vater. Sie musste in ein anderes Dorf, um weiter zur Schule zu gehen. Wo sie geboren wurde, konnte sie nur bis zur vierten Klasse gehen. Sie lebte bei ihrer Mutter. Abseits vom Zentrum konnten die Kinder nicht in die Schule gelangen. Es gab damals keine Verkehrsverbindungen, die Kinder mussten bei Verwandten leben. Das Boot fuhr nur nachts in den nächsten Ort, wegen Ebbe und Flut. Es war nicht nur eine Kostenfrage, sondern umständlich, irgendwo hinzukommen.«

*Warum hat die Familie ein Mädchen zur Schule geschickt?*

»Die Mutter meiner Mutter hatte nur die eine Tochter. Deshalb haben meine Großeltern wohl Wert darauf gelegt, dass sie eine gute Schulbildung erhielt. Der Opa kam auch aus einer Familie mit relativ hohem Bildungsstand. Meine Mutter war das einzige Kind in ihrem Dorf, das eine höhere Schulbildung hatte. Ich erlebte sie nur kurz morgens; dann ging sie in die Grundschule, um zu unterrichten. Mein Vater arbeitete zu Hause in der Schneiderei. Er führte das Geschäft. Sie war außer Haus.«

*Wer hat dich versorgt?*

»Mein Vater hat viel gemacht. Aber es war ja nicht nur mein Vater im Haus, als ich klein war. Es gab Personal und Verwandte, die bei uns wohnten.

Meine Tante hat auch zuerst bei uns gewohnt. Viele haben sich gekümmert. Mein Vater konnte auch kochen. In unserer Familie haben nicht nur die Frauen gekocht. Meine Mutter hat keine chinesischen Wurzeln. Sie ist eine Thai. Ich habe sie nie als Hausfrau erlebt. Es gab nicht viele Frauen, die außerhalb des Hauses arbeiteten, einige in der Schule oder in der Verwaltung. Damals war es etwas Besonderes, dass meine Mutter Lehrerin war. Als sie meinen Vater heiratete, war sie von einem anderen Mann schwanger. Zwillinge. Ich bin mit ihnen wie mit Geschwistern aufgewachsen. Die Kinder wurden ehelich geboren. Das erfuhr ich erst spät. **Ich weiß nicht, ob mein Vater es gern sah, dass sie berufstätig war, aber es gab häufig Krach zu Hause. Sie war gebildeter als er.** Er ging auch nicht gern dorthin, wo sich meine Mutter gern bewegt hätte. Ich glaube, das gab Anlass zum Streit. Dadurch erlebte ich schon früh die Trennung meiner Eltern; da war ich etwa in der dritten oder vierten Klasse. Ich pendelte zwischen Vater und Mutter hin und her. Meine Mutter lebte auch einmal gegenüber im Haus, später in einem anderen Dorf, zuletzt in Bangkok. Mit meiner Mutter lebte ich während der fünften und sechsten Klasse zusammen. Zwei Jahre. Ich ging im Zentrum von Surat Thani zur Schule. Meine Schwestern auch. Meine Mutter arbeitete in der Schule dort. Später hat sie Versicherungen verkauft und gut verdient. Da versorgte uns die Oma. Sie setzte den Akzent auf Bildung. Mein Vater war für Handwerkliches und die Landwirtschaft zuständig. Nach zwei Jahren bin ich zurück zu meinem Vater. Das war gut, dort lebte ich vier Jahre. Das war eine Absprache zwischen meinen Eltern. Mal hatte er eine Frau, mal nicht, mal eine Freundin. Dort konnte ich bis zur zehnten Klasse in die Schule gehen.«

*Hat deine Mutter wieder geheiratet?*

»Nein. Sie hatte mal einen Freund, lebte aber mit keinem mehr zusammen. Die Gesellschaft hat das wohl nicht gern gesehen. Männer konnten machen, was sie wollten. Wir nahmen nicht wahr, ob es jemanden gab.«

*War sie lange berufstätig?*

»Ja. Sie ist aber früh ausgeschieden, da war sie etwa 50. Später war ich der Motor der Familie, als ich mit meinem Studium fertig war. 1981 ist ihre Mutter, meine Oma, gestorben, als mein erster Sohn geboren wurde. Ebenso mein Vater. Meine Schwester ist Rentnerin. Ihre Kinder haben auch studiert. Sie war alleinerziehend. Ich fühlte mich für meine Mutter verantwortlich. Als ich 1979 zurück nach Bangkok flog – von 1975 bis 1979 habe ich in Deutschland studiert – sah ich, wie sie in Bangkok lebte. Das hatte mir nicht gefallen.«

*Warum?*

»Es ist nicht schön, in Bangkok zu leben. Sie lebte dort, weil ihr Sohn dort lebte. Vom Land in die Stadt, man hat ja nichts. Was man in der Provinz aufgebaut hat, kann man nicht mitnehmen. **Ich hatte für sie und meinen Halbbruder die Verantwortung übernommen. Finanziell. Ich war dort zwei Monate. Dann fing ich in Deutschland an zu arbeiten. Ich plante nicht, hierzubleiben.** Es sind nicht viele nach dem Studium wieder zurückgekehrt. Einige, die als Lehrer oder in der Verwaltung arbeiten.«

*Warum gehen nicht viele zurück?*

»Staat und Politik versuchen in Deutschland eine flächendeckende Industrialisierung, während sich in Thailand viel auf die Hauptstadt konzentriert. Bangkok ist eine 10-Millionen-Stadt geworden, was für eine Belastung! Das ist nicht attraktiv. In der Privatwirtschaft gibt es nichts Adäquates für Leute, die studiert haben. Auch zu meiner Zeit war es schon schwer, mit dem Bachelor-Degree eine vernünftige Stelle in der Provinz zu bekommen, mit entsprechendem Gehalt. Bei mir war es sowieso anders, ich wollte ins Ausland. Ich wusste: Wenn ich erst anfange zu arbeiten, komme ich nicht mehr ins Ausland.«

*Dann erzähle mir deinen Werdegang.*

»Ich bin auch im Tempel zur Schule gegangen. Er ist eine Bildungsstätte. Staat und Tempel sind zwar getrennt, dennoch übernehmen die Tempel einen Teil der Grundschulbildung. **Ich war kein braver Schüler. Lehrer und Eltern kannten sich untereinander; es verging keine Woche, wo ich mich nicht geprügelt habe.** Es gab viele weibliche Lehrkräfte. Sie waren streng, aber freundlich. Wir haben gelernt, dass nach den Eltern die Lehrer die wichtigsten Personen sind. Sie sind zu achten und zu respektieren. Ich hatte mal meine Grundschullehrerin später getroffen. Sie war stolz, dass ich studierte. Ich hatte in Bangkok BWL studiert. Ich mochte weder Buchhaltung noch Marketing. 1974 war ich fertig. Bachelor-Degree of Business Administration. Ich hätte in England oder den USA weiterstudieren können, denn ich hatte zwei Jahre Englischkurse besucht, aber auch schon Deutschkurse. Zuerst lebte ich ein Jahr mit meiner Schwester bei einem Verwandten. Sie hatte Buchhaltung in einer Art Handelsschule gelernt. Ich hatte Abitur, ein Landwirtschaftsabitur, weil ich dachte, vielleicht könnte ich die Plantagen weitermachen. Im Notfall hätte ich nach Hause gehen können. **Ich hatte mich an den Gegebenheiten orientiert, nicht an meinen Begabungen.** Meine Mutter bezahlte die Studiengebühren für das College of Chamber of Commerce, damals wie heute eine von Industrie und Handel anerkannte Universität. Ich suchte nach einem Jahr eine neue Unterkunft im Tempel. Ich bin gern in den Tempel gegangen. Es war dort ruhiger.«

*Wie bist du denn in den Tempel gekommen?*

»Ich traf jemanden, der dort wohnte. Der empfahl mir, einen Mönch zu fragen. Der wies mir einen Platz zu. Das war meine Rettung, weil ich dort nichts bezahlen musste. Bei Verwandten musste meine Mutter bezahlen. Das entlastete sie ein bisschen. Dort lebten nur männliche Studenten, ich fühlte mich wohl und unabhängig. Ich zeigte europäischen Touristen die Tempel. Das hat mein Leben geprägt. Dieser Tempel wurde von König Rama V. erbaut. Ich lernte bei den Führungen viele Menschen kennen. Europäer, auch Deutsche, und Amerikaner. Damals war die Welt etwas anders. Wir knüpften und pflegten Kontakte, ich bekam Post und Schokolade, die natürlich geschmolzen war. Ab dem fünften Semester lernte ich am Goethe-Institut Deutsch.«

*Warum, was war der Impuls?*

»Ich unterhielt mich mit einem Deutschen, ich sprach gern mit Menschen. Eigentlich interessierte mich ebenso Französisch. Englisch konnte ich schon. Ich wollte noch eine Sprache dazulernen. Ab etwa dem fünften Semester konnte ich meiner Mutter schreiben, dass sie mich nicht mehr zu finanzieren brauchte; ich verdiente durch Führungen von Touristen. **Ende des sechsten Semesters, während des Studiums, bin ich 1974 zu einem Schweizer Hotelier nach Zürich geflogen, um dort zu arbeiten. Er dachte, ich könne bedienen.** Das konnte ich nie, es machte mir keinen Spaß. Die Leute waren nett. Aber ich wollte eine andere Arbeit suchen. Ich bin sechs Monate geblieben. Ich wohnte im Studentenwohnheim. Mit der Arbeitserlaubnis war es etwas problematisch. Bevor ich bei Siemens-Albis arbeiten konnte, musste ich Formalitäten erledigen. Das brauchte ich bei dem kleinen Hotel nicht. Ich musste zuvor nach Milano und bekam dort Visum und Arbeitserlaubnis. Per Autostopp von Zürich nach Milano und zurück. In Milano wohnte ich in der Jugendherberge. Dort lernte ich einen Italiener kennen, der mich zu sich nach Hause einlud. Die Oma kochte. Ich aß viele Nudeln, und er zeigte mir Milano. Ich bin auch nach München und Kopenhagen, alles per Autostopp. Ohne Geld, jedenfalls

hatte ich keines für Zug und Flugzeug. In Zürich machte ich Lagerarbeiten. Dort lernte ich ebenfalls eine nette Familie kennen. Der Kontakt hielt länger. Ich lieferte dort einen Kühlschrank hin. Die Frau hatte mir fünf Franken Trinkgeld gegeben. Sie rief hinterher noch mal im Lager an und lud mich zum Essen ein, später in ihr Haus, das in den Bergen lag. Sie hatten vier Kinder, zwei Jungs, zwei Mädchen. Die ganze Familie musizierte. Wir besuchten uns gegenseitig. Ich war mit ihnen auch in einer Kirche. Es war schön mit ihnen. **Ich lernte bei ihnen Käsefondue kennen. Das schmeckte mir überhaupt nicht, weil ich keinen Käse kannte, nur Kokosmilch.** Im Lager habe ich die Leute Wurst essen sehen, das fand ich eklig. Das kannten wir aus Thailand nicht. In Südthailand aß man nur gekochte Sachen. Das waren interessante Erfahrungen. Aber irgendwann musste ich zurück, um meine Prüfung abzulegen. Nach dem Studium in Bangkok wollte ich im Ausland weiterstudieren. Die Frage war, wo. Ich hatte auch Verbindungen in die USA und hätte in Utah studieren können.«

*Wieso eröffneten sich dir so viele Möglichkeiten?*

»Ich habe alle meine Verbindungen über Touristen in Bangkok kennengelernt. Ich wollte nicht, wie andere Studienkollegen in Bangkok, am Bankschalter sitzen. Denen geht es nicht so gut. Ich wollte anders leben. Die Bezahlung wäre schon in Ordnung gewesen. Und irgendeinen Job hätte ich schon bekommen. Aber ich lebte auch in Thailand nicht so genormt. Dort ist es wie in den USA: Wenn man dort den Bachelor gemacht hat, gibt es einen ziemlichen Tamtam. Ein Mitglied der Königsfamilie verteilt die Zertifikate, und man hat einen Hut auf. Viele Thais gehen in die USA oder nach England. Die Familien sind stolz. Ich war wahrscheinlich der einzige Student, der zur Übergabe der Zertifikate nicht anwesend war. Ich hatte auch keine Lust mehr zu warten. Ich bin dann 1975 nach Paris. Später nach Norden. Bei Neumünster rief ich Freunde an. Sie warteten in Kiel, wussten nicht, dass ich per Autostopp kommen würde. Irgendwann wurde es kalt auf der Autobahn. **Ich bediente auf dem Seitenstreifen den Autonotruf und sagte, ich möchte gern, dass Sie Herrn B. kontaktieren. Das haben die gemacht. Sonst wäre ich erfroren.** Seine Frau hat mich von der Autobahn abgeholt. Ich wollte nie nach Deutschland. Die Sprache war mir zu schwer. Ich konnte nie der, die, das, bis heute nicht. Die Konstruktionen sind tödlich. Das hemmt. Mein Deutsch war nie gut genug. Deshalb bin ich nach Paris. Dort besuchte ich an der Sorbonne

Französischkurse und schrieb zugleich jemanden in Hannover an, wieder einen ehemaligen Touristen.«

*Wieso lernst du nur nette Menschen kennen?*

»Weiß ich nicht. Es gibt sicher viele einfältige Menschen, aber ich lerne sie nicht kennen. Ich schrieb ihm, dass ich Französisch lerne, studieren wolle. In Frankreich habe ich auch bei einer netten Familie mit Kindern gewohnt, 80 km von Paris entfernt. Die handelten mit Autos. Der Mann in Hannover war Direktor bei der Deutschen Bank und Dozent an der Bankakademie. Er kümmerte sich darum, dass ich in Hannover einen Studienplatz bekam. Sicher musste ich mich selbst bewerben. Aber er hatte sich über die Rahmenbedingungen erkundigt und geschrieben, dass ich schnell kommen solle. Ich schloss an der Sorbonne den Sommerkurs ab, dann bin ich nach Hannover. **Er besorgte mir ein Visum, bürgte für mich, hatte alles mit der Ausländerbehörde geklärt, und ich konnte bei ihm wohnen.** Er war Junggeselle, wohnte allein, guter Standort, Herrenhäuser Gärten. Das passte.«

*Unglaublich. Toll, dass sich jemand so engagierte. Hätte ich nicht gedacht.*

»Er war über 50, ich war 23. Er war eine Vaterfigur für mich.«

*Das ist nicht selbstverständlich.*

»Bestimmt nicht. Ich wohnte bei ihm bis zum Ende meines Studiums. Er wollte, dass ich ein Praktikum bei der Deutschen Bank mache. Aber ich brauchte Geld, und ich hätte als Praktikant keines bekommen. Ich bin in die Schweiz zum Arbeiten gegangen. Er dachte, ein Praktikum sei für meinen Werdegang besser. Von 1975 bis 1979 wohnte ich bei ihm. Es war eine tolle Zeit.«

*Fühltest du dich frei?*

»Ja. Wir hatten viel Spaß. Er erkundigte sich, ob meine Freundin gut nach Hause käme, ansonsten hat er sie gefahren. Er hatte auch Freundinnen. Ich habe dort umsonst gewohnt und gegessen.«

*Was hast du in Hannover studiert?*

»Ökonomie, eine Kombination aus BWL und VWL.«

*Wurden die Seminare in Deutsch abgehalten?*

»Ja. Sicher. Ich hatte schon den Bachelor-Degree. In Deutschland wusste man damals nicht, was das ist. Ich musste Deutsch lernen. Mein Studium anpassen. Deutsche Prüfung ablegen. Ich war kein fleißiger Student. Aber ich fehlte nie, habe mich ausgetobt und gearbeitet, um Geld zu verdienen.«

*Konntest du mit deinem Studienabschluss, den du in Bangkok gemacht hast, etwas anfangen?*

»Ja.«

*Was hast du für Erfahrungen mit Kommilitonen in Hannover gemacht?*

»Gute. Ich gehörte zum ersten Jahrgang der Ökonomen, sie waren im dritten oder vierten Semester. Ein Teil meines Studiums wurde als Grundstudium anerkannt. Ich musste alle Abschlussprüfungen ablegen. War nicht einfach.«

*Hattest du Freundschaften entwickelt?*

»Ja, einige. Ich wurde sehr gut aufgenommen und hatte keine Probleme. Irgendwann gab es einen Vietnamesen. Als er ging, war ich der einzige Ausländer in dem Jahrgang. **Man sah mich überall schon von Weitem, damals war ich noch eine exotische Erscheinung.** Die Zeit habe ich in guter Erinnerung. An der Uni gab es eine große Offenheit. Die Studenten haben kommuniziert.«

*Hast du mit ihnen diskutiert? Wie sah dein soziales Leben aus?*

»Ich hatte viel Spaß, viel gelernt und viel gearbeitet. Ich traf mich auch mit Leuten in der Kneipe. Unter Thais studierten viele Ingenieurwissenschaft und Medizin, die meisten hatten ein Stipendium. Wir bowlten, kochten und aßen thailändisch zusammen. Damals war es etwas Besonderes. Es gab noch nicht viele Gewürze und Zutaten zu kaufen. Und die thailändischen Restaurants konnten wir uns nicht leisten. Ich erinnere mich noch an einen netten Türken und einen Kiffer. Ich ging auch in die Discothek.«

*Warst du vertraut mit westlicher Musik?*

»Ja, wir hörten sie auch in Thailand und kannten die Beatle-Frisuren. Merkwürdig war, dass es in meiner Fachrichtung nur wenige Studentinnen gab, anders als in Thailand. Dort hatte ungefähr die Hälfte der Studentinnen das Fach Ökonomie gewählt. Ich wusste nicht, wo hier die Frauen geblieben sind. Weniger als zehn Prozent studierten in meiner Fachrichtung. Deshalb musste man die Mädchen woanders suchen. Ich ging bestimmt zweimal die Woche in die Disco.«

*1968 gab es eine kulturelle Rebellion. Hast du davon etwas mitbekommen?*

»Ich nahm schon wahr, dass politisch diskutiert wurde. Ich bin mal in einer WG gelandet, wo es nicht ums Studium ging; da verlor ich das Interesse. Ich bekam kein Bafög und musste viel arbeiten.«

*Wo hast du gearbeitet?*

»Ich nahm jeden Job, half bei Umzügen, arbeitete auf dem Bau, montierte Heizungen, musste auch mal Rohre verkleiden. Das war schrecklich. Ich war sehr schmal, passte überall hin und verkleidete mit Glaswolle Rohre; der ganze Körper juckte. Irgendwann jobbte ich in der Fachbibliothek, sortierte Karteikarten, beklebte Bücher mit Signaturen. Diese Arbeit konnte ich während des Semesters machen. **Ich arbeitete manchmal zwei Schichten hintereinander. Am Tag auf dem Bau und abends in der Dosenfabrik Schmalbach-Lubeca, bis morgens, am Fließband.** Ein Semester arbeitete ich in der Schweiz.«

*Warum hast du eigentlich kein Stipendium beantragt?*

»Ich hatte sehr gute Noten, gehörte zu den zehn Besten. Stipendien sind immer an Verpflichtungen gebunden. Das passte mir nicht.«

*Über Mao Tse-tung hast du nicht diskutiert?*

»Ich hatte hier andere Fragen: Wie erwirtschaftet man mit dem eingesetzten Kapital die größtmögliche Rendite? Wie kommt man billig an Arbeitskräfte *(großes Gelächter)*? Mein Ziel aber war es, innerhalb von drei Jahren fertig zu werden, weil ich nach Thailand zurückwollte.«

*Hast du Ressentiments erlebt?*

»Ich machte nur gute Erfahrungen mit Studenten, Professoren und Mitmenschen.«

*Mit dem Bankdirektor hast du dich auch sehr gut verstanden?*

»Ja. Er konnte es zum Beispiel nicht mitansehen, dass ich im kalten Winter lediglich einen Parka trug. Wir gingen zu C&A, und er kaufte mir einen Mantel. Ich bin regelmäßig mit seinem Hund gelaufen.«

*Hast du noch Kontakt zu dem Bankdirektor?*

»Er ist leider schon 1992 verstorben. Traurig. Ich sah ihn, wenngleich nicht häufig, er besuchte mich auch. Ich war 1979 fertig mit meinem Studium in Hannover und bewarb mich schon 1978 bei Firmen, die auch in Thailand Niederlassungen hatten. Mein ›Ziehvater‹ half mir bei den Bewerbungen. Er war Anwalt. Einmal besuchte ich einen Deutschkursus, der mich langweilte und wollte mein Geld zurück. Mein ›Ziehvater‹ vertrat mich vor Gericht. Es ging um 150 DM *(großes Gelächter)*. **Ich bewarb mich bei der European Asian Bank, Hamburg und bei Alfred Töpfer, hätte in beiden Firmen anfangen können.** Töpfer hatte in Bangkok eine Niederlassung. Sie kauften in Asien Tapioka, das ist eine Wurzel. Sie hat Mehl und Stärke, wird zu Mehl verarbeitet. Aber ich dachte wohl, dass das langfristig nicht so interessant sein würde, immer

Tapioka zu kaufen. Ich sagte ab und fing bei der European Asian Bank im August 1979 an und war dort bis 1984, fast fünf Jahre.«

*Gefiel es dir dort?*

»Ich musste drum kämpfen, wenn ich unterschiedliche Abteilungen kennenlernen wollte. Das passte mir nicht. Aber insgesamt war es ein guter Job.«

*Bist du mit den Menschen in der Bank klargekommen?*

»Mit Kollegen hatte ich keine Probleme, manchmal mit Vorgesetzten.«

*Hast du Ressentiments gespürt?*

»Nein. Ich hatte einmal ein unangenehmes Gespräch. Man warf mir vor, dass ich nie weiterkommen würde, wenn ich so stur bliebe. Die haben schon gemerkt, dass ich auch Kritik übe, den Vorstand anspreche; das machten nicht viele. Die Sprache war mein Handicap. Ich brauchte immer etwas länger, um mich verständlich zu machen. Dieses Handicap war beruflich von Nachteil. Es ist aber nicht gesagt, dass ich in Thailand weiter gekommen wäre, zwar beherrsche ich die Sprache, aber es herrschen dort andere Bedingungen, die mir nicht passen, z.B. dass alles über Beziehungen läuft.«

*Was hast du in der Bank gemacht?*

**»1980 begann ich mit der Promotion. Die Bank publizierte sie.** Mein Doktorvater in Hannover erklärte sich sofort bereit, die Promotion zu betreuen. Immer wenn ich in der Bank Langeweile hatte, arbeitete ich an der Promotion.«

*Zu welchem Thema?*

»Ich wollte über das Bankensystem in Asien schreiben, begann mit Malaysia, das reichte schon für die Promotion. Die Bank nutzte meine Arbeitskraft nicht; ich fühlte mich nicht ausgelastet. Ich war so eine Art Lehrling, Trainee auf Abruf nach Thailand. Wir konnten uns allerdings nicht auf ein Gehalt in Thailand einigen, dort gab es eine Filiale der European Asian Bank. Ich hätte dort damit kein vernünftiges Leben mit meiner Familie führen können. Die Promotion machte mir Freude, und ich verstand mich mit dem Professor. Mein ›Ziehvater‹ fragte, weshalb ich mir das antue, aber ich hatte es mir in den Kopf gesetzt. 1981 wurde mein erster Sohn geboren. 1982 begann ich und 1983 beendete ich die Promotion. Meine Frau half mir sehr dabei, wie auch schon bei der Diplomarbeit. Sie las und korrigierte. Die Bank verließ ich 1984.«

*Was hast du dann gemacht?*

»Ich bin mit der Familie 1984 nach Thailand. Meine Frau, mein ältester Sohn und ich. Wir hatten 1980 geheiratet und kannten uns seit der Studienzeit in Hannover. Sie lernte CTA, chemisch-technische Assistentin, und arbeitete an der Uni in der Erdölforschung. Sie wusste nicht, worauf sie sich einließ, als wir nach Bangkok gingen. Ich hatte dort ein Grundstück gekauft und ein Haus gebaut und suchte dort einen neuen Job. **Meine Frau fühlte sich isoliert. Sie konnte zwar ein bisschen Thailändisch, aber sie wollte die Lebenssituation nicht. Sie vermisste ihre Familie. Das war auch für mich eine große Belastung.** Wir probierten es zwei Monate, dann sind wir wieder zurück. Ich ging zur Bangkok-Bank, Hamburg. Die vorherige Bank in Hamburg hatte mich zu wenig gefordert und zu niedrig bezahlt. Ich war ja nicht nur für mich verantwortlich. Ich musste mehrere Familien finanzieren, auch die in Thailand. 1984 hatte die Bangkok-Bank nur einen Schreibtisch. Ich baute die Bank mit auf. Eigentlich mag ich die Thai-Art zu arbeiten nicht, ich bevorzuge die europäische Art.«

*Wie ist denn die Thai-Art zu arbeiten?*

»Alles basiert auf Beziehungen, Vetternwirtschaft, wie in Entwicklungsländern. Leistung zählt auch, aber es ist genauso wichtig, Beziehungen zu pflegen. Es ist überall so in Thailand. Von einem unserer ehemaligen Premierminister, einer der reichsten Männer Asiens, wurde 1 Milliarde Euro konfisziert. Das war nicht seine einzige Milliarde.«

*Die Korruption geht bis in die Regierung?*

»Regierung und Politik sind Machtzentren, sie sind Quellen der Korruption.«

*In der Bangkok-Bank, Hamburg, auch?*

»Nein. **Aber um in meiner Position weiterzukommen, muss ich Beziehungen in Bangkok pflegen. Hier nicht. Hier kam ich gut klar.** Ich bin auf dem Land frei aufgewachsen. Mein Vater stritt schon mit Regierungsbeamten. Es ging um Wasser für die Plantagen. Er gab nicht nach, das ist selten in Thailand. Meine Kinder mögen sich auch nicht unterordnen. In der Bangkok-Bank bin ich fast zehn Jahre geblieben. Es gab den Filialleiter, ein Thai; wir haben uns später gut verstanden. Vieles musste per Hand gemacht werden, alle halbe Jahr einen Abschluss. Wir waren zehn bis vierzehn Leute, davon drei bis vier Thais. Mit den Thais kam ich nicht so gut klar. Der deutsche Filialleiter hatte es mit mir auch nicht leicht. Ich konnte vieles anwenden, was ich gelernt hatte. Wir hatten einen deutschen Buchhalter, der hielt nur ein halbes Jahr durch. Er wurde nicht ersetzt. Ich mochte nie Buchhaltung, aber von dem Zeitpunkt an gehörte die Buchhaltung zu meiner Arbeit. Ich bemerkte die Belastung nicht, trotz der vielen Arbeit. Ich machte praktisch alles, auch Personal, bildete einen Lehrling aus. Andere Thais kamen über Beziehungen herein. Ich mag das nicht. In Thailand zählt der Respekt vor den Älteren. Das ist gut so. Aber man muss differenzieren. Da wird einer untergebracht, der Ingenieurwesen studiert hat. Was soll der in einer Bank? Ich musste ihm jedes Formular erklären. **Thais reden über Menschen, nicht über Probleme. Das mag ich nicht.** Die Thais in der Bank waren alle älter als ich. Ich kam mit der Vetternwirtschaft nicht klar. Als die Aufbauarbeit weniger wurde, fühlte ich mich unwohl. Ich überlegte, ob ich bis zur Pensionierung in der Bank bleiben sollte. Und es kam das zweite Kind.«

*Warum wolltest du ein Restaurant eröffnen?*

»Ich suchte eine Alternative. Es wird mir immer irgendwann langweilig. Und als mein Freund, der in der Gastronomie war, und mein Halbbruder den Vorschlag machten, stieg ich darauf ein. Ich wollte mal etwas anderes versuchen. Ich bin ein thailändischer Kaufmann. Mein Problem war, dass ich relativ viel verdiente, aber die deutsche Sprache nicht perfekt beherrschte. **Als Deutscher mit meiner Ausbildung und Erfahrung hätte mir die Welt offengestanden.** Das hat mit Diskriminierung nichts zu tun, sondern mit Muttersprache. Es gab für mich keine andere Chance als die der Selbstständigkeit. Ich musste viel in der Gastronomie lernen. Köche und Bedienung waren aus Thailand. Mein Halbbruder suchte sie danach aus, ob sie kochen und kommunizieren konnten. Ich war anfangs parallel noch in der Bangkok-Bank beschäftigt und bin zwischen Bank und Restaurant gependelt. Mittags kam ich ins Restaurant, wollte essen, bekam aber nichts, weil so viele Gäste da waren und ich helfen musste. Bedienen, Getränke ausschenken etc. Irgendwann ging es nicht mehr.«

*Wann war die Eröffnung?*

»Im August 1992. Die Kosten für den Standort waren sehr hoch, die Räumlichkeiten groß. Das erforderte eine gute Planung, Einsatz und viel Geld. Allein der Umbau dauerte fünf Monate. An Mietkosten hatte ich monatlich ca. 27.000 DM, ohne Strom.«

*Das gibt's doch nicht.*

Die Inneneinrichtung des *Bangkok* stellten Handwerker aus Thailand her

»Doch. Ich mache immer etwas, was man nicht erzählen sollte *(er lacht)*. Meine Frau durfte es nicht wissen, es wäre ein Horror für sie gewesen. Ich hatte das Gefühl zum Geld wahrscheinlich verloren. Dabei bin ich nicht verschwenderisch, auch schwammen wir nicht im Geld. Normale Verhältnisse, nicht reich, nicht arm. Aber am Anfang muss man investieren. Zuvor war ein Grieche drin. Mein Kapital war das Vertrauen, das man mir schenkte. Wo ich hingehe, glaubt man mir, dass ich es schaffe. Allerdings bekam ich für dieses Geschäft keinen Kredit von den Banken. Finanzierungen von Gastronomie machten sie nicht, nur wenn ich Sicherheiten hätte bieten können. Meine Grundstücke waren aber schon beliehen. Es lief gut, besser als heute. Ich musste mich daran gewöhnen, dass ich kein Gehalt mehr monatlich bekam, sondern nur noch ausgab. Der einzige Vorteil war, dass ich steuerlich die Verluste geltend machen konnte. Im gleichen Jahr begann unser Hausbau. **Ich hatte viel zu tun: Angestellter in der Bank, zehn Stunden – das ist normal für leitende Angestellte – der Umbau des Restaurants und der Bau unseres Hauses.** Und wir hatten schon drei Kinder. Meine Tochter war zwei Jahre alt.«

*Ein bisschen viel auf einmal, was?*

»Ja. Manchmal ist das so. Als ich den Mietvertrag unterschrieben hatte, war ich erst einmal gebunden, denn ich hatte viel Geld investiert. Später, als es nicht mehr gut lief, hätte ich nur noch den Offenbarungseid leisten können, aber das hätte zu mir nicht gut gepasst. Ich versuchte immer, meine Pflichten zu erfüllen. Der finanzielle Druck war groß. Hätte ich keine Bildung und Erfahrung gehabt, hätte ich den wirtschaftlichen Druck wohl nicht überlebt. Es ist für mich schwieriger, ein Restaurant zu führen, denn als leitender Angestellter in der Bank zu arbeiten. Andere Regeln, anderer Umgang, andere Sprache. Mein Freund hatte etwa zehn Jahre großen Erfolg in der Gastronomie.«

*Ich höre häufig, dass Leute, die in der Gastronomie tätig sind, als wirtschaftliche Wende das Jahr 2000 angeben. Würdest du das für dich auch sagen?*

»Das lief sukzessiv. Das hat mit der Beschäftigungsstruktur in der Stadt zu tun. Alle Branchen, einschließlich Banken und Versicherungen, reduzierten Personal, auch wegen des technologischen Einsatzes von Computern. Einige Banken hatten schon vor der großen Krise Probleme. Das habe ich im Restaurant auch gespürt. Wir hatten im Verhältnis lange überlebt. Bis Ende 2006, dann habe ich die Innenstadt verlassen. Von 1992 bis 2006. Zuvor waren die meisten im Schnitt vier bis fünf Jahre dort. Wie ein Gastronom es machen sollte. So wie ich es machte, war es nicht richtig, aber ich hatte eine andere Zielsetzung: meine Familie. Mein Gewinn ist, dass die Kinder großgeworden sind und wir nicht schlecht gelebt haben. Das Restaurant war mein Reistopf, von dem ich die letzten 15 Jahre meine Familie ernährt habe.«

*Was machen denn deine Kinder?*

»Mein ältester Sohn hat ein Studium in Betriebswirtschaftslehre abgeschlossen. **Meine Tochter studiert Kultur der Metropolen. Sie hat für mich ein modernes Restaurantkonzept entworfen, da ich an meinem etwas ändern muss.** Es ist nicht mehr zeitgemäß. Ich muss mich auf die Bedürfnisse jüngerer Leute mit weniger Geld einstellen. Und der mittlere Sohn beendete die Handelsschule und hat bei mir eine Lehre begonnen. Er musste, als ich mein Restaurant in der Innenstadt aufgab, als Tellerwäscher anfangen, und nebenbei beendete er seine Ausbildung. In der Küche macht er alles. Viele mussten in der Zeit, als er dort arbeitete, gehen. In unserer Branche ist keine Stelle sicher. Er arbeitet schon einige Jahre in demselben Restaurant als Koch. Ich habe große Hochachtung vor seiner Ausdauer. Gelernt hat er Systemgastronomie.«

*Was für Erfahrungen hast du mit Gästen?*

»Eigentlich nur gute. Manchmal gab es Kunden, die nicht bezahlten. Ein junger Mann kam, aß und trank, sagte, er sei von Gott gesandt und verließ das Restaurant. Gäste, ein Paar, sind ihm hinterher, es gab ein kleines Gerangel. Er entwischte. Die Polizei fing ihn ein, dann zahlte er die Zeche. Unsere Gäste sind nett und verbindlich. Darin liegt der eigentliche Wert. Ich will, dass viele unterschiedliche Menschen kommen; es soll entspannend sein. Ich glaube, das ist gelungen. Wir haben viele Stammgäste. Aber in der Stadt findet ein großer Wandel statt, in den letzten fünf Jahren ist er noch rasanter geworden. Das bekommen wir stark zu spüren. Die Gäste und das Geld werden weniger.«

*Deshalb machst du dir grundlegende Gedanken über deine Zukunft. Fallen dir noch weitere Erlebnisse mit deutschen Gästen ein?*

**»Ich habe eine gewisse Distanz zu meinen Gästen. Die Unterhaltung geht nicht in die Tiefe.** Und zwischen mir und den Gästen gibt es noch das Personal. Die Bedienung hat schon die meiste Arbeit im Hinblick auf Kommunikation geleistet. Die meisten Gäste reden wenig über sich. Ich kenne zwar Gäste schon vom ersten Tag an. Mancher Gast kommt regelmäßig zu einer bestimmten Uhrzeit, an einem bestimmten Tag, mehrere Jahre. Und wenn er in Urlaub geht, sagt er, er sei jetzt zwei Wochen nicht da. Das ist etwas Besonderes. Manche davon sind älter und allein lebend. Da nehme ich mir etwas Zeit. Einmal boten wir auf der Karte Lachs mit Curry an, das war am Anfang. Und das Gericht wurde mit Seelachs zubereitet. Das ist natürlich etwas anderes. Ich war in einem Gespräch mit einem anderen Thai. Ich bin nach dem Essen zu dem Tisch gegangen, an dem der Seelachs gegessen wurde. Die Frau reklamierte es bei mir. Ich sagte, es sei kein Problem, sie brauchten nicht zu bezahlen. Die Bedienung war über mich sehr verärgert, weil sie die Gäste schon gefragt hatte, ob sie den Seelachs wollten oder nicht. Sie wollten, haben den Seelachs gegessen und bei mir noch mal reklamiert, und ich war so dumm, weil ich unerfahren war. Es sind Lappalien. Ist man neu in der Branche, hat man manchmal falsche Einschätzungen.«

*Als du das schöne Restaurant in der Innenstadt aufgegeben hast, was ist da aus den vielen Angestellten geworden?*

»Zum Schluss hatte ich nicht mehr viele, nur noch eine Angestellte und einen Koch. Ihn brachte ich in einem anderen Thai-Restaurant unter. Dort blieb er noch ein Jahr, dann ist er zurück nach Thailand.«

*Hat er Familie?*

»Ja. Es war für ihn nicht einfach, aber er hatte hier Unterkunft und Arbeit. Wir hatten mehrere. Wir reduzierten mehr und mehr. Als sein Vertrag auslief, habe ich ihn nicht verlängert, und dann waren meine Angestellte und ich allein. **Mein Verhalten entspricht der wirtschaftlichen Situation. Was soll man mit Arbeitskräften, wenn keine Arbeit vorhanden ist? Wir müssen uns umstellen. Die Richtung einnehmen, aus der der Wind weht.** Es fehlt vielleicht eine Art von Systemgastronomie. Vernünftige Verpackungen – ich weiß nicht, ob es hilft. Im Prinzip brauchen wir mehr Gäste. Aber ich bin in einer Situation, in der ich in verschiedene Richtungen denken kann. Die Kinder sind groß. Viele geben heute alles auf, um hierherzukommen und zu bleiben. Ich würde jederzeit gern woanders hingehen, auch auf einen anderen Kontinent. Obwohl ich heute weiß, dass es in meinem Alter nicht mehr einfach ist. Zum Glück habe ich keine Zeichen von Schwäche und keine Krankheiten. **Vom Gefühl her habe ich kein Problem, die Basis aufzugeben, neu anzufangen. Ich brauche Motivation, eine Antriebskraft, ein Ziel.«**

*Ist alles offen?*

Irene Schülert im Gespräch mit Mantien

»Ich hätte gern eine Kombination, die Deutschland und Thailand verbindet. Hier sind meine Kinder und meine Frau. Sie brauchen mich nicht immer, aber wenn sie mich brauchen, möchte ich da sein. Andererseits habe ich in Thailand auch Wurzeln. Es gibt dort zwar wenige Menschen, die mich brauchen, aber ich habe ein tiefes Gefühl, meine frühen Erlebnisse und meine Vorfahren, ihre Hinterlassenschaften. Es tut mir weh, mich von ihnen zu trennen. Ich könnte die Plantagen verkaufen, aber es ist nicht nur ein rationaler Akt. Meine Frau meint, ich solle weniger tun. In der Landwirtschaft könnte man jeden Tag etwas machen, aber in der Industriegesellschaft ist es schwierig, nur etwas zu machen. Ich brauche eine regelmäßige Einkunft, um meine Interessen leben zu können. Ich bin nicht so weit, dass ich die nächsten 20 Jahre ohne Arbeit sein möchte.«

*Jetzt stellst du die Weichen für die nächsten Jahre. Vielleicht fehlt dir die Besinnung, um eine gute Entscheidung zu fällen?*

»Richtig. Ich muss überlegen, was ich mit weniger Kosten und geringerer Belastung machen kann. Mein Fehler ist, dass ich keine Angst vor großen

Projekten habe. Wenn man wenig Angst hat, hat man keinen Schutz. Ich überlege viel, ob ich mit wenig auskomme. Gestern bin ich mit dem Bus in die Stadt gefahren – mit dem Auto ist es wegen der Parkplätze ein Problem. Wie reduziere ich? **Das ist momentan meine große Aufgabe. Nicht anschaffen, sondern abschaffen.** In Thailand ebenso. In Europa strebt der Einzelne nach Unabhängigkeit. Der Mensch ist aber kein Einzelwesen. Unabhängigkeit ist vielleicht ein Widerspruch zu der Natur der Menschen. In Asien wissen die alten Menschen, wann es Zeit ist, abzugeben. Sie wissen aber auch, dass ihre Erfahrungen noch gebraucht werden. Das ist eine Kunst in Asien, in großen Familienverbänden zu leben. Andererseits ist Thailand nur zum Teil eine Vorbildgesellschaft. Denn die Familien dort sind eine große finanzielle Belastung. Meine Angestellte, Anchana – zu der ich großes Vertrauen habe, was sich im Laufe unserer langjährigen Zusammenarbeit aufbauen konnte –, hat auch Familie in Thailand, die sie unterstützt. Wenn sie statt zehn nur noch fünf Leute ernähren müsste, dann wäre ihr Druck auch geringer *(er lacht)*.«

*Unterstützt sie nicht nur ihre Tochter?*

»Nein. Die Tochter kann doch nicht allein leben. Sie war jung, noch nicht ein Jahr alt, als Anchana ins Ausland ging. Die Tochter wächst bei ihrer Schwester auf. Inzwischen hat Anchana ein eigenes Haus gekauft, von dem Geld, was sie im Ausland verdient hat. In dem Haus lebt nicht nur die Tochter, die inzwischen studiert, sondern es leben dort viele Verwandte. Die Mutter musste sich darum kümmern, dass die Tochter rundum von klein auf gut versorgt ist; das ist eine ganze Mannschaft. Wenn man Fußball spielt, kann man nicht nur einen Torwart aufstellen. Aber Anchana hat es gut gemacht. Sie war fleißig, hat sich in Thailand durch ihre Arbeit etwas aufgebaut. Und sie hat einen netten deutschen Mann, der mit ihr nach Thailand gehen wird, sobald er in Rente ist. Obwohl auch er viel arbeitet, hat er uns manchmal im Restaurant geholfen, wenn wir ihn brauchten. Er hat sich nicht nur handwerklich nützlich gemacht, sondern auch Gäste bedient. Vielleicht hat sie mit ihren Verwandten mehr Glück als ich. Ich wehrte den Druck meiner Verwandtschaft eines Tages ab. Irgendwann kapierte ich, dass ich nicht helfen kann. Ich lernte meine Verwandtschaft kennen. Das war ein großer Gewinn. Aber ich habe großen Schaden davongetragen.«

*Ich deute deine Worte so, dass deine Distanz zur Verwandtschaft größer geworden ist, weil du von ihr enttäuscht wurdest.*

»Ja. Sie wollten hauptsächlich Geld, und ich schickte es. Sie gaben sich dankbar. Aber die Realität ist anders. **Die größte Enttäuschung in meinem Leben ist mir von meiner Verwandtschaft in Thailand zugefügt worden.** Und mein Fehler war und ist es, dass ich mir Sorgen um die Menschen mache, mit denen ich aufgewachsen bin, und zwar mehr als um mich. Ich habe daraus gelernt. Heute ist es nicht mehr so.«

*Du bist der älteste Sohn, das ist die soziale Rolle.*

»Erwartungen wurden an mich nicht gestellt.«

*Aber in der Erziehung muss nicht alles ausgesprochen werden.*

»Ich habe dir erzählt, dass meine Eltern sich früh trennten, und da hört man nur Gejammer. Diese Krankheit, sich immer Sorgen zu machen, hatte ich von klein auf in mir. Wenn die Schwester mit einem unmöglichen Mann lebte oder sich keiner um die Kinder kümmerte, machte ich mir Sorgen. Das bot meinem Umfeld die Möglichkeit, mich auszunutzen, und ging sehr zu Lasten meiner Familie hier.«

*Macht deine Familie in Hamburg dir Vorwürfe?*

»Manchmal *(er lacht)*. Ich schickte doch nicht nur Geld, was ich verdiente, sondern habe auch Kredite für die Familie in Thailand aufgenommen. Aber das ist jetzt vorbei. Ich korrigiere jetzt viel, bringe Dinge wieder in Ordnung. Ich möchte meine Zukunft noch gestalten. Ich komme wieder auf das Thema Familie. Für mich ist es traurig, nicht zusammenzuleben. **Jeder lebt für sich, und das nennt sich Freiheit oder Emanzipation. Der Blick auf das Leben, auch das Alter, der fehlt. Das heißt eigentlich, dass ich unheimlich arm bin.** Meine Kinder leben ihr eigenes Leben. Soll ich ins Altersheim?«

*Hast du denn Freunde?*

»Ja. Ich habe einen Studienfreund. Die Zeit ist weniger geworden. Mein Freund schickt jedes Jahr zu Weihnachten Bilder von seinen Kindern. Er lebt in Greifswald. Er ist dort Professor. Und einen in Frankfurt. Man kennt viele, meine Golf- und Segelleute, von Hobbys und Sport. Wir haben wenig Zeit, auch meine Freunde. Hängt nicht nur mit den Berufen zusammen. Meine Freunde und ich arbeiten viel, wohnen in unterschiedlichen Städten; das ist schwierig. Ich möchte eine Familie in Frankreich besuchen. Ich denke, das ist eine Aufgabe, alte Freunde wieder zu besuchen. Auch ein weiterer Freund ist bei einer großen Versicherung. Er arbeitet auch sehr viel, er hat auch keine Zeit. Nächste Woche bei meinen Schwiegereltern treffen sich 50 Leute. Wie soll man sich unterhalten? **Diese Gesellschaftsstruktur macht Privatkontakte schwierig. Und so leben wir hier. Ich möchte gern, aber mir fehlt auch die Zeit.** Es ist eigentlich sehr traurig, und es ist nicht schöner geworden. Es belastet mich. Aber es ist auch nicht schön, jeden Cent umzudrehen. Ich glaube, ich habe in den letzten Jahrzehnten viel verloren.«

*Mantien zieht Bilanz. Vom Selbstverständnis her ist er weitaus mehr Ökonom als Gastronom. Lange Jahre dienten ihm seine Restaurants als »Reistopf«, aber angesichts seines beruflichen Werdegangs hätte das Geld für den Lebensunterhalt der Familienzweige in Deutschland und Thailand auch aus anderen Quellen sprudeln können. Ausgestattet mit dem Mut zum Risiko, beruflichem Ehrgeiz, den nötigen Krediten und einer Geschäftsidee, die ihm und der Familie fast zwei Jahrzehnte ein angenehmes Dasein ermöglichte, war der Einstieg in die Gastronomie für ihn vor allem eine erfolgversprechende Möglichkeit des Gelderwerbs. Kochen war kein Selbstzweck, sondern Mittel zur Verwirklichung des Traums vom besseren Leben.*

*Mit seinen Kenntnissen und Erfahrungen aus dem Ökonomiestudium und Tätigkeiten bei verschiedenen Banken, in Verbindung mit Geschäftskontakten nach Thailand, eignete sich Mantien für eines besonders gut: Er verstand sich darauf, Geld zu verdienen. Gefördert und entwickelt wurde die chinesische (Händler-)Seite seines Naturells. Aber da ist noch die thailändische, die kontemplativ-bäuerliche Seite seines Wesens, die den Verlust der Geborgenheit in der Großfamilie ebenso bedauert wie das Verschwinden ländlicher Übersichtlichkeit oder den Mangel an Zeit zur Pflege freundschaftlicher und familiärer Beziehungen.*

*Ein Geschäftsmann am Scheideweg, ein Sinnsuchender, der Bildern aus seiner Kindheit wie den die Felder umpflügenden Wasserbüffeln nachtrauert. Möglicherweise das Symbol für eine idealisierte Vergangenheit, die ihren Reiz primär daraus bezieht, dass sie ähnlich unwiederbringlich ist wie die Jugend, in der alles neu, aufregend und möglich erschien. Aber vielleicht verweist das Bild auch auf den Wunsch nach einer Rückkehr zu jenen Wurzeln, die während der vergangenen Jahrzehnte weniger entwickelt wurden oder auf der Jagd nach dem materiellen Erfolg auf der Strecke blieben und verkümmerten. Er ist jedoch mental jung und interessiert genug und könnte in seinem Leben noch einen neuen Akzent setzen.*

*Hast du die deutsche Staatsangehörigkeit?*

»Nein. Ich kümmerte mich nie darum. Damals gab es eine Aufenthaltsberechtigung; die war so gut wie unbefristet. Deutscher sein wollte ich nicht. Die Gesetzgebung ist fair. Meine Kinder haben alle die deutsche Staatsangehörigkeit. Rechtlich könnten sie bis 18 wählen. Mein mittlerer Sohn orientiert sich nach Thailand. Ich weiß aber nicht, wie er sich weiterentwickelt.«

*Meinst du, dass du Nachteile in Thailand hättest, wenn du die deutsche Staatsangehörigkeit hättest?*

»Ja. Wenn ich länger als einen Monat dort bleiben will, brauche ich ein Visum. Wegen meines Grundbesitzes dort könnte es Auseinandersetzungen geben.«

*Bist du gläubig?*

»Ich glaube an mich *(er lacht)*. An das Gute, an meinen Großvater, an meinen Vater, an meine Vorfahren. Ich bin nicht streng gläubig. Allgemein sind die Leute im Süden nicht so streng gläubig. Ich gehe gern in die Kirche, es ist für mich ein Ort der Ruhe. Ich habe dort dieselben Empfindungen wie in einem Tempel. **Die Buddhisten sind liberaler als die Christen. Ich bin auch liberal. Ich bin gern im Tempel und gern in der Kirche. Das tut gut.«**

*Wir sind müde und hungrig, deshalb sprechen wir übers Essen. Mantien meint, Thais sprechen immer übers Essen. Er witzelt, dass er gern mit Anchanas Mann verheiratet wäre, weil der oft zu Hause kocht und Anchana nach ihren Wünschen fragt: »Bratwurst und Bratkartoffeln«? Auch Mantien bevorzugt manchmal ein deftiges Frühstück mit Spiegeleiern. Ich erzähle, dass es bei mir zu Hause Garnelen mit Paprika in einem Thai-Curry geben wird. Die Integration unterschiedlicher Esskulturen, auch am heimischen Herd, scheint mitunter gelungen zu sein. Weil wir viel übers Essen reden, nutze ich die Gelegenheit und frage Mantien nach einem beliebten thailändischen Gericht.*

## Die thailandische »Nationalsuppe« Tom Yam Kung

*(für 4 Personen)*

| | |
|---|---|
| 24 | *Garnelen mittlerer Größe* |
| 750 ml | *Fischfond* |
| 250 ml | *Wasser* |
| 2–4 EL | *Fischsauce (im Asia-Markt erhältlich)* |
| 6 | *Schalotten, fein gehackt* |
| 4 | *Zitronengrasstängel* |
| 1 | *Stück frische oder getrocknete Galgantwurzel (ersatzweise frischer Ingwer), ca. 5 cm lang* |
| 20 | *kleine Strohpilze (ersatzweise braune Champignons)* |
| 16 | *Blätter der Kaffirzitrone (im Asia-Markt erhältlich)* |
| 6–8 EL | *frischer Limonensaft* |
| 2–4 | *frische grüne Chilis* |
| 1 | *Bund frischer Koriander* |
| 2 | *Stangen Frühlingszwiebeln* |

- Die Garnelen waschen und evtl. schälen und den Darm entfernen.
- Fischfond, mit Wasser gemischt, in eine tiefe Pfanne gießen, Schalotten, Zitronengrasstängel (nur das untere Drittel benutzen, in ca. 3 cm lange Stücke schneiden, leicht zerstoßen) und geschälte Galgant- bzw. Ingwerwurzel hineinlegen.
- Das Ganze fünf Minuten kochen.
- Jetzt Blätter der Kaffirzitrone, Limonensaft, Fischsauce nach Belieben und die klein geschnittenen, von Kernen befreiten Chilis dazugeben.
- Die halbierten Pilze hinzufügen, kurz aufkochen lassen.
- Die Garnelen dazugeben, bis sie eine leicht rosa Farbe annehmen.
- Vor dem Servieren fein gehackte Korianderblätter und in dünne Ringe geschnittene Frühlingszwiebeln darüber streuen.

## Bangkok

ehemals Mundsburger Damm 45
Hamburg-Uhlenhorst
seit Sommer 2011 geschlossen

## Literatur

Bade, Klaus J. u. a. (Hrsg.): Enzyklopädie. Migration in Europa. Vom 17. Jahrhundert bis zur Gegenwart, Verlag Ferdinand Schöningh, Paderborn und Verlag Wilhelm Fink, München 2007

Dabringhaus, Sabine: Geschichte Chinas im 20. Jahrhundert, Verlag C. H. Beck, München 2009

Morandi, Elia: Italiener in Hamburg. Migration, Arbeit und Alltagsleben vom Kaiserreich bis zur Gegenwart, Verlag Peter Lang, Frankfurt a.M. 2004

Reese, Niklas, Welkmann, Judith (Hrsg.): Das Echo der Migration. Wie Auslandsmigration die Gesellschaften im globalen Süden verändert, Verlag Horlemann, Bad Honnef 2010

Rothermund, Dietmar: Indien. Aufstieg einer asiatischen Weltmacht, Verlag C. H. Beck, München 2008

Schülert, Irene: »Man nimmt sich mit, wohin man geht.« Lebensgeschichten von Migranten in Hamburg, Dölling und Galitz Verlag, Hamburg/München 2006